印加與西班牙的交錯

從安地斯社會的轉變，看兩個帝國的共生與訣別

インカとスペイン 帝国の交錯

網野徹哉（東京大學教授）————著

擴張的兩大帝國——印加與西班牙

印加帝國自十五世紀起開始擴張勢力，至十六世紀初葉，將安地斯全境納入統治範圍之內。當時，在伊比利半島上，將伊斯蘭勢力驅逐出半島的天主教帝國—西班牙，則是渡過海洋的限制，轉向稱霸新大陸的方向發展。十六世紀，西班牙取得中南美、菲律賓群島等廣大殖民地，發展成為世界帝國。相對地，印加帝國的繁盛景況，僅僅維持了一個世紀的時間，便降下了終結的布幕。

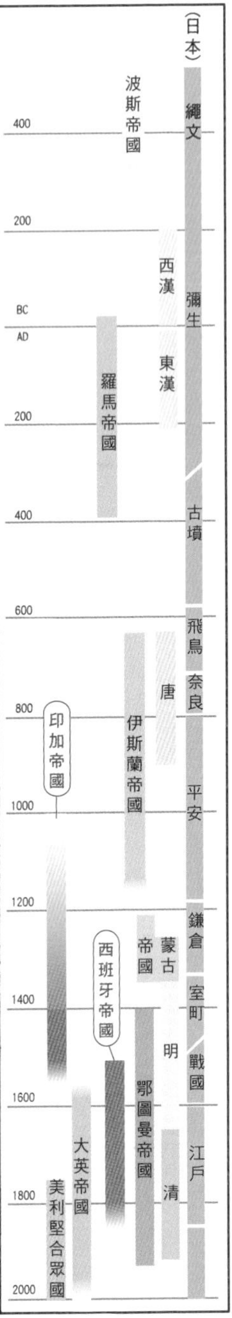

美國
墨西哥
墨西哥灣
佛羅里達半島
墨西哥城
古巴
巴哈馬群島
貝里斯
瓜地馬拉
宏都拉斯
多明尼加共和國
薩爾瓦多
尼加拉瓜
哥斯大黎加
卡塔赫納
西印度群島
赤道
巴拿馬
波哥大
委內瑞拉
哥倫比亞
基多
厄瓜多
蓋亞納
蘇利南
法屬圭亞那
太平洋
秘魯
亞馬遜河
利馬
阿亞庫喬
庫斯科
拉巴斯
巴西
阿雷基帕
波利維亞
蘇克雷
波托西
巴西利亞
智利
巴拉圭
里約熱內盧
聖地牙哥
阿根廷
烏拉圭
布宜諾斯艾利斯
拉布拉他河

目錄

第三章 中世紀西班牙的共生文化

序言

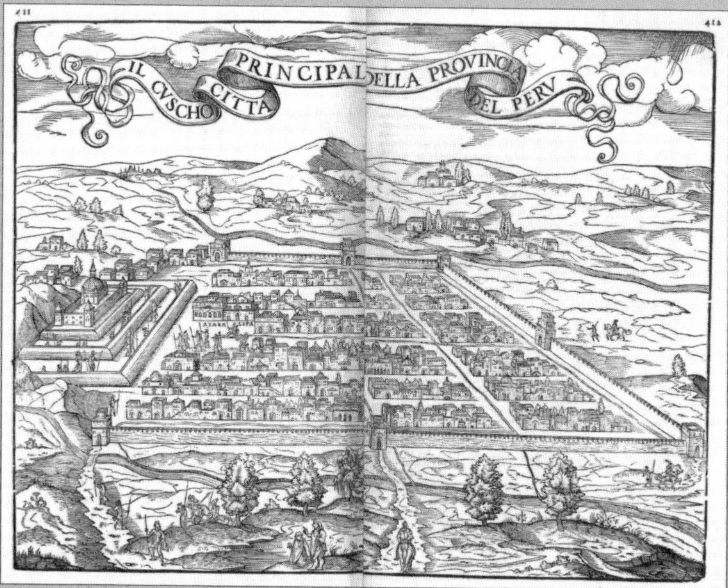

印加帝國的王都庫斯科　1565 年繪製。

◎庫斯科主廣場

庫斯科主廣場，克丘亞語稱之為「凹卡依帕達」（*Haukaipata*）[1]，就讓我們從此地出發，踏上追溯印加歷史的旅程吧。倘若從空中俯瞰，位於秘魯南部的城市——庫斯科（Cuzco），其形狀宛如一匹美洲獅，主廣場的位置恰巧是在美洲獅的腹部左右。庫斯科是一座位於海拔三千四百公尺高的城市，四周有縱貫南美大陸的安地斯山脈環繞，從東南方，也就是美洲獅的背脊處一路滑下，將會看見一處神聖的山谷，遼闊地於眼前開展。仰頭望去，當你正驚嘆著蒼穹的清澄與蔚藍之際，卻可能會被突如其來的大雨襲擊，回過神後，才發現遠處有一道壯觀的虹橋。這就是當地宜人卻又多變的氣候特色。那些未能適應海拔高度，因輕微高山症而氣喘如牛的旅人們，在遊覽行程感到疲累之後，回到庫斯科主廣場，坐在長板凳上，放鬆地望著眼前聚了又散的當地人身影，還可以聽見原住民所使用的克丘亞語。或許是地形有些許傾斜的關係，庫斯

呈現美洲獅形狀的庫斯科市　美洲獅的頭部為薩克薩瓦曼（Sacsayhuamán）。

庫斯科主廣場　現今稱為庫斯科兵器廣場（Armas）。左側為主教座堂，右側為耶穌會的教堂。

科主廣場並不像洋溢著西班牙風情的秘魯首都——利馬的大廣場一般，充滿穩重的安定感，反而飄蕩著一股不可思議的躍動感。在主廣場的兩側，分別是當地宗教文化核心的主教座堂，以及持續在歷史上賦予庫斯科重要差異感的耶穌會教堂，兩者彷彿互爭雄長一般地屹立著。

走過了印加帝國時代，還有其後延續的殖民地時代，庫斯科主廣場這個空間，總是持續將歷史上的變動，細微地刻畫在各個角落。在印加帝國時代，為了活化帝國的生命力，國王們在廣場上舉辦日常性的宗教儀式。當印加國王在閃耀著黃金光輝的祭壇（克丘亞語稱之為「*Ushnu*」）上安坐之時，世界彷彿也隨之泰平。生活在「四方之地」[2]（*Tawantinsuyu*，印加人便是如此稱呼自己的國家）的眾人，向來對國王居住的神聖空間庫斯科充滿許多想像。

到了西班牙人統治的時代，廣場成為支配殖民地的政治中心，處處可見權力的形體在廣場上活靈活現的模樣。然而，這裡已經沒有國王。人們所認知的西班牙國王，是居住在高山的另一頭、再往前越過海洋的彼岸，並且是在有生之年也無法見上一面的人物。

踏尋庫斯科殖民地時代的歷史，向來是從這個廣場起步，最終也將回歸到廣場上劃下休止符。在接下來的論述之中，想必也需要多次返回此處吧。

◎印加的石壁

總算讓呼吸緩和了下來。繼續向前走去，應該可以看見我們在高中教科書中曾學過的印加石壁。在安地斯地區各處，至今仍保留下來堆疊縝密的石壁，可說是印加帝國建立起高度政治、經濟體制的物質性象徵。特別是巧奪天工的庫斯科的石壁。

在庫斯科市內，可以看見的最完美的石造結構，至少有三處。

一是舊太陽神殿「Coricancha」，從廣場的東南方，朝著美洲獅的尾巴處向下走去，便能夠看見。此處為印加帝國國家宗教的心臟所在。神殿內部的疊石建築，精細程度往往讓觀者目瞪口呆。十六世紀上半葉，當西班牙征服者首次踏入神殿，內部鑲嵌著的高純度帶狀黃金片，散發出耀眼的光芒。因西班牙人的貪慾，這些黃金全被熔成金條，神殿建築在後來則是成為道明會（多明我會）的修道院。神殿建築物緊密堆疊的石塊基座，呈現出表面光滑的圓弧曲線。

在「太陽神貞女宮」（Acllahuasi，帝國內選拔出的貞女們，為侍奉太陽神而聚集、居住的處所）以及被稱為「阿瑪魯坎查」（Amaruqancha）[3]的舊王宮之間，一條名為「洛雷托路」（Loreto）狹長道路，最後從耶穌會教堂側面通往廣場，其沿途石壁的砌造堆疊也相當出色。數量龐大的石塊有條不紊地堆砌，展現出高強度的直線幾何線條美學。

最後，筆者無論如何都想要親眼見到的，就是以「十二角石」著稱的「哈頓盧米克路」（Hatunrumiyoc）石牆。許多探訪庫斯科的遊客，眼見十二角石之景，內心不禁湧起一股靜謐的感動。「哈頓盧米克路」從主教座堂後方，一路向東北方延伸。不管是何時造訪，必定會看見眼盲的印地安人乞丐彈奏著恰朗戈（charango，用犰狳的背殼所製成的撥弦樂器），哀傷的曲調悠悠地滲進淡綠色的石塊之中。許多遊客佇立凝望這面傳聞中「就連刀片也無法嵌入」、緊密接合的石牆，臉上的表情似乎是感嘆著「終於讓我見到你了」；眼前石塊排列堆疊的線條，宛如河水奔流所釋放出的能量一般具有震

舊太陽神殿（Coricancha）　現今的道明會修道院。建築物基座的石牆為印加時代的遺跡。筆者攝影。

撼力，令人無法言語。

將基督教奉為絕對、唯一真理的西班牙人，在征服時代，破壞了印地安文明在各地留下的異教痕跡，並且經常在原址重新建造歐式建築。不過，在庫斯科這裡，正如我們現在所看到的，由印加族人所砌造的石頭地基，大多未遭到毀壞，而是在其基礎上加蓋修道院或是西

哈頓盧米克路　筆者攝影。

「十二角石」　鑲嵌在哈頓盧米克路的石壁之中。

洛雷托路　位於道路兩側，以角石井然有序堆疊而成的舊王宮石牆，幾乎被完整保存了下來。筆者攝影。

班牙人的住所。或許是因為石牆難以毀壞的堅固性質，又或許是過往的征服者們，也如同今日的我們一樣，從中感受到某種崇高的意境也說不定。

◎繪畫中的印加後裔

至今，筆者每每觀看這些歷史遺跡之際，認為印加厚實沉重的石牆，以及在上頭營造的奢華歐風建築物，這兩者之間所對比出的明顯界線，正好將「前西班牙時期（Pre-Hispanic）的文明」與「殖民地文化」兩個時期截然分割。但是，後來筆者因為某些緣故，屢次造訪「哈頓盧米克路」上的建築物，才逐漸意識並反省道，過去所抱持「文明的分割界線」的印象，或許只是從單一角度所看到的面相。

構築於「十二角石」之上，白色外牆的建築物，在殖民地時代是西班牙貴族的家屋，其後則是庫斯科大主教所居住的宅邸。在建築物的角落，設有「大主教座檔案館」，對研究庫斯科歷史的學者們而言，是非常寶貴的研究據點；因此，筆者也曾多次探訪。不過，這棟建築物的主要功能是「宗教藝術博物館」，館內保存並展示殖民地時代，在庫斯科創作的珍貴作品。其中一系列的繪畫作品，賦予筆者珍貴的契機，重新思考印加的歷史。這批繪畫作品通稱為「聖塔亞那系列作品」（參閱頁三二三圖），創作時間推定是在十七世紀下半葉，約一六八〇年前後，內容是描繪生活在殖民地都市庫斯科的印地安人。這些印地安人，被認定為是前西班牙時代印加國王的後裔，他們被賦予印地安「貴族」的稱號，屬於當時存活下來的十二家印加王族「帕納卡」（panaca）的顯要人士。這一系列的繪畫作品，便是捕捉穿著傳統高貴衣裝的各帕納卡代表們，接連現身參加天主教會祭禮的瞬間光景。

這些印加人後裔，在殖民地時代由各家帕納卡派遣兩位代表，組成「二十四選舉人會」團體，誇耀貴族的身分地位。值得注意的是，這個團體存在的主要目的。每年的七月二十五日，齊聚一堂的帕納卡代表們，會在西班牙的（也就是征服者們的）紀念主保聖人（Patron saint）的慶典——聖雅各節以及聖體聖血瞻禮（Corpus Christi）之時，選出負責揭舉西班牙國王旗幟的「王旗隊」，並在祭典中列隊遊行。王旗隊藉由身上的傳統服裝及珠寶裝飾，展示與印加王室血統的關聯；但另一方面，恭敬地高舉西班牙王旗，則是將「安地斯的原住民，如今已成為西班牙國王的忠實臣民」，即「安地斯成為殖民地」的現實，直接展示在觀禮民眾的眼前。

這一系列的繪畫作品，展現出業已滅亡的印加帝國與當下的西班牙帝國，這兩個帝國的命脈，同時存活在帕納卡的身體上；將帝國間各種關係接續起來的意圖，鮮明地埋藏在畫作之中。早先因為看見厚重石造基座與其上的歐風建築之景，所感受到的明顯區隔出「前西班牙期」與「殖民地時代」的界線，經過「聖塔亞那系列作品」的影響，瞬間變得模糊、難以掌握。

另外，會在腦海中憶起「印加」的，並不是只有這些印地安的社會菁英階層。即便在與印加民族毫無相關的人群之中，也有些人憧憬印加帝國的光輝歷史，或是希望從殖民地的壓迫之中獲得解放，而將未來賭在「印加」這一存在於歷史上放射出的強大能量之上。本書便是以「印加」本身的存在，所散發出的各式各樣意涵為主旋律，試圖書寫從前西班牙期至十九世紀為止，安地斯的歷史。

◎交錯‧共生‧乖離

「印加」是什麼意思呢？「印加」一詞，是指王國中擁有最高權力之人的「王」，但是西班牙人則是將國王所統治的社會，以及王國核心的民族集團，也稱之為「印加」。此外，「印加」還意指從大地湧出、足以撼動巨石的力量。由此可見，「印加」是一個擁有多重意義的語詞。

一般而言，至今在書寫印加歷史之時，正常做法是從前西班牙期開始描述印加帝國的歷史，直到被西班牙征服而結束。抑或是，也有許多研究只將焦點集中在十八世紀末，自稱為印加國王後裔的何塞．加夫列爾．孔多爾坎基．圖帕克．阿馬魯（José Gabriel Condorcanqui Túpac Amaru）所發起的起義活動，以及相關周邊的情勢。然而，在本書中筆者嘗試將目光放在繼續生存於殖民地時代的印加族人，以及圍繞著「印加」所誕生的意象，因此在時間斷限上，選擇從前西班牙期至十九世紀為止，捕捉在長時間的結構之中仍未消逝的「印加」，並且藉此書寫安地斯社會的多樣性。

如此一來，筆者認為，關注與安地斯世界交錯的另一個世界——西班牙的歷史，也是相當重要的。一五三二年，印加帝國最後的國王——阿塔瓦爾帕（Atahualpa）率領的數萬人軍隊，居然敗給了僅有一百多人的西班牙征服者。這些征服者，是持續壯大的西班牙帝國派出的前鋒部隊。西班牙帝國經過了與伊斯蘭勢力的對峙、共生，以及與猶太人的異族文化對立、競爭等歷史經驗，登上了歐洲的歷史舞台，如今則是打算把海洋另一端的新世界據為己有。在伊比利半島上所淬煉出的西班牙特殊的歷史經驗，半途嵌入了印地安人的世界，雖然扭曲了安地斯歷史前進的道路，卻也在此同時展現出，摸索嶄新的可能性而拼命生存的姿態。

印地安人嘗試包容新帝國，展現出溫和順從的姿態；傳教士高度評價作為他者的原住民所創造出的文化與價值，並且尋找方法與統治者本身的文化接軌的樣貌；原住民為了取回即將被新帝國所奪去的自由，籌畫武力抵抗的模樣；掌握政權的統治者貶低被統治者的存在價值，試圖重新構築身為帝國僕役的殖民地社會的態度……。筆者希望能夠描繪出，因帝國的交錯所形成的各種多樣的剖面圖。

首先，就從誕生於安地斯的印地安人的帝國談起，接著再轉向伊比利半島，找尋來到安地斯的另一個帝國形成的歷史。因為安地斯和西班牙的連結，讓人不能不注意到因此而生的海上世界。這一段歷史，主角並不是只有西班牙人和印地安人而已，還有許多人被鎖鍊扣住，遠從非洲大陸被帶到安地斯地區。在這三個民族之間，也有許多人相互通婚，生下子嗣，參與了接下來的歷史篇章。除此之外，從伊比利半島往外踏上離散之旅的猶太人，也逐漸滲透進安地斯世界。更不能忽略的是，對歷史發展持續注入看不見的能量的女性們。

然而到了最後，印加與西班牙還是迎來了訣別的時刻——交錯、共生、融合、乖離、訣別……。這一連串的歷史、文化動態，就讓我們在安地斯這一個舞台上，一起觀賞。

1 現在稱為「Plaza de Armas del Cuzco」，因此中文又譯為庫斯科武器廣場、庫斯科兵器廣場，或者音譯為阿瑪斯廣場。

2 又譯為「四地之盟」，或音譯為「塔萬蒂蘇尤」，意指「四方大地統一」。

3 「amaruqancha」克丘亞語意指「蛇之家」，蛇在印加神話中是知識的代表。這座舊王宮是印加帝國第十一任國王瓦伊納・卡帕克（Huayna Cápac）的王宮，後來成為耶穌會教堂。

第一章
印加王國的誕生

曼科·卡帕克　傳說中印加的開國始祖。

王朝史的確立

◎歷代國王與王室

殖民地時代的全盛時期，在庫斯科的印地安人居住的教區內，住著大批自稱是印加族後裔的居民。他們以身上流有印加王室（帕納卡）血統為傲，享有身為印加貴族的特權身分。他們究竟是如何確立社會地位，將於後文詳述。然而，關於他們誇耀的、與歷代王室血統相連的驕傲，一旦向前追溯歷史，卻浮現出了些許的疑問。

在表一中，列出了歷代國王姓名，以及序言中介紹的，在殖民地時代派出代表組成「二十四選舉人會」的帕納卡名稱。此處雖然只列出十一個帕納卡名稱，但是從某個時期開始，便成為十二個帕納卡，各自派出兩位選舉人組成團體。

觀看表格的內容，歷代國王與各家王室相對應，乍看之下沒有任何問題，但是實際上，關於帕納卡與前西班牙期王朝的關聯，至今仍存在著許多疑問，充滿爭議。表一雖說是普遍被接受的通說，卻是非常不安定的狀態。

印加的王系與王室

	印加國王	王室（帕納卡）
第一任	曼科・卡帕克（Manco Cápac）	契馬（Chima）・帕納卡
第二任	辛奇・羅卡（Sinchi Roca）	勞拉（Raura）・帕納卡
第三任	優克・尤潘基（Lloque Yupanqui）	阿維尼（Awayni）・帕納卡
第四任	麥塔・卡帕克（Mayta Cápac）	烏斯卡（Usca）・麥塔・帕納卡
第五任	卡帕克・尤潘基（Cápac Yupanqui）	阿蒲（Apu）・麥塔・卡帕克・帕納卡
第六任	印加・羅卡（Inca Roca）	維卡奇饒（Wikakiraw）・帕納卡
第七任	亞瓦爾・瓦卡克（Yahuar Huácac）	敖凱伊（Awkaylli）・帕納卡
第八任	維拉科查（Huiracocha）	素克素（Suqsu）・帕納卡
第九任	帕查庫特克（Pachacútec）	伊納卡（Inaca）・帕納卡
第十任	圖帕克・印加・尤潘基（Tupaq Inca Yupanki）	卡帕克・阿伊魯（Cápac Ayllu）
第十一任	瓦伊納・卡帕克（Huayna Cápac）	圖米邦巴（Tumipampa）・帕納卡
第十二任	瓦斯卡爾（Huáscar）	
第十三任	阿塔瓦爾帕（Atawallpa）	

第十一任的瓦伊納・卡帕克（Huayna Cápac）國王，毫無疑問地是存在於歷史上的人物。包括他前任的圖帕克・印加・尤潘基（Tupaq Inca Yupanki），和第九任帕查庫特克（Pachacútec），也被認為是確實存在的國王。但是，早於第八任維拉科查（Huiracocha）的國王的傳承故事，便充滿著濃厚的神話氣息，諸位國王的人物輪廓亦十分模糊。連王朝本身的體制，目前的研究也提倡，似乎並非是我們所熟悉的「單一王朝」（一位國王逝世後，另立一位新的國王），而可能是所謂的「雙分王朝」（一代同時有兩位國王並立），反映出安地斯獨特的社會結構；近來，甚至還出現有三個系統的國王同時治理的假說。關於印加帝國國王的研究，雖然呈現如此錯綜複雜的樣貌，但是在殖民地時代的庫斯科，還是有很多人表示自己是某一代某一位國王的後裔子孫，儘管這件事的真實性受人質疑，他們仍挺起胸膛，以身為存在於半神話色彩之中的國王子孫而自豪。

◎使用「奇普」記下的王朝史

那麼，「通說」的印加王朝歷史，又是如何出現的呢？這是在西班牙征服印加王國之後，追溯安地斯歷史的西班牙編年史家（Cronista）們，與在帝國交替的洶湧漩渦中，殘存下來的庫斯科的印加族人，雙方共同合作所留下的成果。相信很多人都知道，印加帝國的人們，是生活在「無文字的世界」之中。他們用來記事的媒介，是稱為「奇普」（*Quipu*）的細緻結繩工具。

十七世紀的耶穌會傳教士科波（Bernabé Cobo）曾寫道：「他們使用線繩來取代文字的記錄，那些繩子就像我們用來串玫瑰念珠的一樣，是用細毛捻製的細線，並將之稱為奇普。透過奇普這項用具，他們記錄下歷史上的豐功偉業，另外宗教執事與會計官則是以此報告收入和支出的明細。這些奇普就像書本和小冊子，在各種顏色的線繩上有著各式繩結，數量之多似乎能用來意指所有事情。」除此之外，跟奇普相互搭配的留下歷史的方式是，在讚譽國王功績的祭典等活動上，創作出並流布的歌謠和故事等等口耳相傳的內容；印加歷史便是藉由這些媒介而代代傳承。因此，關於印加帝國歷史的知識和訊息，與書面文字的歷史記述相較，是以較為不安定的狀態保存了下來。

成為安地斯新統治者的西班牙人，為了弄清楚今後即將統治的人民的歷史，有必要趕緊將這些印地安人不確定的歷史資訊，定型成文字，留下記錄。

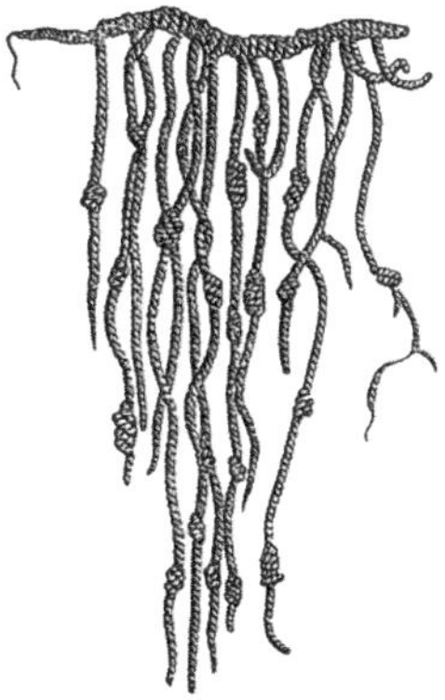

奇普　以繩結和位置表示數字和進位。印加帝國使用十進位法。

因此，他們立即對可以提供情報的印加族人，展開歷史調查。另一方面，原住民們也馬上意識到，自己的歷史將透過文字而固定下來一事，帶有頃刻間便會確立起權力關係的性質，所以積極地提供西班牙人相關知識，並且在一邊混入自己的利害關係的同時，一邊參與印加帝國的歷史化過程。

經由西班牙人與印加族人的共同作業，完成了從第一代至第十一代連綿不斷，不亞於歐洲諸王朝的穩固王朝史。如此垂直穿透時間軸線的歷史系譜，在征服後的庫斯科，好像被直接橫放一樣，順理成章地確立了各家帕納卡的身分地位。

◎印加發祥之地

看起來十分合理的歷史進程，愈是呈現出圓滑、順遂的模樣，就愈是讓探索歷史的學者們，感到不太對勁。實際上，研究者們也以在「平穩」的印加史中各處所聽見的不協調音為線索，持續努力去傾聽王朝史故事中不想道出的部分。在這一層意義上，關於印加王朝創世神話的成立經緯，也是一項十分有趣的主題。根據一般通說的王朝史，包含印加始祖曼科．卡帕克（Manco Cápac）在內的四位兄弟和四位姐妹，是從位在庫斯科市南方，帕卡里坦博

（Pacaritambo）附近的洞穴「坦普．托科」（Tampu Tocco）中現身。他們從此處展開旅程，經過一番迂迴曲折後，曼科．卡帕克抵達現今的庫斯科市，並與其中一位姐妹結婚，為王朝的創始。

筆者為了歷史調查而停留在庫斯科時，在三月的某一個星期六，由於工作地方的古文書館休館，便請求我熟識的導遊同行，打算前往傳說中的帕卡里坦博。一坐進租來的豐田廂型車（Hiace）中，就朝著印加王朝的誕生之地出發。雨季期間，庫斯科的鄉間小路，土石四處崩落，通行極為困難。經過將近四個小時的艱難路程，終於抵達寧靜佇立在安地斯高原上的帕卡里坦博村。「坦普．托科」洞穴應該就離這個村莊不遠，可是卻遍尋不著。雖然想著「既然是印加誕生的場所，應該會立下指示牌吧？」沒想到還是毫無所獲。正當束手無策之際，親切的村民出現在眼前。「反正順路，就帶你一起到洞窟去吧。」在這位男性村民的引導下，又花了約一小時跋涉在尚未鋪設道路的安地斯高原。「就在那裡。」順著

坦普．托科　位於帕卡里坦博的洞窟。傳說是印加王朝創生的場所。筆者攝影。

村民手指的方向，可以看見山崖邊有一個洞穴。印加王朝創始的洞窟，此刻就出現在我們的眼前……確實是一個洞窟沒錯。只是，作為紀念帝國創始者們誕生的場所，未免也太過寒酸。對此我有些失禮地詢問：「真的是這裡沒有錯嗎？」，村民自信滿滿地回答：「就是這裡！」後來，筆者比對秘魯陸軍發行的地圖，「坦普．托科」洞穴的位置，確實就在這附近。

一九六四年，據說費爾南多．貝朗德．特里（Fernando Belaúnde Terry）就任秘魯總統之時，曾搭乘直昇機飛來帕卡里坦博，藉由將自己與印加帝國的誕生場所連結在一起的行動，誇示新政府在歷史上的正統性。雖然對好心帶路的村民有些不好意思，但是

「茅卡列克塔」和「普馬烏魯克」 被視為是印加的發祥地。在「茅卡列克塔」（右圖）留下石造建築物，在「普馬烏魯克」（左圖）則是有貌似美洲獅的岩石。義井豐攝影。

「這個地方真的是那麼有意義的場所嗎？」，筆者把這樣的疑惑當成此行的伴手禮，就這麼踏上路況險惡的歸途，回到庫斯科。不過，之後經過調查，對於帕卡里坦博這塊土地在殖民地時代的詳細狀況，有了更深入的理解。

事實上，在「坦普．托科」洞窟的附近，還有另一個印加時代的重要遺跡。如此說來，當筆者詢問村民「這附近還有印加的遺跡嗎？」的時候，對方確實是看向了山頭的另一端說：「往那個方向。從這邊走路大約四小時的地方。」在村民指示方向上的遺跡，是「茅卡列克塔（音譯）」和「普馬烏魯克（音譯）」。筆者無法親眼目睹，實在是非常可惜，不過從照片上來看，這些地方的建築物，可以說展現出了印加石造技術的精隨，是非常精巧的建築。根據調查帕卡里坦博傳說的美國人類學家亞頓的推測，在西班牙人進行征服之際，恐怕此地的「茅卡列克塔」才是印加的聖地「帕卡里坦博」——那塊因諸王而聲名遠播的土地。究竟在這其間，發生了什麼事呢？

印加王朝的發祥之地帕卡里坦博，之所以會轉移至現在的村莊以及鄰近的洞穴，其實是因為試圖鞏固自身權利的印地安人這一方，利用西班牙人統治造成的權力重整的機會，操縱情報而導致的結果。在殖民地社會逐漸成形的一五六九年，帕卡里坦博村的印地安首長洛多立科．卡列皮涅（音譯），向庫斯科市的行政機關提出請願書。這位地方首長主張，自己正

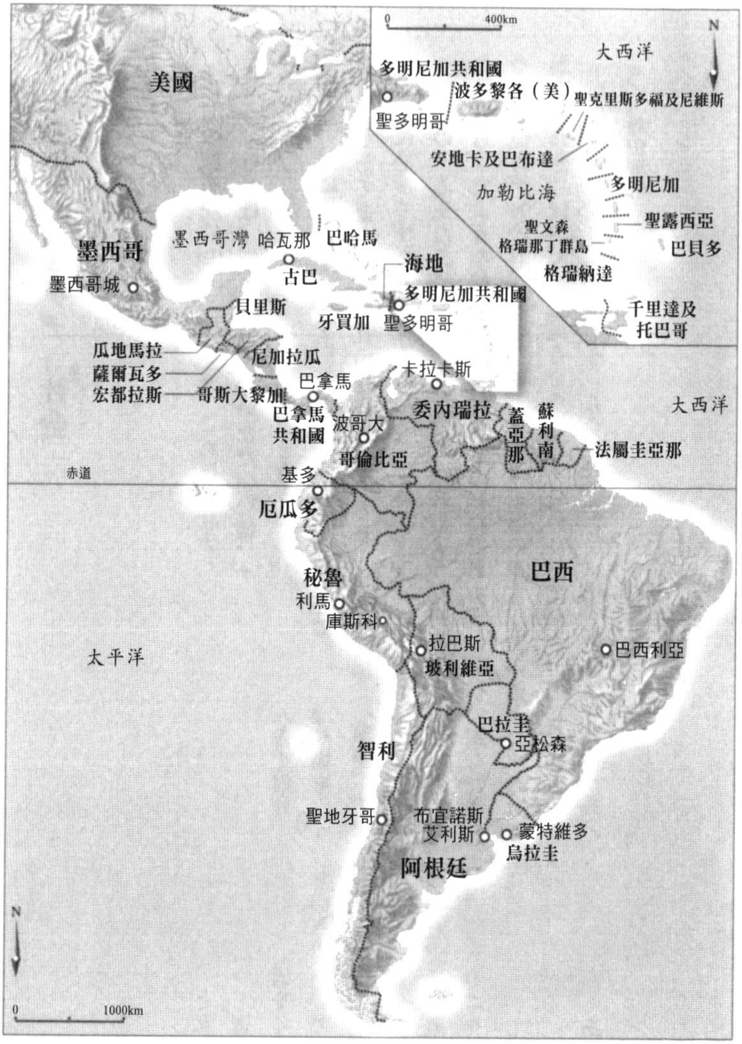
0 400km
N
大西洋
多明尼加共和國
波多黎各（美）
聖克里斯多福及尼維斯
聖多明哥
安地卡及巴布達
多明尼加
加勒比海
聖文森
格瑞那丁群島
聖露西亞
巴貝多
格瑞納達
千里達及
托巴哥
美國
墨西哥
墨西哥灣
哈瓦那
巴哈馬
海地
古巴
墨西哥城
多明尼加共和國
貝里斯
牙買加
聖多明哥
瓜地馬拉
尼加拉瓜
薩爾瓦多
宏都拉斯
哥斯大黎加
巴拿馬
卡拉卡斯
大西洋
委內瑞拉
巴拿馬
共和國
波哥大
蓋亞那
蘇利南
法屬圭亞那
哥倫比亞
赤道
基多
厄瓜多
巴西
秘魯
利馬
庫斯科
拉巴斯
巴西利亞
太平洋
玻利維亞
巴拉圭
亞松森
智利
聖地牙哥
布宜諾斯
艾利斯
蒙特維多
烏拉圭
阿根廷
N
0 1000km

現今的中、南美洲

是首任印加國王曼科・卡帕克的直系子孫，並在請願書中附上支持自己說法的印地安人同伴們的證言。這項主張受到當局的認可，洛多立科身為首任印加國王的後裔，被賦予貴族的特權；同時，當之後展開大規模印地安村落的重組（即傳教村〔reducción〕，將於後文詳述）之際，他居住的村莊被公認為「帕卡里坦博」，鄰近的洞窟也一同被確認為是印加國王現身的「坦普・托科」。

從這個例子也可以明白，那些以柔軟繩結和歌謠所編織而成，關於印加國王的記憶，對於為了自己而利用歷史的人們來說，是非常靈活、有效的工具。在閱讀印加歷史的時候，必須將這件事謹記在心。

帝國的起源與安地斯社會

◎印加古道

我認為，人類的歷史到目前為止，從未見過如此壯觀的道路。一路貫穿深谷、白雪覆蓋的山峰、沼澤、岩盤等地形，並順著湍急的河流向前延伸。將這些地區闢為平整之地、鋪上石塊，或者大幅削減山坡的傾斜度、破壞山體、剷除岩石、沿著河川挖通峭壁、在雪峰之間建造階梯和平臺等。接著，將路面全部清掃乾淨，羅列旅館、寶庫、太陽神殿、驛站等設施於路旁。啊！無論是亞歷山大大帝，還是其他擁有統治世界權力的王者們，誰能夠建造出如此的道路呢？誰又能規劃出那些道路旁的補給設施呢？若根據我的看法，就算是羅馬人所建造、將西班牙和其他地區串連起來的石磚道路，與這條道路相比也不值一提。而且這條道路，幾乎是在不可思議的短時間內建設完成。換言之，印加國王們才想到要下達命令，臣子們便已經做完了。（增田義郎翻譯）

這段文字來自西班牙人皮德羅・齊耶薩・迪里昂（Pedro Cieza de León）的文章。齊耶薩從一五四七年起，在秘魯停留數年的時間，最後留下厚重的編年史（chronica，當時歷史諸項記錄的總稱）著作。他走遍安地斯各地，憑藉著優秀的觀察力和搜集情報的能力，記錄下安地斯的地理風土誌、印加王朝史以及征服過程的歷史等，並對印加古道留下前文的記述。在齊耶薩踏上秘魯這塊土地之時，征服已成為過去，印加的國家組織已完全消滅。雖然在他眼前，只剩下印加王國的殘骸，但是藉由分析那些因征服而被毀壞掉一大半的遺跡，齊耶薩理解道，過去存在於此處的社會，在性質上與一般的王國大不相同。

特別是他清楚地認為，正是這條直接貫穿王國的「大道」，為印加所創造出的社會賦予了足以與亞歷山大帝國和羅馬帝國相互媲美的條件。擁有如此認知的齊耶薩的文章在歐洲刊出後，促成「帝國印加」意象的形成。事實上，他因為參與征服事業，因此還發現印加國王擁有凌駕於征服的最高指揮官「西班牙皇帝」的力量。齊耶薩在文章中表示：「假設皇帝陛下下達一道命令，想要再建造一條從基多（Quito）至庫斯科，從庫斯科至智利的御用道路。如此一來，要是沒有像印加在建設道路時的龐大組織，就算竭盡陛下的全力，恐怕也難以完成這項事業，人力也會不足吧。如果只是五十里格至一百、兩百里格的道路，即便是蠻荒的土地，我想只要盡力應該不成問題。然而，這個國家（印加）的道路長度卻非常地驚人，長達一千一百里格以上。」（增田義郎翻譯）

一千一百里格！一里格（legua）[1]約為五點五七公里，換算起來是一條長達六千公里以上的道路，貫穿帝國全土。印加帝國的領土，約從現今的秘魯、玻利維亞為中心，向南到現今的阿根廷、智利，向北則是延伸至厄瓜多、哥倫比亞。在西班牙的征服者（Conquistador）到來之前，帝國領土的擴張已到了極限。印加社會究竟是怎麼成長為如此巨大的帝國，又是如何走向滅亡的呢？

印加古道　長達六千公里以上的道路，貫穿印加帝國。根據以下書中的資料做成：Hyslop, *The Inca Road System*，1984 年。

◎帕查庫特克的豐功偉業

以下根據一般的通說，說明帝國的起源。約在一二五〇年左右，首任國王曼科．卡帕克從帕卡里坦博的洞窟現身，建立王都庫斯科。話雖如此，印加王朝開始真正出現字面意義上的「帝國」特質的時候，是在第九任國王帕查庫特克的統治時期。依照編年史的計算，帕查庫特克是在一四三八年登上王位。

在帕查庫特克以前的時代，安地斯各地處於慢性鬥爭的狀態，稱為「奧卡魯納」（*Aukaruna*），意即戰士的時代。由曼科．卡帕克所創始的印加王朝，在這個時期，也只不過是在庫斯科盆地周邊擁有勢力的一個部族。

此時，其他的部族中，相中富饒盆地的昌卡人（Chanca）發動侵襲。在危機緊迫的狀況之下，庫斯科的命運雖然交付在第八任國王維拉科查（Huiracocha）的手中，但是年老的國王毫無戰意，與溺愛的王儲烏爾科（Inca Urco）一同逃離庫斯科，前往外地的別

印加古道　在庫斯科市的近郊，至今仍留有遺跡。筆者攝影。

墅避難。當時，毅然決然挺身而出守護王都的人物，是年輕的王子印加・尤潘基（Inca Yupanqui）。然而，鄰近部族拒絕提供支援，王子陷入孤立無援的苦境而在睡夢中呻吟。在王子的夢境裡，安地斯的創造神從耀眼的光芒中出現，約定將會派遣神軍，助他一臂之力。

決戰之日，昌卡軍湧進庫斯科。就在此時，不知從什麼地方突然冒出來二十支大軍，擋在敵軍面前。「那麼，向前進吧，我們唯一的君主。打敗敵人，讓他們成為今日君主的俘虜吧！」向王子如此說道的士兵們，隨後便展開了壯烈的戰鬥，擊潰了昌卡軍。作為勝利者的王子，改名為「帕查庫特克」，登上第九任國王之位，之後開始向安地斯全土擴張的征服戰爭，建立起巨大的帝國。

昌卡戰爭、怯弱的年邁國王、年輕王子的活躍，以及帝國的誕生⋯⋯。「帕查庫特克」在克丘亞語中，帶有「變革者」之意。因此在通說中，認為帕查庫特克才是為安地斯這塊土地帶來革命的人物，被讚譽為文化英雄。

◎編年史中存在的偏頗

近年來，可以看見重新審視「英雄史觀」的跡象。所謂的「英雄史觀」，就是將特定人物與社會變革的動因連結在一起的歷史解釋。會出現這樣的跡象，也跟以反省的態度重新考察安地斯歷史研究所使用的「資料」有關。畢竟通說歷史中依據的史料，是西班牙人在征服後進入安地斯世界，所書寫下來的編年史。編寫這些紀事的人員中，以擁有卓越資質、像齊耶薩這種歷史學家的人物為首，還有許多站在宗教或是世俗等各種立場上的人物，因此在西班牙編年史的資料中，很容易強烈地投影出書寫者的意志、世界觀以及利害關係。再加上他們大多是在舊王都庫斯科取得資訊，在記述之中也就必然會反映出以印加族為中心的歷史觀。

比方說，前文介紹的關於帕查庫特克國王的故事，是依據一五五〇年代的敘述，記載於西班牙編年史家胡安．迪亞斯．德．貝坦索斯（Juan Diez de Betanzos）的著作中。貝坦索斯是在征服之後相對較早的時期就撰寫出這本作品，因此與齊耶薩並列、有較高的可信度。此外，他還與印加公主結為連理。或許是在與妻子的生活中學會的，他熟知克丘亞語的程度，幾乎可以成為該語言的官方翻譯，而且，他應該也從姻親所屬的帕納卡的印加貴族中，獲取了許多知識。貝坦索斯與印加公主的婚姻關係，提高了他的記述的價值，但是相反地，也加強了他凸顯妻子帕納卡家族的價值與歷史的寫作傾向。例如，他的妻子與第九任國王帕查庫特克的帕納卡世系有關聯。或許是因為這個原因，他處理印加時期的許多敘述，都傾力於讚揚帕查庫特克的豐功偉業。帕納卡內部的眾人，透過積極支援編年史家們的記述，而加入了與自己的利害關係相關的內容。

雖然站在考古學的專業知識的立場，會認為正確認清編年史中存在的偏頗，有可能建構出更為確實的歷史圖像，但是關於印加社會的考古學研究，卻始終沒有太大的進展。這點讓人感到有些意外，畢竟我們屢屢看見盛大的考古挖掘工作的新聞，從安地斯地區傳來。關於比印加出現的時期更為古老的社會的研究，已有很大的進展；但另一方面也可以認為，愈是接近西班牙展開征服活動的一五三二年，在考古學上的見解愈是薄弱。不過在最近幾年，考古學家們致力於推進印加時期遺跡的挖掘與調查工作，也出現了重要的學說。

舉例來說，對於印加王國創始時期的爭議，根據考古挖掘加上放射性碳定年法的調查，呈現出新的假說，將過去始於西元一二〇〇年左右的說法，向上追溯至西元一〇〇〇年左右。此外，針對一直以來讓史學家們半信半疑的「一四三八年」（帕查庫特克登基＝帝國創始之年），也提出了暫定的學說：大約是在一四〇〇年左右，印加開始出現帝國主義式的擴張活動。藉由考古學精密的調查活動，印加社會成長的模樣，將會更加地清晰。

即便如此，應可確定的是，印加開始向安地斯地區全境擴張的時間約在十五世紀初，這表示印加只在短短一個世紀多的時間內，便成為安地斯的霸者。關於帕查庫特克的偉大成就，在歷史上是否真實存在之議論，從安地斯地區記憶的本質來看，或許並沒有太大的意義；但是，如果將帕查庫特克的偉業，視為一四〇〇年左右發生在印加社會的巨大變化的象徵，便能有助於理解印加帝國形成的狀況。

印加．加西拉索．德．拉．維加（Garcilaso de la Vega, el Inca）這位編年史家，出生於征服後的安地斯地區，擁有混血血統（西班牙人與印加人），至一五六〇年為止都居住在庫斯科。根據他的著作，庫斯科存在著印加人與昌卡戰爭的紀念碑。那是繪製在巨岩上的兩隻安地斯神鷹，一隻是收起羽翼、低著頭背向庫斯科的姿態；相對地，另一隻則是勇猛地面向庫斯科，彷彿至今仍要襲擊獵物一般，大展羽翼。前者是象徵在敵軍來臨前逃亡的父王，後者則是死守庫斯科的王子。

另外，在齊耶薩的著作中，也表示國王後來在與昌卡人的「戰場上，建造了大型的建築物作為墳墓。並且為了紀念該場戰役，剝去所有屍體的皮，將灰和稻草塞入其中填充，作出幾百具各不相同的人類外型」（增田義郎翻譯）。雖然不知道印加人是否經過與昌卡人一次的戰鬥後，就將印加社會推向帝國之路，但是對印加人而言，這場戰爭確實具有非凡的重要性。接著就讓我們來看看當時的歷史背景。

◎印加族人勢力的崛起

依據考古學的調查，在約十四至十五世紀的安地斯社會，是處於大大小小的部族在地方割據的狀態。大概在十世紀時，由領導權遍及廣大範圍的大規模社會，亦即蒂亞瓦納科（Tiwanaku）文明和瓦里（Wari）文明所統一治理的時代（中期水平）宣告終結。蒂亞瓦納科文明的勢力範圍，約是以現今跨越玻利維亞和秘魯國境之間的「的的喀喀湖」（Lake Titicaca）為起點，統治安地斯南部地區；瓦里文明則是以現今的阿亞庫喬（Ayacucho）為根據地，影響力廣及秘魯北部。兩文明消失之後，進入了考古學上的「後期中間期」，多元的地方勢力在各地發展起來。像是位於秘魯北海岸，強大的奇穆王國（Chimor）、擁有大型商船集團，在太平洋沿岸積極從事交易活動，位於中部海岸的欽查王國（Chincha）、盤踞中部山區的汪卡（Huanca）社會，以及統治的的喀喀湖畔高原的普諾（Puno）地區，以擁有美洲駝與羊駝的富饒畜牧資源為傲的魯帕卡（Lupaca）社會等等，皆是代表性的例子。

廣泛分布在曼塔羅河（Mantaro River）流域的汪卡社會，擁有數萬人的人口，是由幾個大型的民族集團所構成。各民族由戰鬥的指揮者「首長」（庫拉卡，*curaca*）所統率，可以認為有追求自立性的鬥爭狀態。從遺跡的狀況可以得知，過往散布在峽谷低地的汪卡各村落，在十四世紀中葉，移動至高於河床三百公尺處的丘陵地帶，形成集村聚落。溪谷與丘陵等地形為天然的防衛要塞，在這個時期，民族集團之間圍繞著經濟資源和政治權力的紛爭日益加劇。或許印加族也是在如此慢性戰爭的狀態之中，由像是帕查庫特克這般人物的首長所領導，漸漸將權力集中在自己手上，構築起更為明確的國家式社會結構。如此看來，最初印加族也不過就是在安地斯地區內，一支擁有權勢的部族罷了。

在編年史的記錄中，關於印加族與昌卡族的戰鬥狀況，也有象徵性的敘述。被父王棄之

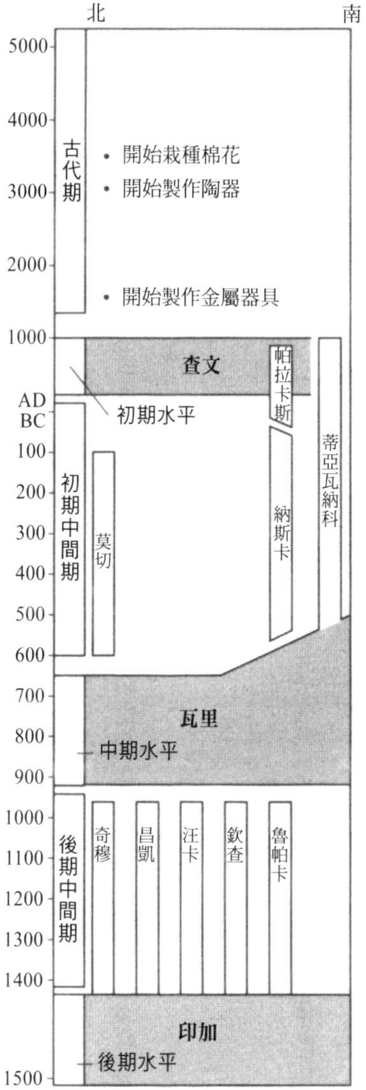

安地斯文明編年表　根據富蘭克林・皮斯（Franklin Pease）、增田義郎『図説インカ帝国（圖說印加帝國）』（小學館，1988 年）資料編成。

不顧、虛弱的帕查庫特克，獲得「神軍」的拯救。在各種編年史中，都描述道印加族在獲得神軍相助，擊潰昌卡族之後，就像一掃了過往的陰霾，踏出庫斯科周邊的小世界，開始向廣大的安地斯世界發動軍事進攻。原本只是一個地方的、普通的民族集團，朝向「帝國式的存在」轉換的機緣，似乎只能藉由「神力引導」來說明。但是，說不定我們也可以藉由觀察幾個現象，更詳細地了解印加轉換為帝國的過程。

印加社會的一貫原理

◎安地斯的生態系與「垂直統御」

為此，雖然是基本事項，但首先就讓我們也把成為帝國以前的印加社會納入考量，來描繪安地斯高原社會「理想型態」的輪廓。安地斯人民生活的核心單位，是基於對祖先（神）的共有意識所結合，稱為「阿伊魯」（*Ayllu*）的血緣性親族集團的共同體。統管阿伊魯的人物為首長，數個阿伊魯組成一個部族，接著再繼續發展成為更大的「首長國」、「王國」。

在阿伊魯內部，因信仰的神祇以祖先神為主，有多種神祇存在與交流，所以為了祈求眾神賜予恩惠，舉辦宗教祭典是日常生活的一部分；另外，土地及畜牧等事務，也是由阿伊魯進行共同體模式的管理。祭典的籌辦和土地分配等皆由首長統籌。

關於安地斯地方社會的特色，應該注意的是阿伊魯這個共同體，在生態學和地理上的分布問題。這是因為，安地斯世界是由三大氣候區所組成，分別為海岸（*Costa*；沙漠氣候）、山地（*Sierra*；以安地斯山脈為中心形成的山岳地帶）、叢林（*Selva*；往亞馬遜河流域擴展的熱帶雨林地區），在這三大氣候區之內，又因為海流、緯度、風向、地勢等等細部因素的差異，孕育出十分多元的生態體系的世界。甚至可以說，在一天的移動時間之內，就能夠體驗到地球上所有氣候區。安地斯地區的各個社會，便是在一邊駕馭這些氣候區造成的動態的環境多樣性，一邊逐步發展而成。

假如將當地的各項條件抽象化，以概念性的方式來敘述的話，以高原為據點的各個地方社會，大約是在海拔二千五百公尺至三千公尺之處，設置核心的聚落。從此處容易進入適合栽種馬鈴薯和玉米的地區。馬鈴薯是生活在安地斯的民眾的主食，而玉米除了是十分貴重的糧食，還是一種稱為「奇恰」（*Chicha*），富含宗教意義的發酵酒的原料。

「垂直統御」的特徵，便是不會只縮在核心地帶生活。順著山坡向上，可見大群的美洲駝和羊駝正在嚼食牧草，鹽田散布的高原風光在眼前展開。反之，朝向熱帶雨林地區的山坡一路向下，木材、辣椒，以及在宗教上擁有高價值的古柯園之「島」，零散地分布著。到了海岸地區，可以採集海藻與經過長期堆積、乾燥，可用來作為肥料的海鳥糞，另外，也可以看見栽培棉花等作物的區域。安地斯地區地方社會的成立，便是因為懂得「垂直地」利用這一個可稱為「生態群島」的空間。在屬於飛地[2]型態的地區，同屬一個共同體的民眾，以被稱為「米帝瑪耶斯」（Mitimaes，克

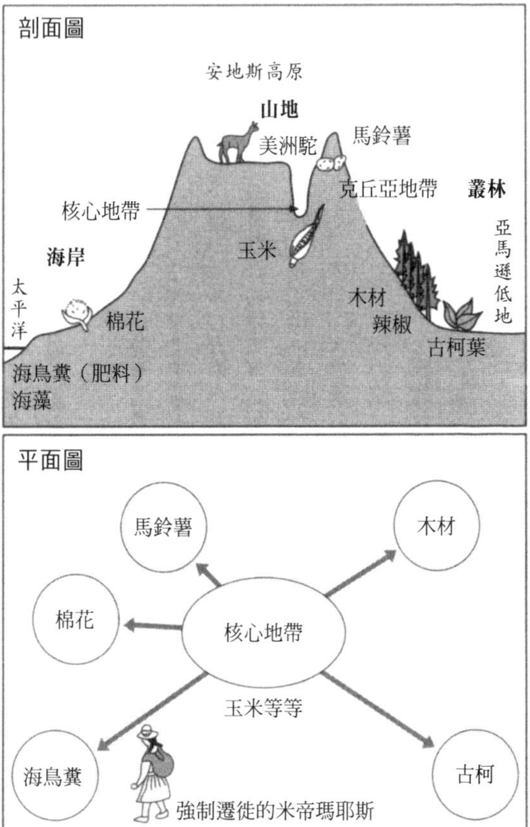

垂直統御的例子　懂得利用極端高度差距的生態體系，安地斯社會才得以成立。

丘亞語為*mitmaqkuna*）的殖民者的身分，被派遣至當地從事開發活動。在安地斯世界中，所謂的「垂直統御」，就是因應極端的地形高度差距而進行生態系的利用。

◎互惠之精神

潛藏在擁有上述特質的安地斯社會裡持續不斷的低音旋律，也就是使之能夠順利運轉的社會原理，便是「互惠」的意識與實踐。在大規模的農作、家族的建築工事、屋頂鋪設等日常勞動的各種情況，親族或是阿伊魯共同體的成員之間，會互相幫助，交換同等的勞動力。此種相互扶持的精神支持著日常生活，無論在阿伊魯共同體的核心領域，還是包含數個飛地的「生態群島」中，多樣的資源都是以互惠原則為幫浦，相互流通。

另外，互惠原則並非只在對等關係的人群之間水平流動，像是在阿伊魯共同體中的平民和首長之間，也會發揮垂直性的作用。首長因為身負統轄共同體的義務，作為回饋，可接受成員提供的勞力，並將之分配在農業生產活動之上；對此，首長並非要返還同等的勞力，而是要擺宴設席，以美酒佳餚招待成員，或是贈送在宗教意義上帶有高價值的紡織品等等，當作反向的回饋。在這種情況下，雖然兩方之間交換的勞力和物資，不再是絕對的等值與等量，呈現出非對稱的互惠關係，但是，乍看之下處於優勢的首長的地位，絕對不是穩定的狀態。倘若對共同體民眾所付出的勞役，無法提供滿意的款待，首長卓越的地位馬上就會受到動搖，埋下喪失權力的危險性。

在殖民地時代的記錄中，便有一則耐人尋味的例子。十六世紀中葉，前往秘魯北海岸視察的西班牙官員，認為首長大手筆地以「奇恰」招待共同體民眾的地方習慣，違反公共秩序與善良風俗，下令禁止。對此，各首長們紛紛提出抗議，表示若是禁止擺設宴席，民眾不只會停止耕種共同體的土地以及對首長的服侍，就連對西班牙國王的納稅、勞役等義務也會一同放棄。換言之，不擺酒席，民眾就不會付出勞動力。官員聽聞，立即收回禁止擺宴的命令。

◎互惠力學的變質

雖然此種互惠關係是在安地斯的地方社會之間形成，然而，近來學界開始思考，在印加社會發展成為帝國的過程之中，互惠原則的力學是否發生了變質。關於與昌卡族發生戰爭以前，印加跟鄰近部族的關係，在編年史中描繪出的印加國王並未較他族優越，只能站在對等來往的立場。舉例來說，初期的國王原本打算遵從先王曼科·卡帕克的遺言，實踐與姐妹通婚的理想，但是卻因為其他部族首長的強迫，不得不娶這些他族首長的女兒為妻。另外，西班牙的優秀官吏，同時也是編年史家之一的波羅・德・歐帝高多（Polo de Ondegaldo）記述道，在與昌卡族戰爭之際，帕查庫特克曾向鄰近部族提出「以付款為條件」，要求出兵援助。「付款」一詞，雖然是西歐式的概念，但以安地斯的觀點來翻譯的話，正是所謂的互惠之意，印加方面應該會被強烈要求，須以開設酒席、分配戰利品等方式作為回饋。

不過話說回來，這與貝坦索斯敘述的內容有所出入，他將帕查庫特克讚揚為「革命者」，認為這位國王引導印加走上了帝國型態的道路。換句話說，這位編年史家強調，對昌卡族的勝利是由帕查庫特克「單獨」達成的成果，完全沒有獲得周邊各部族的援助，是在超越傳統互惠關係的層次上實現的。位於庫斯科的印加族，在安地斯社會的存在感頓時提高了不少，與周邊部族的關係從原本的水平往來，變質為君主與臣下的垂直關係；不僅如此，貝坦索斯也在暗示，國王從傳統的互惠制度中解放出來，變得「自由」。關於與王權相關的事情，可以感受到應該發生了某些決定性的變化，可是變化的具體內容，目前我們還是一無所知。

◎無法推拒的酒

美國的美術史家卡明斯（Thomas Cummins）曾經針對安地斯的傳統酒杯「凱羅」（Quero，克丘亞語 *Qiru*），提出重要的研究成果，並將之付梓出版。根據卡明斯的卓見，互惠關係的變質，可以從印加國王與臣下之間的「酒席應酬」中窺見一二。在印地安編年史家聖塔．庫魯斯．帕查庫提．洋其（Santa Cruz Pachacuti Yamqui）的筆下記錄道，第十任印加國王圖帕克．印加．尤潘基在每年例行舉辦的盛大祭典「卡帕克．萊米」（*Cápac Raymi*，印加王國內的成年禮）之中，聽聞受到招待的首長們抱怨：「佳餚和奇恰酒太少的話……」為此怒氣攻心的國王，在隔年的祭典準備了大量的酒，讓接受招待的首長們使用巨大的凱羅酒杯飲酒，並在一天之內擺宴三次。據說，為了懲罰去年有人抱怨，這次就連小解也被禁止。卡明斯認為，國王的此種行為，正顯示出了印加國王與被統治者之間，過往所建立起的互惠關係已經變質。換言之，印加國王「在飲食上的份量，未能準備到讓客人滿意的程度」，以及「懲罰抱怨的客人」這兩項行為，不管是在互惠關係上，抑或是對於接受酒席招待的客方可表明主張的權利，都是一種「侵犯」。此時，互惠關係已不再是基於相互理解，而是在印加國王單方面、恣意地掌控之下。

當然，在印加國王與臣民之間，互惠關係依舊存在。再次回到貝坦索斯的敘述，成為國王的帕查庫特克，將同盟首長們召集至庫斯科，並以此為契機說道：「吾人與太陽同在，不能對匱乏感到滿足。」然後，闡述有必要在圍繞著庫斯科市的山丘上建設許多間倉庫，儲備所有種類的糧食，並命令首長們展開行動。五年後，完成了裝滿糧食的倉庫群。

在西班牙征服者首次進入王都庫斯科，親眼見到這些倉庫群之時，其驚愕不已的程度，被領導者法蘭西斯科・皮薩羅（Francisco Pizarro）的堂弟，同時也是編年史家的佩卓・皮薩羅（Pedro Pizarro）率直地書寫了下來：「有許多倉庫收藏著非常輕薄的衣服、和其他製造的更粗糙的衣服。還有放置椅子的倉庫，以及食品、古柯的倉庫。說到羽毛的話，則有看起來像最高級的黃金一般、色彩斑斕的羽毛工藝品，收藏在倉庫裡……。也有用龍舌蘭製成鞋底的鞋子倉庫。關於我在這個王國看到的，收藏所有種類的衣服的倉庫，實在無法一語道盡。」（增田義郎翻譯）。印加國王平常就是將這些堆滿無數倉庫的糧食和衣服大量贈與臣民，或是讓大家盡情享用神酒（奇恰），以持續展示國王的威信。

但是，在此必須謹記的是，國王（印加）與臣民之間的互惠關係，已經不是相互規定的方式，而是能夠由國王隨意調整與分配。接下來，還可以舉出一項賦予印加國王此種恣意性的要素，那就是與印加社會的帝國化同時發展的，印加國王的神聖王權化。

印加國王的神聖王權化

◎神聖國王「印加」

宛如超脫世俗一般的印加國王們，想要理解他們的本質，最好的方法，應該就是先從觀察他們實際的外貌開始吧。在秘魯北部卡哈馬卡（Cajamarca）的市街，最後一任國王阿塔瓦爾帕（Atawallpa）因西班牙征服者們的奇襲作戰而敗北，成為俘虜。能夠近距離凝視阿塔瓦爾帕的征服者們，將國王的姿態，以及散發出的風彩，記述如下。

成為俘虜的國王年約三十歲，偌大的臉龐既俊美又猙獰，雙眼充滿血絲。國王依舊是由重要人物在侍奉著，當國王呼喚他們之時，他們必定要揹著行李，打著赤腳進入起居室。國王頭上包著稱為「廖圖」（*Llautu*），像是王冠一般的編織品，正面垂掛在額頭上的殷紅色「流蘇」，是以良質的駝毛所製成，這是稱為「瑪斯卡帕洽」（*Mascapaicha*）的王徽，只有「薩帕·印加（*Sapa Inca*）＝唯一的王」才有資格穿戴，是王權至高無上的象徵。國王的視線始終俯視地面的方向，絕對不可能為了觀看什麼而抬高視線的角度。國王在用餐之際，要是有一丁點食物滴落到華美的衣裝上頭，便會立即回到自己的房間，披上用無數蝙蝠皮所製成、柔軟如絹絲的暗褐色斗篷「溫庫」（*unqu*），再次回到用餐場所。研究安地斯的日本學者增田義郎表示，在與世界各地傳統社會中王權的存在形式進行比較後，印加國王的神聖性質已被徹底解析；神聖國王「印加」的特徵之一，便是其「不可碰觸」的性質。

身為「太陽之子的印加國王」所碰觸過的東西，為了不讓他人接觸，每年都會焚燒成灰，撒至空中；除此之外，國王的唾液會吐在侍女的手中，從國王身體上所落下的毛髮，也會由侍女吃食。原因在於害怕有人會透過毛髮施加詛咒。

國王乘坐轎子移動，轎子會覆蓋上厚重的毛織品，藉此遮斷與外界的聯繫，並有開路人員先行打掃道路。負責抬轎的人員，則是由免除繳交貢稅義務的特定部族提供。秘魯史家富蘭克林．皮斯（Franklin Pease García Yrigoyen）指出，安地斯地區普遍信仰的創造神——「維拉科查」（*Viracocha*），同時也是印加神殿中最重要的神祇。相傳維拉科查有所動作，與地面接觸之時，將會帶來災難；反之，若是平靜沉穩的端坐，便有安定秩序的涵義。因此，成為神的印加國王，

第九任印加國王帕查庫特克　額頭上佩戴著王徽「瑪斯卡帕洽」。圖片取自瓦曼．波馬，《新記錄與優良統治》。

也必須與大地保持距離，乘坐轎子移動。另外，安地斯的人類學家阿爾蓋達斯（José María Arguedas）認為，「印加」這一個詞彙，並不只是單純指稱國王的意思，還帶有「萬物存在的根本原型」之含義。就算是在現代，向庫斯科地方的印地安農民探問道：「印加有力量嗎？」他們的回答也是：「印加擁有移動石頭的力量，移動石頭的同時，還擁有編整秩序的力量。」

◎遺骸崇拜與帕納卡的誕生

印加國王在成為傳遞大地力量的媒介，逐漸神聖化的同時，也發展出對國王的遺骸崇拜。踏入庫斯科的征服者們，懷著嫌惡和驚訝的心情，記錄下印加國王們死後成為「木乃伊」，在都城內「跋扈」的模樣：國王們逝世後，會在身體塗上香料，用許多薄布包裹起來，梳整頭髮和眉毛，在眼睛裡鑲入黃金的薄板，以細膩的技術保存屍體，就算是在幾十年前就已經逝世的遺體，看起來都「彷彿是當天才死亡的模樣」。國王的遺骸前供有餐點，並以座轎抬送至庫斯科主廣場，供民眾瞻仰。在歐洲人到來之後，將當地對遺骸的崇拜，視為偶像崇拜的代表性行為，加以禁止。不過，在一五五九年，西班牙官吏波羅．德．歐帝高多，四處探詢秘密隱藏在庫斯科各地的許多印加國王的木乃伊，並且將其中幾具可認定為是後代國王的遺骸，送至首都利馬。關於被運送到首都的第九任國王帕查庫特克，和第十一任國王瓦伊納・卡帕克（Huayna Cápac）的木乃伊，今日的考古學家們也曾試圖在推測的埋葬處——利馬市內殖民地時代的醫院遺跡挖掘，卻始終無法得到線索。

無論如何，由帕查庫特克國王所創始，對已故國王的遺骸崇拜行為，成為了帝國意識型態的重要根基。將祖先視為神祇，崇拜遺骸之行為，早在印加於歷史上登場以前，就已經出現在廣大的安地斯地區。克丘亞語中的木乃伊，發音為「maruki」，並且有「樹木、樹苗、作物」等植物性質的意涵，可以確定是與豐收、富饒的信仰有所關聯。印加國王在生前是以「太陽神」的意識形態為背景，化身為「戰士之王」，帶領帝國邁向領土的征服、擴張；逝世後，其姿態也經常在帝國儀式祭典的中心場所——庫斯科展現，可以認為，國王本身的存在成為了帝國發展在歷史上的連續性，以及國家豐饒的保證。

而且重要的是，這項遺骸崇拜的行為，與帕納卡的誕生有關。帕納卡是由已故國王所留下的妻子和子嗣等親族所構成的團體。在已故國王的親族之中，唯一不屬於帕納卡成員的人物，就是已故國王的子嗣中繼承王位的「唯一的王」（薩帕・印加）。已故國王的親族們，在昔日國王所留下的王家領地中，與遺骸一同生活，且一面接受大批僕役的勞動供養，一面從事遺骸的照料，並負責崇拜儀式的事務。

另外，更有趣的是，與木乃伊同時製作的國王的「擬似肖像」。國王在生前會製作象徵自己的雕像，稱為「guaouke」（兄弟）。雕像完全被視為國王的替身，像是在遠征的前線或是祭典儀禮上，足以代表缺席的國王。在國王逝世後，會將國王去世前留下的頭髮和指甲放置在「兄弟」上，並將雕像與遺骸一同安置。頭髮和指甲等屬於人體中會自然生長的部分，將之放上「兄弟」雕像，被認為是用來象徵國王的植物性與永生不死。木乃伊本身，經常參加帝國的重要例行活動，負責公開的、公眾的場合；相對地，被接上頭髮與指甲的「兄弟」，則是具有彷彿各家帕納卡的「家紋」一般的意義。[3]

◎太陽之子

印加國王將自己定位為太陽之子，是銜接大地和宇宙之間的重要存在，因此對國家主神的「太陽」信仰，投注了相當大的力量。「印加」管理著太陽的運行。在歐洲人征服印加兩年後的一五三五年四月，基督徒對安地斯的異教儀式的壓迫尚未很嚴重的時候，被視為皮薩羅的魁儡而登基的國王——曼科．印加（Manco Inca Yupanqui），在庫斯科市舉行祭典時，編年史家的記述如實地描繪出印加國王與太陽運行之間的狀況。

那是一場國王緊緊盯著太陽移動的祭典。在庫斯科市外的某個地點，正好是太陽升起的方位，國王加上正裝出席的「歐雷哈」（oreja），共有六百名人士參與。印加族人為了證明貴族身分，會穿耳洞，並且鑲嵌黃金等材料製作的圓盤，將耳朵撐大，因此這些人被西班牙人稱呼為「歐雷哈」，亦即西班牙文的大耳朵之意。然後，從奉祀祖先的靈廟中搬出歷代國王的木乃伊，坐鎮在帳篷之下。大耳朵貴族們排成兩列，靜待太陽的出現。當旭日東昇時，他們以和諧的旋律，緩緩地齊聲歌詠，並向前邁步。起先坐在位置上的印加國王，也在歌曲開始後起身，於隊伍的前方帶頭吟誦。就像是順應著太陽的升起一般，他們的聲音漸漸高揚，到了午後，便隨著太陽的西下而漸趨沉寂。日落後，眾人感嘆太陽的西沉，歷代國王的遺骸也回到各自的住所。如此的祭典會持續八日，在最後一日，印加國王以及貴族們會手持鋤頭現身。首先由國王率先抬起鋤頭，向地面揮落，印加貴族們的動作緊接在後。這便是印加帝國的領土內部，正式開始農耕活動的訊號。

從前文的敘述，能夠明顯地看出，印加國王是太陽神與人類社會的媒介，自然的創造力在神聖國王的身上獲得體現，使得國王成為能夠復原社會的存在。除此之外，印加國王有系統地掌握住太陽的動向，將之化為「時間」加以秩序化，並強制施加在被統治者身上。這些也可以說是帕查庫特克的功績，國王在庫斯科周圍的山丘上，建造了數支巨大的石柱。從庫斯科市中心便能夠觀看到的這些石柱，是為了觀察太陽在地平線上的移動狀況而設立的。印加國王藉由太陽動向的引導，成為了安地斯時間的統治者。

1 「里格」為歐美與拉丁美洲使用的古老長度單位。西班牙、葡萄牙語圈使用的稱為「legua」，此單位雖然在一五六八年時正式廢除導入公制，但拉丁美洲各國仍在使用，長度各有不一。西班牙的一里格為五千五百七十二點七公尺。

2 在某個地理區內有一塊屬於別種性質的區域。

3 「家紋」是日本傳統中象徵所屬家世、社會地位、血統的紋章。

第二章

古代帝國的成熟與崩壞

阿塔瓦爾帕　在王位競爭中獲勝後，卻被西班牙人俘虜的印加國王。

征服與極限

◎朝向「四方之地」的擴張

從歐洲而來的編年史家們，驚愕於眼前擴展的印加社會規模，這對他們來說是文化上的遺產，印加理想的社會樣貌令人馬上就聯想到「羅馬帝國」。他們記述道，印加帝國就像是以羅馬帝國的形象為草稿，並將之實踐的成品：精緻建構的上、下階層國家構造，以及有機地統合起來的多元部族。現代的人們更將印加帝國還原成熟悉的「福利國家」或「社會主義國家」之模型。但是，現在也正在逐漸看清，實際的印加社會，並無法用如此均質、平衡的帝國形象概括論之。

帝國以強大的離心力，往東西南北的「四方之地」擴張。觀看地圖就能夠如實得知，十五世紀以後，在統治安地斯地區的三位國王任期之內，印加帝國廣闊地覆蓋著南美洲大陸。這可以說是在轉瞬之間所發生的大事。另一方面，向著印加宇宙的中心——庫斯科收斂的向心力，也確實地發揮著作用。當離心力與向心力兩個力量維持均衡之時，將會為印加社會帶來安定，然而，隨著帝國式的成長日復一日地前進，兩大力量失去了平衡。擴張與統合，究竟該如何維持平衡，成為糾纏著帝國的難題。印加的歷史，正向我們傳達著為此難題苦惱、呻吟的社會樣貌。

◎印加社會的日常風景

當兩大力量維持均衡之時，就能姑且實現後文所記述的印加社會的日常生活。印加古道貫通了王土的東西南北。道路上設有驛站（*tambos*），以每人每天能夠前進的距離，作為間隔的基準。在驛站間傳達訊息的信使（*Chaski*）飛快地奔走，夾帶由庫斯科發出、繫有國王命令的「結繩」（奇普）。道路一旁則有首長（*curaca*）率領的一團家族成員，人數以十進位法進行調整，他們背負著用精美的織物包裹的簡單家族行李、器具，朝著王都的方向緩步前進。這些人員是在國王的命令下，從地方移動至庫斯科，從事輪流性質的勞役工作（稱為「米塔」〔*mita*〕）。眼前可以看見村落的人煙。在當地首長的率領之下，穿著最好的衣裳的男女們，齊聲唱著讚頌印加與神祇的歌曲，在田裡勞動，流著汗水。一旁好不容易得閒的工作夥伴們，則是喝著印加國王御賜的神酒（奇恰酒）解渴。這是設定在印加征服的領土，即「國之土地」、「神之土地」上的勞動光景。另外，在村落的另一個角落，會遇見一棟造的很堅固的特殊建築。窺視建築物內部，會發現許多美麗動人的女性，在嚴格的監視下從事勞動。她們是從帝國各地選拔而來的貞女（*Acllas*），致力於紡織高品質衣物以及釀造玉米酒的工作。不過在建築物旁邊，卻出現男子被處刑後倒吊懸掛的模樣。那是玷污貞女貞操的男子們，在印加嚴刑峻法下的淒慘下場。

再繼續邁進，由縝密堆疊的石壁建造而成的建築物中，升起裊裊的煙霧。被支解的美洲駝等動物，鮮血淋漓。祭司將古柯葉擲入神火之中，一面潑灑神酒，一面埋首於與太陽神對話。神殿旁的田地，將生涯奉獻給神的僕從男性們，手持鋤頭翻鬆土塊，專心準備玉米的播種工作……。

但是，帝國的現實，卻出賣了這幅靜謐的風景。帝國的前線日漸朝向南北擴張，明明已經差不多要到達臨界點，印加士兵與地方部族的激烈戰鬥，卻仍舊持續進行。原本應該跪伏在印加國王腳下表示臣服的部族，殺害印加派遣的使者，各地開始揭起叛亂的旗幟。印加的精銳部隊只能趕忙從前線撤回，投入鎮壓反叛軍隊的行動。另一方面，在帝都庫斯科，擁有權威的帕納卡，持續累積土地和民眾的支持，充實權力，企圖掌控印加國王的寶座。帝國的現實，經常不斷地在發生變化。現在，就讓我們來看看具體的狀況。

◎征服的最前線

在西班牙編年史中，描繪著諸位國王的英姿——一面坐鎮在庫斯科，勤下指令，一面幹練地致力於帝國首都的維護工作，並且在諸項事宜告一段落後，彷彿是被神靈召喚一般，率領著大軍出外征戰。印加的國王們，並不耽於安逸，而且似乎是從擴張活動本身，找出證明王權存在的根據。印加的帝國式擴張，究竟是什麼模樣呢？

對印加帝國的擴張來說，「軍事性的征服」當然占有非常大的重要性。然而，擴張戰爭的刀鋒，並不只有軍事上的力量。

有研究者認為，印加帝國的征服行動，帶有「強制性說服」的性質。換句話說，就是融合「破壞的恐懼」和「恩賞的誘惑」兩者，推動征服行為。在此，可以舉出一個在印加人到來以前，內部便已呈現慢性戰爭狀態的例子，即前文提及的中部山岳地帶的汪卡社會。汪卡社會如何被吞併，納入帝國之內？在西班牙人征服後展開的調查活動中，汪卡的居民們道出當初被印加征服的情況。讓我們來聽聽這些證言：

本證人從父親和祖父口中聽聞，在印加人征服之前，汪卡的居民們在各自的村落中自力更生，生活在毫無臣屬關係的社會之中。就在如此的狀態下，印加人進攻汪卡。印加國王在這個地區的山丘上，與一萬人的士兵一起擺開陣勢。證人的曾祖父，也就是當時地方上的軍事領導者，僅帶著少數的士兵前往印加國王之處，行禮表示臣服之意。其他的居民們因為不知道事態會如何發展，而躲起來偷偷觀察狀況。於是，印加國王為曾祖父披上美麗的外衣和毛毯，並贈送名為「阿齊列」的酒杯。藏匿在暗處的居民們，因首長得以毫髮無傷地歸來而感到欣喜，眾人一同前往印加國王之處，宣誓臣服。一問之下，才得知印加國王對於抵抗者，會採取屠殺、奪取土地的行為。

如同此段文字明確敘述出的一般，印加國王首先藉由贈與的行為，向征服對象展現懷柔之意，確認對方臣服的意願。可見印加的征服行動，是在前文提及的「互惠」之傳統原理的延長線上所進行。但是即便如此，等待在不肯接受互惠關係邀請的民族群體面前的命運，將會是極為殘忍、冷酷的下場。在庫斯科市進行同樣的調查活動之時，有位證人的敘述如下：

曾經聽父親說過，征服秘魯全土的是圖帕克・印加・尤潘基。父親是國王的僕從。國王在征服父親居住之地，取得勝利之際，收留了父親。因為該地抵抗印加國王，全數居民慘遭屠殺，父親因為尚屬年幼，而被救了一命。

汪卡民眾的判斷，絕非錯誤。但是，就像前文提過的，印加國王與臣民之間，形成一種扭曲的互惠關係，這種關係也意外地呈現在征服活動的最前線。美術史家卡明斯的研究，便是從印加國王與被征服者之間交換「酒杯」的行為之中，釐清這種關係的「扭曲」之處。

◎交錯的酒杯

印加時代所使用的木製酒杯，稱為「凱羅」（*Quero*）。凱羅酒杯算是考古學上常見的文物，接著就讓我們來看看幾張圖像和照片。

生活在十六至十七世紀殖民地時代的原住民——瓦曼．波馬．德．阿亞拉（Felipe Guaman Poma de Ayala）因為感嘆原住民在殖民地社會陷入的困境，曾向西班牙國王呈上長篇的「建言書」，希望能夠謀求改善

名為「凱羅」的木製酒杯　印加時代的凱羅酒杯，大多刻上幾何的圖案。筆者攝影。

之策。瓦曼・波馬除了文字敘述之外，還親自繪製了許多圖畫。這些插圖，是現今理解安地斯地區民眾的各種生活樣貌，不可或缺的重要途徑。其中有一幅插圖中有一位人物，從額頭上的流蘇判別應該是印加國王，圖中呈現出國王正在以安地斯文化中具有神性的物品「瓦卡」（*Huaca*，或*Wak'a*）作為媒介，使用凱羅酒杯向太陽神獻酒的模樣。坐在地面上的女性，手上的烏爾普（*Urpu*）大酒瓶裝滿神酒（奇恰酒），十分熟練地準備酒杯。另一方面，觀察從帕查・卡馬克（Pachacamac）神殿中出土的前西班牙時期土偶，以駝毛製成的繩子揹著烏爾普大酒瓶，手上拿著凱羅酒杯的模樣，與瓦曼・波馬的插圖不謀而

手持凱羅酒杯的土偶　揹著烏爾普大酒瓶。帕查・卡馬克神殿出土。

印加國王與太陽神　國王以瓦卡為媒介獻酒。瓦曼・波馬繪製。

合。「凱羅」與「烏爾普」這些盛酒器具，在安地斯社會中，帶有強化、構築神與人、人與人之間關係的重要涵義。

在古代的安地斯地區，訪問時的禮儀，是主客雙方都要準備一組凱羅酒杯，交相飲酒，加深彼此的關係。如果說在如此相互平等的觥籌交錯之中，構築起的是彼此對等之人的互惠關係；那麼，印加國王在征服行動中贈與的拉近關係的酒杯，便可以說是刻印上了非對等性的關係。前文提及汪卡地方的證人，表示印加國王所賜予的酒杯稱為「阿齊列」。相較於以木頭製成的凱羅酒杯，「阿齊列」酒杯是以黃金或是白銀製成，所代表的意義，與地位對等之人相互飲酒不同，而是由印加國王單方面地將酒杯強遞到面前，潛藏著統治與被統治的關係。從幾篇編年史的記錄得知，印加國王使用從庫斯科帶來的酒杯，與征服地區的地方首長（庫拉卡）一起飲酒後，酒杯便作為宣誓臣服的象徵，留在當地。據說為了保管、收納酒杯，還會大費周章地建造建築物。事實上，進入殖民地時代後，在原住民首長們所留下的遺囑中，曾經在財產目錄中看見「過去由印加國王賜予的凱羅酒杯一組」。因為收下了酒杯，當地社會得以避免被「印加」徹底破壞。然而酒杯本身，成為令人聯想到印加國王的記憶載體，被強制地贈給當地。除此之外，那股因酒杯而暫時中斷，化為潛藏狀態的印加的破壞威力，也烙印在酒杯這件物體之中。

◎銘刻在酒杯上的頭、手、足

在大多數印加時代凱羅酒杯的杯身上，都刻有規則的幾何圖形的圖案。這些圖案被稱為「圖卡布」（*Tocapu*），也出現在同時代的高級紡織品等物品上，其功能被推測為像是代表印加「品牌」的象徵。不過，引起卡明斯關注的，並不是這些「圖卡布」，而是刻在凱羅酒杯上的其他花紋。當中代表性的紋路可參考阿齊列和凱羅酒杯的照片，在這兩張照片上，都可以看見像是露出牙齒的人臉圖案。這究竟象徵著什麼意義呢？

在閱讀編年史的記錄之際，經常會看見印加人對戰爭中俘虜的敵方將領，以及在統治之下試圖謀反、背叛印加國王的人們，施行殘忍酷刑的場面。根據瓦曼·波馬的記錄，對於試圖謀害印加國王的

凱羅酒杯　可以看見表面有像是露出牙齒的人臉模樣。

金屬製的阿齊列酒杯

罪犯，會把他的犬齒和臼齒拿來製作「首飾」，用骨頭製作「笛」，皮膚當成「鼓」，並將頭蓋骨作為酒杯，飲用奇恰酒。印加人就是這麼使用著以敵人身體製成的道具，奏樂、起舞、高歌、暢飲美酒。

果然瓦曼．波馬也描繪了一位看起來像高舉敵人首級的印加軍人。這幅看來奇異古怪的插圖引人注目的地方是，牙齒從半開的嘴中露出的敗者的首級。卡明斯精闢的見解指出，在這幅插畫中被斬首的敗者的身體意象，很有可能就是刻劃在凱羅、阿齊列酒杯上的圖案。

印加的軍人　高舉被斬斷的敵人首級。瓦曼．波馬繪製。

飲用玉米釀造出的奇恰酒造成的醉意，在首長的身體內，微微的擴散開來。但是他的大腦思緒平靜，無比清醒。歸降於眼前這位從庫斯科前來之人，他們的社會共同體的自律性將就此消滅。今後，確實可以期待，從印加國王那以壓倒性的豐饒為傲的倉庫中，獲得物質上的恩惠與眷顧。然而，首長手中的杯子，卻對他發出冷酷的警告，假若有一天，向國王揭起反叛的旗幟之時，他們的身體將會成為杯子上的圖案。這一個象徵著王權與地方社會間非對等的互惠關係的圖案，被刻劃在杯子上，不時提醒著地方首長們，印加帝國那暫時中斷的暴力。而印加國王就把這樣的杯子留在當地後，啟程離開。

◎統治的本質

如此一來，地方社會便被印加國家所吞併，鑲嵌入統治體系之中。在印加帝國登場以前，汪卡社會處於慢性鬥爭的狀態，民眾居住在可當成天然要塞的丘陵地區。考古學的研究結果顯示出，在印加的統治之下，汪卡人放棄以往的居住地，被遷移至低地。印加預見汪卡社會在未來發起叛亂的可能性，因此事先解除他們的武裝。反過來說，印加在地方社會上，是以紛爭調停者的立場站出來，為向來的無秩序狀態劃下休止符，達成「印加的和平」（Pax Incaica），也是事實。另外被征服的地區，隨即被編入印加的政治、經濟、宗教結構之內，成為讓帝國運轉的齒輪之一。

被納入非對等互惠關係的首長與臣民們，確實從王權那裡獲得了高級紡織品、女性、精美的器具等等各式各樣的賞賜。但是，容易隱藏在「賜予者印加國王」的意識形態之下的，則是被送進帝國經濟的動脈之內，維持國家有機體的運作，名為「臣民」的人工資源。距離王都庫斯科六百公里遠的秘魯中部丘帕丘（Chupachu）地區，西班牙人在征服後，由巡察使實施了仔細的居民調查，留下了珍貴的記錄，細緻地傳達了被納入帝國結構的地方社會的實際狀況。從中能夠清楚地理解，「臣民」們在經濟上所背負的負擔。回答巡察使調查的首長，即使進入了殖民地時代，依舊手持著地方世界重要的記憶裝置——奇普繩結，並解開編織在繩結中的訊息，將內容傳達給官員們。有關貢稅的實際狀況如下：

> 庫斯科內有四百名男女常駐，專門負責建設「牆壁」。另有四百名，擔任糧食生產的工作。瓦伊納·卡帕克國王的僕從則有一百五十名。圖帕克·印加·尤潘基國王逝世之後，為了遺骸的照料事宜，需要一百五十名人士。兩百名負責秘魯北部地區的警備工作。基多的警備也需要兩百人。瓦伊納·卡帕克國王逝世後，二十人負責遺骸的照料。羽毛工藝一百二十人。蜂蜜採集七十人。昆比（*Kumbi*，最高級的毛織品）編織工作四百人。染料生產四十人。美洲駝、羊駝的照料工作兩百四十人。這裡的山谷中田地的玉米生產四十人……要將農作物的收成運送至庫斯科或行政中心……護衛印加女子們的工作四十人……。

除此之外，此處的民眾還需要擔負鹽及古柯的生產、提供人力製作草鞋和木製器具，並且派出驛站之間運送行李的挑夫等義務。過去，有關印加納稅系統的基本理想型態，都是將被征服地劃分為三個種類，將被併入「四方之地」的地方社會，劃定為「國之領土」、「神之領土」以及「民之領土」；印加國王身上背負的納稅義務的根基，主要被認為是在國之領土和神之領土的勞役奉獻。但是，光從史料中也可以看出，民眾在帝國需要付出的勞役稅，其實更為繁多且嚴苛。我們今日在庫斯科街角看見的壯麗石牆，便是當時從距離王都十分遙遠的地方，攜家帶眷的男女們一起揮灑汗水，辛勤勞動下的結晶。印加國王們即便是在死亡之後，還向地方民眾課徵勞役，服侍成為木乃伊的自身肉體。

◎地方社會的宗教性整合

印加國王在統治地方社會的理念上，採取「間接統治」的方式，讓過往使地方社會成形的社會體制，盡可能地維持下來，並嫁接入帝國式的組織之內。在帝國的領域內，雖然會派遣印加族出身的高級官員，負責各個地方的統治，但是在地方社會上的實質統治者，還是由原本的地方首長們繼續擔任。當然，這些地方首長們當初並不是選擇拋頭顱、灑熱血的壯烈成仁，而是接受印加國王遞出的酒杯。

同樣的狀況，也可以從其他層面來觀察，例如宗教。為了將國家最高神祇——「太陽神」的信仰，普及於帝國境內，會在征服地建造太陽神殿，並挑選出貞女和祭司等人員，舉行日常性的祭祀儀典。除了對共同體（阿伊魯）的祖先神祇遺骸，舉辦祭禮之外，也會將在大自然中孕育奇特力量的場所（例如高峰、湖、泉、海）及事物（岩石或巨木）、畸形的孩童等等，視為「瓦卡」（神聖、靈性之物），並當作祭獻的對象。印加並未否定這些土地上原生的實踐宗教信仰的行為，反而是積極地將之吸收進印加的信仰體系中，試圖增加帝國在宗教上的力量。這樣的情況，還是可以在汪卡地方社會的宗教性整合中看見。在印加人來到汪卡社會以前，汪卡人將形狀奇特、作為界線標記的石頭視為瓦卡崇拜，因族人口耳相傳，那塊石頭是原始時代，征服此地的勇者所留下的標記。同樣是征服者的印加國王，除了強化「太陽為父，月亮為母」的崇拜之外，據說還命令道，要將這塊聖石視為與太陽神連結的媒介之物來崇敬後，才離開當地。

另外，若觀察在庫斯科廣場所舉辦的祭典——喜多雅（*Situwa*）祭，也可以明顯看出地方社會在宗教整合上的狀況。庫斯科廣場是帝國舉辦儀式與典禮的中心場所，此處的土壤會運送至帝國各地，代表分送出庫斯科的神聖性。另一方面，也會大費周章地從遠方海岸運來砂土，鋪設在廣場上，並埋入金、銀製的器具。這樣一來，便可認為「海洋」也統整進入到了印加的宗教之中。喜多雅祭典，是象徵著連結雨季到來與農耕起始的儀式，目的是要「淨化」帝國。祭典前，印加支配下所有地區的首長和祭司們，會親自將瓦卡運送至廣場。典禮開始後，這些首長、瓦卡會隨同住在庫斯科的病患，一同被驅逐出市內，藉以象徵庫斯科的淨化與祛除了所有之惡。留在市內的國王和印加族人，繼續在廣場上舉行儀式，將獻祭的美洲駝鮮血，與玉米粉混合製成桑克（*Sanku*）丸子後吃下，宣誓對眾神及薩帕．印加（唯一的王）的忠誠。

四天之後，被趕出庫斯科市外的人和瓦卡被召回，集合在主廣場，依照來自的地方（四方之地）區分，從負責服侍太陽神的大祭司開始，食用桑克丸子。在為期兩天的酒宴過後，從地方前來的民眾，向國王及眾神行告別之禮，可是返鄉的條件是，必須將帶去的瓦卡留在庫斯科。地方的眾神便如此被印加國王扣留。

位於庫斯科市內，印加時代的瓦卡　位於照片中央的岩石，被視為神聖的「瓦卡」，受到眾人崇拜。筆者攝影。

◎統治的極限

印加王權的統治，實際上究竟滲透進被征服地多少？在前文提及的丘帕丘地區，一邊核對巡察的史料，一邊展開了考古學的調查，其結果十分耐人尋味。分析舊村落的文物和遺跡的結果，幾乎在所有的村落，都找不出帶有印加特徵的建築物和陶器等物品。不過也有地區例外，挖掘出大量的多彩印加陶器，以及具有印加獨特「梯形壁龕」的建築物。這個村落被認為是丘帕丘地區最高首長的居住之處，並且是印加帝國重要的戰略據點。由此可見，印加帝國實效性的統治所能涵蓋的範圍是受到限制的，很有可能無法徹底深入征服地區的每個角落。

話雖如此，印加帝國統治用的楔子，還是確實地被打入了丘帕丘社會。其中的關鍵就是在印加國王命令下，送入當地的移民集團；由印加族的首長所率領的兩百多個家庭，千里迢迢地從庫斯科被派遣而來。事實上，這些帝國內的移民集團被稱為「米帝瑪耶斯」（*Mitimaes*）。在前一章已經看過，安地斯地方社會的世界採用「垂直統御」的方式生活的樣子，而負責開發各種飛地的殖民者，正是「米帝瑪耶斯」。印加帝國可以說是將自古以來在安地斯地區所採取的垂直性人員移動、開發的模式，運用在水平方向的領土擴張。隨著帝國的成熟，如此強制性的移民政策，不只出現在丘帕丘地區，而是大規模地在安地斯各地付諸實踐。印加的國家乍看之下，對此並沒有出現太大的抗拒反應，似乎是將這種作法移植到了泛安地斯傳統之中，但是在膚色白皙的異邦人，逐漸從海洋彼岸靠近的同時，帝國的內部出現了巨大的變化。這種變化的象徵，便反映在以前述形式被鑲嵌在帝國各地的移民集團，以及國王和帕納卡開始積累的「私有領地」之存在上。

在第十一任國王瓦伊納．卡帕克的統治下，印加帝國的領土擴張恐怕已經到達極限狀態。在北部地區（欽察蘇尤，Chinchaysuyu）的厄瓜多，基多、圖米邦巴（Tumipampa）兩地建設了重要據點，新興的地方中心因此誕生，且帶有與庫斯科匹敵的向心力。在基多的北方，編年史作者齊耶薩以「無軌跡可尋、無秩序」來形容的各個部族，阻擋了印加族的前進，因而齊耶薩將安格斯瑪悠河（*Angasmayo*，今日稱為卡爾奇河〔Carchi River〕）譬喻為「帝國的界限」。實際上，印加軍隊在此地遭受到毀滅性的打擊。面對戰敗的結果，瓦伊納．卡帕克國王十分憤怒，據說最後在取得勝利之際，國王下令將斬首的敵兵首級丟入附近的湖泊之中，時至今日「血之湖」（*Yahuarcocha*）的名稱仍為世人所知。在這個帝國邊界區域發現的部族，以印加族的角度來看，當然是一群野蠻人。甚至還留下一段故事，表示當印加國王得知，這些部族連納貢的能力都沒有的消息後，嘗試教育他們，定下「每個月將蝨

印加帝國的版圖　印加這一個國家，過去只是統治庫斯科周邊的一支部族，其後將勢力擴展至安地斯全境。

子放入管狀容器之中上繳」的納稅義務。

另一方面，在帝國的南部地區（科利亞蘇尤，Qullasuyu），印加的擴張活動也陷入停滯狀態。印加雖然將領域擴張至智利中部的馬烏萊河（Maule River）一帶，但是住在當地、以優秀的軍事機動性著稱的阿勞科族（Arauco），成為擴張行動上的阻礙，使印加人無法進入比奧比奧河（Biobío River）以南的地區。至於在帝國的東部地區（安蒂蘇尤，Antisuyu），則是有亞馬遜河流域內廣大的熱帶雨林，潛藏著巨蛇與大型蜘蛛。在身體上適應安地斯高地環境的人群，無法輕易靠近該地。在帝國的西部地區（孔蒂蘇尤，Kuntisuyu）則是面臨大海……。印加帝國「四方之地」的邊緣，一直以來便已劃上界線。

假若文學家松浦壽輝所言為真，所謂帝國，「其別名即為，追求無止盡地持續擴張邊境而永無休止的戰爭……當可視的輪廓已成定局，擁有確切的邊界之時，這個『帝國』便已呈現死亡狀態」，那麼，此時的印加帝國，或許已經顯現出瀕死的模樣。也正因為帝國的外緣已然固定，在瓦伊納．卡帕克國王的時代，帝國內部的流動程度大幅度地增加。以下就來看看具體變化的內容。

末期的徵兆

◎印加國王的土地

舊帝國首都庫斯科市的海拔高度，會讓許多從低地乘坐飛機，一口氣登上城市的人，引起生理上極度不適的症狀。嚴重的頭痛及噁心感，或是呼吸困難……，如此在身體上所感到的不適，絕非現代人才會出現的症狀，對於成功征服印加帝國，成為王都新主人而凌駕帝國之上的歐洲人來說，似乎也是同樣難以忍受。

在一五五二年，征服活動結束後已經過了約二十年的時間，住在庫斯科市的西班牙民眾們向行政機關提出了一份請願書。請願書中首先報告道，許多誕生在庫斯科市內的西班牙嬰兒，都因為環境不健全的因素而死亡，使得西班牙人紛紛忌諱駐留在市內，導致城市衰退。因此請願的主旨，便是希望政府能夠分配距離庫斯科市二十公里遠，海拔高度約二千七百至二千八百公尺的「尤卡伊（Yucay）之谷」的土地，如此一來，西班牙居民們便能夠在當地建造別莊，女性們就可以在「尤卡伊之谷」生產、安心育兒。請願書中，西班牙民眾渴望的土地，在當時被稱為「印加國王的土地」。

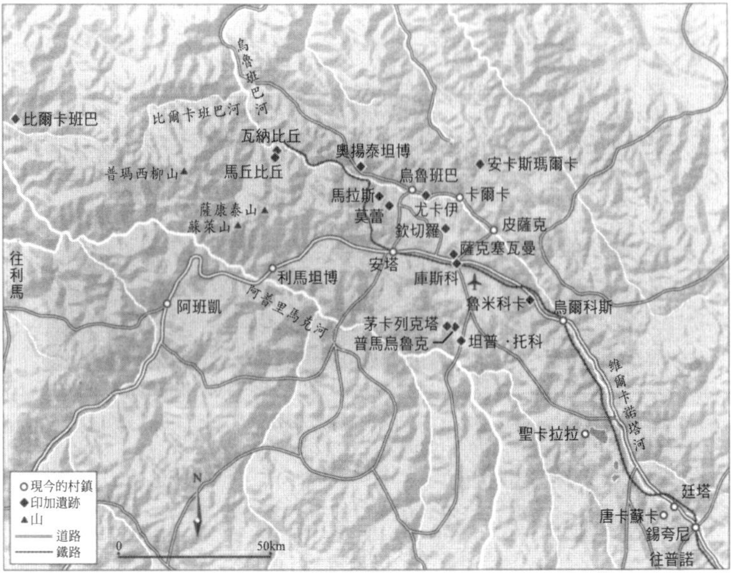

現今的庫斯科周邊

座落在烏魯班巴河流域的尤卡伊之谷，又被稱為「神聖山谷」，綠意盎然的景觀環繞著山谷四周，是一處十分幽美的空間。經過潤澤的河水清洗過的河畔，直到今日，仍是安地斯地區品質最好的玉米的生產地帶，且以高農業生產性為傲。印加的歷任國王，將這座神聖的山谷，塑造成為代表「王權」的特殊場所。如前文所述，印加帝國的領土，在理念上劃分為「國之領土」、「神之領土」以及「民之領土」三個種類，並且整合在國家資源的再分配經濟體系之中。然而當時的史料中，明言尤卡伊的土地「不從屬於印加帝國的任何領土之下」，由此可知，尤卡伊之谷，是跳脫出印加王國「公共體系」範圍之外的特殊空間。換句話說，該處是印加王權的私人領域，也就是國王、帕納卡成員休憩的場所、別墅區。

歷代國王在當地投入了高超的灌溉技術，開闢出整齊的梯田。這些印加技術的精髓，就算是到了今日，還是可以從沿著河川行駛的鐵路車窗中眺望。送上請願書的西班牙民眾們，就是看中了這片豐饒的土地。在征服之後，雖然法律上並不允許西班牙人出手干預印地安的阿伊魯所保有的土地，但是對於已經成為無主地的「神之領土」以及「印加國王的土地」，基於考量，西班牙國王最後還是以恩賜的形式，將該地分配給西班牙人。

◎馬丘比丘的歷史意義

像是這一類的印加國王土地，不只在尤卡伊之谷，位於庫斯科近郊以美景聞名的遺跡——欽切羅（Chinchero）和皮薩克（Pisac）也是，且帝國各地皆

皮薩克的梯田　利用高度的灌溉技術所完成的梯田，現今仍舊在使用著。筆者攝影。

有散布。歷代國王的土地，宛如拼布一般地縫在四方之地（印加帝國）中。其中，特別引起世人矚目的，就是那覆蓋在雲幔之中神秘的空中樓閣——馬丘比丘（Machu Picchu），此地持續以其不可思議的魅力，刺激著世界上眾人的好奇心。

一九一一年，北美的學者海勒姆·賓厄姆（Hiram Bingham）在尤卡伊之谷遠方的下游，即將進入叢林地區、綠意環繞的山間中，發現這片龐大的前西班牙時期的遺跡。一九八三年被指定為世界遺產的馬丘比丘，關於其歷史上的意義，也包含神秘的超自然因素在內，出現各種各樣的推測。發現遺跡的賓厄

空中樓閣馬丘比丘　越來越具有說服力的推論，是馬丘比丘在當時，應該是作為印加國王的「別墅」。

姆本人則是推論道，馬丘比丘可能是反抗西班牙人統治的印加族人所盤據的最後據點；又或者是，此處可以發現筆者在第一章述及，印加帝國起源傳說的洞窟——坦普．托科。不過近年來，根據考古學的知識再次檢驗、對照出土文物與古文書的結果，提升了以下推論的可信度：選擇在溫暖潮濕的地方建造的馬丘比丘，也是印加國王和王室成員的休憩場所，換言之，此處是被歸類在「印加國王土地」的空間。馬丘比丘最多可以容納七百五十位人員。另外，在遺址內發現許多人骨，被認為應該是在馬丘比丘服侍王族的僕從。

另一方面，秘魯史家格雷弗（Luis Miguel Glave）和雷米（María Isabel Remy Simatovic）兩人，在庫斯科的文書資料館收藏的十六世紀史料中發現了「比丘村」的存在，推測這個因帕查庫特克的征服行動，才被納入印加帝國統治下的比丘村，正是今日的馬丘比丘，且為第九任國王的「私人領土」。或許，位於叢林地區的入口處，總是薄霧繚繞的「空中都市」的神秘感，因為這些調查而略為消退，但是，如果將馬丘比丘當成一種重要的徵兆來思考，認為其存在可以反映出印加帝國內部成長帶來的變化，那麼馬丘比丘的歷史價值，絲毫未減。

◎日益增加的米帝瑪耶斯

話說回來，這種「印加國王的土地」究竟是如何出現的呢？這個問題，與印加王權的繼承，以及帕納卡的形成有著非常深的關係。關於王位繼承的方式，以往同時存在著「單一王朝」和「雙分王朝」的說法，直至今日仍有許多爭論。但一般而言，印加國王的選任，是從前任國王與多位妻子所生下的子嗣之中，挑出一名人選，並讓他在額頭上垂掛著象徵國王身分的流蘇裝飾（瑪斯卡帕洽）。不過，正如前文所述，新上任的「唯一的王」雖然被賦予統治王國的權力，卻無法繼承已逝世的前任國王的財產和土地，這些將全部委託給前任國王的遺骸（木乃伊）和親族。是故，為了以自己為中心所形成的帕納卡的將來，新任國王必須從一無所有的狀態，設法獲得土地和財產。甚至不只是財產，齊耶薩對於「印加國王大道」的狀況，留下了令人感興趣的觀察。根據記錄，歷代國王為了彰顯自己的權力，會為自己開闢出較前任國王更為寬廣的道路。實際上，齊耶薩表示，自己在秘魯中部的高原地帶維爾卡斯（Vilcas）之地，曾親眼見過帕查庫特克王道、圖帕克·印加·尤潘基王道，以及瓦伊納·卡帕克王道，並且承認自己在走進早已廢棄的舊王的御道後，迷失了方向。

國王即便在逝世後，仍會回到私人的領地。瓦伊納·卡帕克國王是在遙遠北方厄瓜多的基多地區嚥下最後一口氣，遺體則被運回庫斯科，隨後安置在尤卡伊之谷。五十名專門的僕從，被指定負責服侍國王的木乃伊，每當有大型祭典之時，這些僕從便會將木乃伊安置在轎子上抬出。

當中重要的是，這五十名，被整合進印加國王私人領域之中的「人類團體」的存在。隨著帝國的成熟，「印加國王的土地」日漸成形的同時，這些人的人數也增加的愈來愈快，他們從傳統的共同體（阿伊魯）中被切割出來，進入印加王權的管理範疇之內。根據國王的命令，可以知道離開共同體的「人類集團」，包括從帝國領地內選拔出的貞女（負責侍奉國王、太陽神，或是進入後宮，從事奇恰酒的釀造，和生產儀式典禮時使用的紡織品等工作）、被賦予須將一生奉獻給國王和貴族階層的命運，並成為其家產的僕從，以及被強迫移住至外地的米帝瑪耶斯。特別是在尤卡伊之谷這類「印加國王

被安置在轎上抬出的國王木乃伊　瓦曼·波馬繪製。

的土地」上，終其一生從事勞動的人民，正是從帝國各地遷徙而來的米帝瑪耶斯。

在帝國的成熟期，尚未被確實整合入印加國家的各個地域，屢次出現反王權的叛亂，但即便是在這些地方，還是有大批的民眾與家族一起，被強迫移住至「印加國王的土地」。在屬於國王專屬領域的「尤卡伊之谷」，從帝國北部地區（欽查蘇尤）和南部地區（科利亞蘇尤）合計約有兩千個家庭移住至當地，山谷中的梯田稱為「安蒂內斯」，便是在當地耕作的民族集團名稱為名。

◎卡尼亞爾人與「聖石」

其中值得注目的是，從距離庫斯科一千六百公里遠，現今厄瓜多的卡尼亞爾（Cañar）地區移入帝國各地的民眾。即使到了殖民地時代，還是可以發現這些同鄉人生活在秘魯各地。根據齊耶薩的說法，在征服這個地區之時，曾經強制一萬五千名的男子，帶著妻子一同移住至庫斯科。事實上，在尤卡伊之谷，來自卡尼亞爾的民眾，後來也成長為當地最重要的勢力。如同後文將會提到的，擁有印加族血統的編年史家印加·加西拉索·德·拉·維加，對卡尼亞爾人懷有很深的怨恨；這項情緒的根源，與帝國末期印加社會出現的巨大變化，以及卡尼亞爾人與這項變化的關係有關。

印加帝國第十一任國王——瓦伊納・卡帕克，便是在卡尼亞爾人的土地上誕生。他熱愛這塊土地上的圖米邦巴，甚至在當地建造壯麗的宮殿。因此瓦伊納・卡帕克被認為有意在基多創建另一個王國，並且將王都設置在圖米邦巴。近年由美國考古學家奧格本（Dennis Ogburn）所發現的事實，非常有趣。編年史家們為了強調印加帝國超乎想像的一面，往往會留下「不可思議」的故事。讓我們疑惑的插曲之一，就是關於圖米邦巴神殿和王宮的「石頭」的內容。齊耶薩的記述如下：

> 太陽神殿是以極為精巧的技術切割的石塊所堆疊而成。這些石塊中有些非常巨大。其中有黝黑粗糙的石頭，也有貌似碧玉的石頭。某些印地安人表示，堆砌成這些行宮和太陽神殿的大部分石塊，是遵照瓦伊納・卡帕克以及其父親圖帕克・印加的命令，用粗繩從庫斯科一路拖拉過來。（若此言為真）想到那些石塊的數目和體積，以及千里迢迢的路程，真是令人驚嘆不已。（增田義郎翻譯）

宛如與齊耶薩的敘述相互呼應一般，十七世紀的編年史家姆魯阿（Martín de Murúa）表示，瓦伊納・卡帕克國王用這些經過精巧加工的石塊，在庫斯科建造兩層樓高的行館之後，將之拆毀、解體，命令將這些石塊一個一個地運到基多，重新建造。沒想到，當所有的石材運送至卡尼亞爾地區之時，在圖米邦巴南方的薩拉古羅（Saraguro）遭遇雷擊，預計作為門楣建材的石塊被劈裂。害怕這或許是凶兆的印加國王，命令將所有石材丟棄在當地，據說直到姆魯阿的時代，那些石頭依舊保持原狀。奧格本在薩拉古羅真的找出了這批石塊，如今使用在鎮上教會的建築基石等等，合計共四百五十個石塊。經過奧格本以「X射線螢光分析」詳細檢視的結果，驗證了印加帝國不可思議的事實。這些石塊來自庫斯科近郊的採石場「盧米科卡」（Rumicolca），距離石塊被棄置的當地，有一千六百公里的距離，並且與座落在王都庫斯科，具備高度神聖性的太陽神殿和太陽神貞女宮等所使用的石塊，屬於同樣的來源。一個石塊的重量從兩百公斤至七百公斤不等，推測是和印加國王的移動一樣，是使用轎子運送來的。這樣的話，究竟需要多少勞力呢？況且，不能忘記的是，當時的印加民眾並不曉得鐵器和車輪的存在。四百五十個石塊，一天最少需要四千五百位挑夫行進二十公里，連續搬運共計八十天，才能夠走完庫斯科至厄瓜多之間的一千六百公里。合計需要三十六萬人的勞動力！

為何會在「搬運石塊」如此單純的活動上，投入這麼多的人力？組建成庫斯科眾多神聖建築物的這些石頭被視為「聖石」，印加國王藉由搬運與「聖石」相同來源的石塊，企圖將庫斯科的神聖性移植到基多地區。或許可以說這四百五十個石塊，是印加帝國內部充滿能量的證據。

王室的戰爭

◎兩個中心與瓦伊納．卡帕克之死

如此，基多地區也逐漸成為帝國的中心，散發出與庫斯科地區同樣，甚至是更為燦爛的光輝和神聖性。朝著東西南北方向，以離心力向外擴張的活動，已經達到飽和的狀態，因此隱藏在帝國內部爆發性的能量，無處可去，只能在內部衝撞、流竄。這種狀態最大的表象，就是發生在這兩個地區之間，因王位繼承問題所引發的內戰。

偉大的第十一任國王——瓦伊納．卡帕克，約在一五二五年前後，於厄瓜多嚥下最後一口氣。國王身上出現皰疹，最後呈現意識朦朧的狀態，被認為死因可能是「天花」。但是，安地斯世界原本並不存在天花的病原菌，國王的死，或許是一個無法以肉眼看出的預兆，預告著至今為止與印加帝國人民毫無關聯的什麼事物，正一步步地向他們接近。此時，白皮膚的異邦人已經進入巴拿馬地區，這些人帶來的病原菌，早在他們進入印加帝國之前，便已經在住民之間傳染開來，一路南下。

瓦伊納·卡帕克國王　乘坐轎子趕赴戰場的模樣。瓦曼·波馬繪製。

國王尚在人世之時，關於繼任國王的選定問題，已引發了混亂。如前述，印加社會並不存在著歐洲式的長子繼承原則，印加國王會從與多位女性（包含自己的姐妹）所生的許多兒子之中，選出一位作為繼承人。這個時候，王子們的母親所屬的帕納卡對於權力的慾望，讓繼承問題的事態變得更加複雜。

浮出檯面的有力人選，是兩位王子——瓦斯卡爾和阿塔瓦爾帕。瓦斯卡爾的母親是父王的姐妹，屬於第十任國王圖帕克·印加·尤潘基的帕納卡，以庫斯科為據點。阿塔瓦爾帕也是在庫斯科出生，較瓦斯卡爾年長，曾伴隨著父王前往厄瓜多地區遠征，待在北方戰線上支持著瓦伊納·卡帕克；母親是屬於帕查庫特克國王的帕納卡體系。因為身為國王與姐妹之間的子嗣，身在庫斯科的瓦斯卡爾，就任第十二任印加國王。然而，阿塔瓦爾帕卻在基多地區起義，似乎是對瓦斯卡爾即位之事，表明抗議之意。

◎瓦斯卡爾與阿塔瓦爾帕

這兩位王子為了國王的流蘇頭飾而展開的悲哀鬥爭，同時也是兩個帕納卡在歷史上的鬥爭。有鑑於編年史家們與各家帕納卡的深厚關係，筆者在削除編年史家摻入的歷史性修飾之後，簡潔地敘述當時經過如下。

國王的遺體運回了庫斯科。但是以阿塔瓦爾帕為首，追隨故王的有力人士們則是留在基多地區。此事更增添了瓦斯卡爾的怒氣，雙方的對立和抗爭，已不可避免。此外，讓事態演變更加複雜的是，卡尼亞爾人的動向，以及正從海洋彼端逐步接近的「異邦人」。

一開始，阿塔瓦爾帕向卡尼亞爾人尋求協助。從卡尼爾人此時的動向，便可看出後來在歷史上長期背負著「背叛者」污名的根源。卡尼亞爾人起初是以阿塔瓦爾帕的支援者身分，提供瓦斯卡爾方面的軍隊情報；但是當瓦斯卡爾軍隊接近後，卻又洩漏阿塔瓦爾帕方面的情報，向庫斯科派的印加國王宣示忠誠。傳說卡尼亞爾人還曾經趁勢捕捉阿塔瓦爾帕作為俘虜，阿塔瓦爾帕則是變身為「蛇」，成功脫逃。對卡尼亞爾人懷抱著無比憎惡感的阿塔瓦爾帕，最後實現了他血淋淋的復仇。編年史家齊耶薩造訪卡尼亞爾地區時，對於當地男性人數稀少，女性人數居然高出男性人數十五倍的現象，感到十分驚訝。探尋其中緣故，據說是因為瓦斯卡爾的軍隊敗退後，阿塔瓦爾帕對於背叛的部族，展開殘酷的殺戮所致。

由庫斯科派的印加國王所派出的大軍，屢戰屢敗，不久後，就連領袖瓦斯卡爾國王也被阿塔瓦爾帕方面的將軍所俘虜。進入庫斯科城的將軍們，面對敵對的帕納卡成員，開始激烈的肅清行動。事實上，參考殖民地時代生活在庫斯科的印加族後裔人數的統計資料可以得知，屬於圖帕克．印加．尤潘基帕納卡的後裔人數，非常稀少。雖然在此之前，國王更替的問題也多少會因爲繼承制度的不安定，而出現不少流血的衝突；但是，阿塔瓦爾帕對於瓦斯卡爾派系的暴力行為，已經超出尋常的規模。感覺就像是原本要以離心力的方式，朝向外圍發散的能量無處宣洩，進而一舉往帝國內部湧出，最後招致同族自相殘殺的悲慘局面。

在這一連串的事態之中，可以找出暗示帝國變質的歷史插曲。瓦斯卡爾陣營擁有強大的庫斯科軍隊作為後盾，為何會輕易被區區一股地方勢力的阿塔瓦爾帕陣營所擊潰？屬於阿塔瓦爾帕派系的編年史家貝坦索斯，記下了值得深思的消息如下：

瓦斯卡爾登上王位後，便在廣場上發出宣言。包含太陽神以及他的父親瓦伊納·卡帕克王在內，將剝奪屬於列位先王遺骸所擁有的古柯田和玉米田，納為自己的財產。其原因為，太陽和死去之人，以及如今逝世的先父，已經無法吃食。如此，他們也就沒有持有土地的必要。

與帕納卡並沒有直接利害關係的編年史家佩卓·皮薩羅也記述道，瓦斯卡爾國王「在那一天，對於這些死者們感到非常憤怒，因為王國內最好的東西全都屬於死者。國王命令將他們全部埋葬。從今爾後，只有生者才應該存在，而不是死者。」這或許可以說是表明了，他走出父王的家中，身為自己的帕納卡之主後，必須從零開始構築起物質基礎的新任國王的苦衷。不過，從別的觀點來看則是顯示出，在缺乏擴張可能性的帝國之內，瓦斯卡爾能夠找到的處女地，已經非常有限。無論如何，瓦斯卡爾的構想，對於依賴帕納卡家產的印加貴族階層來說，當然是令人不悅的消息。佩卓·皮薩羅記錄道，「希望讓死者維持原有狀態」的有力人士們，因為這個緣故而厭惡瓦斯卡爾，再加上他的武將們私下串通阿塔瓦爾帕陣營，於是情勢便導向了敗局。被阿塔瓦爾帕的武將所俘虜的瓦斯卡爾，被迫穿上「女裝」，受盡各種殘酷的虐待。

破壞既有秩序，將一切重新來過，並不是只有瓦斯卡爾才抱持這樣的想法。在殖民地時代，曾經將使用結繩記錄下印加國家各項事務的官吏——奇普卡馬由（*Quipu Camayu*）當作消息提供者，進行調查。根據他們的說法，阿塔瓦爾帕陣營的將軍們，為了肅清瓦斯卡爾派的人員，進入庫斯科城後，遇到奇普卡馬由便將之殺害，宣告今後是屬於阿塔瓦爾帕的「新世界」。實際上，貝坦索斯記錄道，為了在基多地區創建新的「庫斯科」，阿塔瓦爾帕命令庫斯科市方圓三十里格範圍內的住民，全數遷移至厄瓜多。

◎異邦人

阿塔瓦爾帕一方面滿心期待地，等待成為俘虜的瓦斯卡爾從庫斯科被押解來面前；但另一方面，他對於一群從北方海洋而來，逐漸逼近他的人，展現出不尋常的高度關心。因為他接收到情報，得知正有不明人物，乘坐「屋子」渡海，並且從北部海岸上岸。

印加人開始將這群來歷不明的人物稱呼為「海之子」。他們膚色非常白皙，還留著長長的鬍鬚。不僅如此，移動方式是騎乘在比這塊土地上更為大型的美洲駝背上，人與動物似乎是合為一體的模樣。要是被這種動物的「尾巴」甩到，人類的身體便會被劈成兩半，且只要一口氣就能吹熄火焰，倘若發出如同雷鳴一般的聲音，就算是在遠方，都能夠奪去眾人的性命。這種美洲駝穿著銀靴，飛奔起來的聲響宛如雷霆。除此之外，還有人目擊到那些海之子的手上拿著白布，口中念念有詞。而且他們對於黃金和白銀，表現出異常的執著，或許是他們和他們的美洲駝，以黃金和白銀為食物也說不定。根據阿塔瓦爾帕國王所蒐集到的情報，率領著白皮膚人種的男人，被稱呼為「卡皮托」（西班牙文隊長〔Capitán〕之意，卡皮托是發音上的誤傳），美洲駝似乎是稱為「卡巴優」（西班牙文「馬」〔Caballo〕之意）。最初，也有人將這些異邦人視為創造之神（維拉科查）。或許是過去創造了安地斯地區後，消失在大海另一頭的神，再次到來了吧？若果真如此，那麼應該會替阿塔瓦爾帕的新革命，帶來幸運。

有消息傳來，異邦人途經通貝斯，已經來到坦加拉拉（Tangarará）鎮上。阿塔瓦爾帕派出一位印加貴族喬裝成平民的模樣，送進異邦人的陣營中打探消息。根據這位斥候的回報，人數約為一百七十至一百八十人的白人，根本就不是什麼維拉科查，而是跟我們一樣的人類，要吃東西、喝水、穿衣服、也會和女性共度春宵，並不會做出什麼造山造人、讓泉水湧出的偉大事蹟。原因是，進入乾燥地帶的時候，他們也是先用容器裝水之後才出發。壞事做盡的他們根本就不是創造之神，還不如說是惡魔（*Supay*，印加神話中的死神）。即便如此，阿塔瓦爾帕還是為了確認異邦人的實際狀況，向斥候表示「因為他們想要黃金」，所以就送去一組黃金的阿齊列酒杯。這也可以說是，印加國王透過發起互惠關係，而企圖攏絡異邦人的一項戰略。

但是，試圖接近這群異邦人集團的民族，並不只有印加族。從較早的時候開始，安地斯地區的各個部族，便嘗試去接觸這些異邦人，其中最為積極的民族，就是曾經讓印加族痛嚐苦果的卡尼亞爾人。卡尼亞爾人親自前往面見駐留在通貝斯的異邦白人，懇求救援卡尼亞爾人逃出阿塔瓦爾帕手下武將們的迫害。請求援助的卡尼亞爾人，從此成為異邦人不可或缺的重要支持者。

◎捕獲阿塔瓦爾帕

騎乘著大型美洲駝的一行人，並不在意始終保持靜觀姿態的印加國王，並以國王停留的卡哈馬卡（Cajamarca）為目的地，登上了安地斯的山脈。不久後，異邦人的陣營派出的兩位使者，與約三十名他們的同伴，騎乘著「他們的美洲駝」前來造訪。他們和一位負責翻譯的男子一同前來，這位男子住在海岸地區，在異邦人先前抵達時，曾被帶往位在大海彼端的異邦人土地上。阿塔瓦爾帕國王熱烈地歡迎這兩位使者，向他們遞出了黃金酒杯，酒杯中倒有自己愛喝的奇恰酒。沒想到，這名男子竟然將酒倒掉，讓國王十分憤怒。另一方面，使者們要負責翻譯的男子將像是白布的物品呈給國王觀看，表示上頭記述著神以及他們的王；然而，阿塔瓦爾帕因為前述奇恰酒的事情，情緒激動，將這個像布的物品丟擲在地，並且驅趕他們回去。異邦人中的其中一位，在國王面前跨上他們的美洲駝，美洲駝偌大的臉就湊在國王的眼前。有力的鼻息，甚至將國王額頭前的流蘇吹起一、二次。國王聞風不動。看著使者離開的阿塔瓦爾帕用他的語言說道：「真是一群不可理喻的傢伙。」國王主動藉由酒杯構築互惠關係的方式，以失敗告終。

隔天，阿塔瓦爾帕坐上轎子，與大批軍隊一同前往白人正在等待的廣場。孰料竟然不見異邦人的蹤影。據傳他們躲入了廣場周邊的「瓦伊納．卡帕克王之館」與「太陽之館」。喝了大量的奇恰酒，酩酊大醉的國王嘆道：「已經沒有我的立身之處了。」此時，有一位男子走近，透過那位曾經前往異邦人土地的男性翻譯，說道：「我是太陽之子，太陽就是為了傳達以下訊息，才派我前來。印加不該戰鬥，而是要聽從卡皮托。卡皮托也是太陽之子。這些事情全部都記載在這裡。」接著將白布遞到國王面前。阿塔瓦爾帕開口道：「這東西說你們這些人是太陽之子嗎？我也是太陽之子！」語畢，其他臣子大聲附和：「他才是唯一的王（薩帕・印加）！」阿塔瓦爾帕大吼：「我才是生自太陽的！」並把像白布的書拋擲到半空中。男子躲回白人的藏身處後，就在這一瞬間，宛如雷鳴一般的聲音轟隆作響，騎乘著「他們的美洲駝」的人們，口中不知在大吼著什麼，一躍而出，突襲印加國王乘坐的轎子。他們的武器，砍斷了抬轎的轎夫手臂。但是其他轎夫繼續緊抓著國王的轎子，不讓轎子落地，失去手臂的轎夫，也用剩下的肢體支撐著轎身。然而，轎夫一個個地喪失了性命，轎身傾斜，有一半的面積快要碰觸到地面。這時卡皮托抓住了國王的手臂，阿塔瓦爾帕被帶至卡皮托等人的陣營。大批的臣子，在狹小的廣場裡、突如其來沸騰的狂亂狀況之中，相互推擠堆疊，窒息、死去。

第三章

中世紀西班牙的共生文化

皮薩羅抓住阿塔瓦爾帕的瞬間　1845 年繪。

帝國的開端

◎白人的帝國

一五三二年十一月十六日，隨著征服者法蘭西斯科．皮薩羅一同航海的人當中，唯一的天主教聖職人員——道明會教士文森特．德．巴爾韋德（Vicente de Valverde），正站在轎子上的印加首領面前。面對著擁有魁梧身形，用充滿血絲的雙眼直瞪著他的印加首領，修道士做出了宣言，傳達他們來到這塊土地上所背負的歷史使命：

唯一的三一真神（三位一體），創造了天地萬物。創造了最初的人類亞當，再從亞當肋骨造出女性的夏娃。我們的祖先亞當與夏娃犯下了罪，由處女所生下的救世主基督，為了救贖世人而受難。經過光榮的復活之後，祂再度回到天上，並在人世間留下代理人——羅馬的聖保羅及其後繼者。他們即是教宗。教宗將全世界的土地分給基督徒的國王，任其征服。你們的這塊地方，是分配給吾王查理五世陛下的土地。陛下為了傳達這項消息，派遣代理人皮薩羅副王前來。倘若你們改信基督教，接受洗禮，便能夠接受國

王陛下的庇護，並且為這塊土地帶來和平與正義。反之，副王將對你們展開嚴厲的攻擊。（節錄翻譯）

關於當時宣言的內容，存在著各種說法，儘管沒有明確的版本，不過身為國王官員的編年史家薩拉特（Agustin de Zárate），則是留下了前文的記述。這項宣言，刺激到了異教徒的印加國王。印加國王反駁道，他的領土是從先王、先祖所獲得的土地，為何要由聖保羅或是其他什麼人將之託付給誰呢？實在是讓人難以理解；另外，有關耶穌還是誰創造天地、人類的事情等等，根本就沒有聽過，除了「太陽」之外，沒有什麼能夠創造出世界萬物。印加國王又詢問，為何修道士會知道這些事情。對此，巴爾韋德向印加首領展示出手中所持的日常禮讚的祈禱書（Liturgia horarum），表示這些是神的話語。異教徒的國王雖然感興趣地伸出手來拿取，卻不知如何打開，而將日常禮讚書扔擲到地面。如此行為毫無疑問地，是對神的冒瀆。巴爾韋德向埋伏起來的皮薩羅等征服者們做出信號。就在這個瞬間，法蘭西斯科·皮薩羅高呼「聖雅各！聖雅各（Santiago）！[1]」現場發射出的鷹砲[2]聲響宛如雷擊，駿馬的嘶吼聲在廣場上迴盪。印地安人並沒有對西班牙人施加攻擊，因為引發了劇烈的恐慌。征服者們手中揮舞的利劍，砍斷了抬轎的挑夫們的手臂，坐在豪華王轎上的國王因而摔落地面，被征服者的領袖法蘭西斯科・皮薩羅捉住，並在混亂中確保他的人身安全。轉瞬間，印加國王已從王轎上的君主，化為被囚禁的俘虜身分，即便是被征服者們帶回營地內，還是無法理解眼前的狀況，呈現出沮喪、不悅的模樣……。

在上一章中，筆者盡可能的從生活在安地斯世界民眾的視角出發，描寫出從印加帝國成立，至因征服者前來而即將開始崩壞的過程。與之相對，在本章的開頭，對於「征服」這個同樣的主題，將從歐洲人的視角來描述。這是一個歷史性的瞬間——一個孤立在「世界史主流」之外的空間、於轉瞬間成長為南美史上最大帝國的社會，敗給了另一個在「世界史主流」之中成長茁壯、成為歐洲最大帝國的社會。「透過酒杯的互惠」與他者構築關係的原則，被源自於信奉唯一真主的宗教形成的「支配與被支配」的原則所擊潰。當然，光是捕獲印加的首領，帝國並不會就此消滅。之後，針對新帝國的併吞行為，想必印地安人也曾拼命地起身反抗。然而，新帝國所行使的

被西班牙人捕獲的阿塔瓦爾帕　瓦曼・波馬繪製。

暴力、灌輸的意識形態，最終還是將安地斯的原住民們囊括進殖民地的統治體制之中。

從本章開始將先探討，這些力量和意識形態，如何在以歐洲南部伊比利半島為據點的「西班牙帝國」內生成。至於時間上的出發點，約是十四世紀末。這時候在大西洋對岸的南美大陸上，對原為庫斯科地方部族的印加人來說，也是差不多要引燃爆炸式的擴張，創建帝國的時期。

◎胡德里亞

明明再過四年，就要舉辦萬國博覽會，但是在這時候的塞維亞（Sevilla），卻絲毫感受不到相應的氣氛。儘管可以看見為了博覽會而著手整備公共設施的跡象，但是，也不知道趕不趕得上預計在一九九二年由西班牙舉國籌辦的盛大祭典——「『發現』美洲五百周年紀念」。悠哉自適的氛圍，就連從日本來的留學生們也替他們感到不安與焦急。另一方面，筆者有幸在堪稱中南美洲歷史古文書寶庫的「印地亞斯總檔案館」中，進行為期一年的研究，內心十分地喜悅。在安達盧西亞（Andalucía）炎熱陣風吹拂的環境下，筆者在每日往返檔案館的途中，順道走訪塞維亞地區的大街小巷，尋找歷史所留下的各種遺產。

這樣的日子，持續經過了數月之後，筆者逐漸自負地認為，塞維亞市區的街道規模不大，應該輕易就能抵達想去的地方，因而放鬆地邁開腳步。沒想到，竟然還是存在著一個空間，足以讓我失去方向感，成為迷途羔羊，必須向經過的路人尋求協助。曲折蜿蜒的道路，宛如朽木上被白蟻啃食出的坑道一般，其中還有狹窄的小巷，約是兩人勉強才能通過的寬度，可以從格子鐵窗窺探白色建築物的內部，綻放美麗花朵的盆栽裝飾了整片牆面，隱約可以嗅出該處的生活氣息。

被稱為聖十字區（Santa Cruz）的這一區域，又有「胡德里亞」（La Judería）

現在的西班牙、葡萄牙

之稱，是舊「猶太人的居住區」。當然，從中世紀至近代，許多猶太人在西班牙生活，而基督教國家對他們的打壓，至少在一四九二年哥倫布抵達新世界的不久之前，便施行了猶太人的驅逐令，這段歷史在筆者腦海中，只有這些模糊的輪廓。剛剛踏入中南美洲歷史研究的筆者，只有能力將塞維亞看做是殖民地歷史成形的原點，並沒有太多餘裕，去針對生活在晦暗空間的猶太人歷史，進行深入的思考。但是，當筆者在安地斯社會的生活中，找尋印地安人留下的歷史痕跡的同時，也逐漸注意到秘魯歷史的深度，並發現在征服後的安地斯歷史之中，猶太人刻劃下的歷史影響。塞維亞晦暗的舊猶太人街與安地斯世界的連結，確實有其道理存在。

在中世紀的西班牙，因為這些特殊的歷史因素，讓信仰基督教、伊斯蘭教與猶太教這三大宗教的民眾，長達八個世紀的時間，都被囊括在同一個空間之中。這三大宗教皆是基於亞伯拉罕的信仰傳統。在這個「共生」的過程中，產生對他者的排斥與接納、拒絕與理解、強制與說服、憎惡與愛等各種思想和感情，且場所不只限於伊比利半島，隨著西班牙帝國的發展，也傳送至地球上的各個地區，對於本書中心主題的安地斯歷史，也造成了迴響。因為這個緣故，筆者打算從十四世紀末，在安達盧西亞的塞維亞地區所發生的事情開始說起。那麼，為何時間是十四世紀末呢？

◎反猶騷動

地點是一三九一年的塞維亞，一位在當地活動的聖職人員向民眾傳教之際，開始出現異樣的狂熱氣氛。標靶是猶太人。名為斐南德・馬丁尼斯（Ferrand Martinez）的執事（deacon）慫恿信眾，必須毀壞猶太教的會堂（Synagogue），且不可與猶太教徒來往。煽動家（demagogue）的言詞不斷加速，持續強化了民眾們的情緒。在六月的某個清晨，受到馬丁尼斯煽動的塞維亞基督教徒們，侵襲猶太人的居住區，展開對人身及家屋等前所未有的破壞行動。結果，上千名男性受害失去性命，婦女和兒童被俘虜，賣為奴隸。倖免於難的，是在騷動發生時，立刻表現出改信基督教決心的人們，他們成群地走向洗禮臺。這種反猶騷動（Pogrom，對猶太人的組織性迫害行為），不只發生在塞維亞地區，不久之後就擴散至西班牙各地，對猶太人造成非常大的恐慌。

為何會發生反猶騷動？從這個時期急遽的社會變化中，可以找出遠因。經濟的惡化、關於王位繼承的內亂、以及這兩個原因所導致的社會不安。再加上傳染病的流行，以及關於猶太人的流言蜚語。在歐洲，開始出現對猶太人施加組織性迫害行為的時間，約是在一三二一年左右；之後，出現了猶太人與漢生病患者共謀，展開毒殺基督教徒的謀殺計畫，且格拉納達（Granada）國王也參與其中等傳言。基督教各國似乎被漢生病患者、格拉納達（伊斯蘭教徒），以及猶太人這些所謂「異者」的陰謀所團團包圍，如此的印象增強了反猶太的情緒，在歐洲世界釀成整體性的「反猶太主義」。在歐洲北部的國家中，最後甚至採取將猶太人驅逐出國的激進政策。

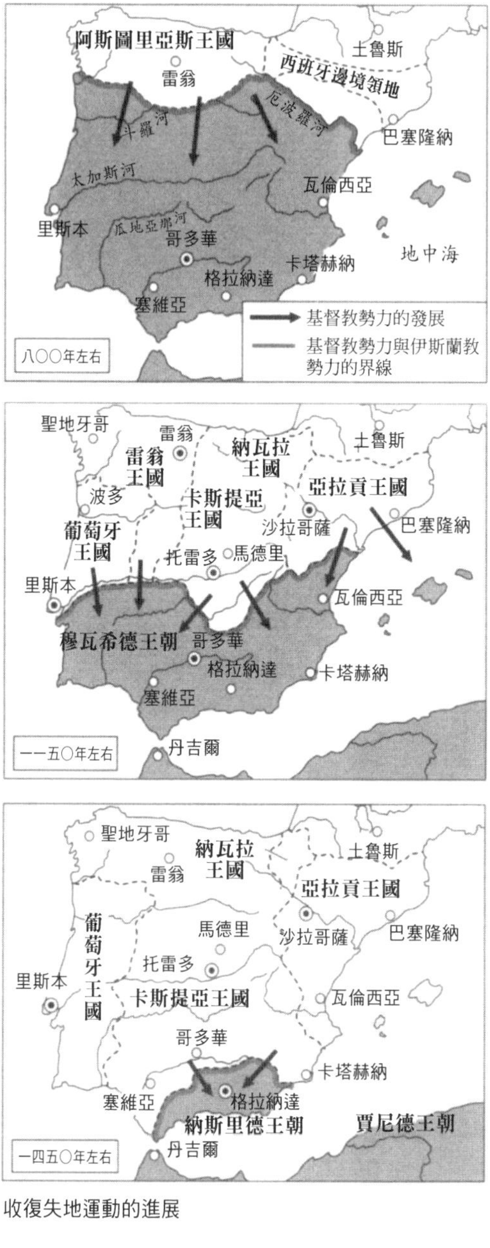

收復失地運動的進展

伊比利半島也無法自外於這股趨勢。一三四八年爆發的黑死病，從地中海登陸伊比利半島後，一般民眾認為黑死病的肆虐與猶太人的存在相關的想像，逐漸強化。傳染病的蔓延造成許多人死亡、農村荒蕪、貧民人數急速增加。對猶太人作為高利貸者和稅吏而致富的既定印象，讓人民內心的憤怒，轉而投向猶太人民族。就在社會不安情緒高漲的情況下，卡斯提亞王國（Reino de Castilla）發生的王位爭奪戰，更是加速了社會反猶情結的成形。一三六六年，當時國王佩德羅一世（Pedro I de Castilla）的同父異母兄弟（庶子）恩里克二世（Enrique de Trastámara），為了與國王對抗，發起武裝起義，開始國家的內戰。恩里克二世在政治上的宣傳手法高明巧妙，尤其是反猶主義的主張，特別奏效；恩里克二世開始散布謠言，表示別名「殘酷者」（el Cruel）的佩德羅一世，正不斷地犧牲基督教徒，讓猶太人更加富有。

這就是一般所述，關於十四世紀末反猶騷動發生的背景因素。這場猶太人大迫害的行動，也宣告過去在伊比利半島所維持的異文化（相對上的）共存的現象，正式終結。支撐帝國存在的文化特質之一，便是將自己的存在置於最高的位置；面對他者之時，則是將之排除在自己所創造的世界之外，又或者是，以暴力的方式強迫他者的世界選擇同化（雖然印加的國王，第一件事是先送上酒杯）。一三九一年，強迫猶太人選擇被屠殺或是改信基督教的二擇一，也許可以說是西班牙之所以能夠在十六世紀，以帝國之姿現身歷史舞台的起點之一。基督教的歷史，以及基於教義而形成的「絕對性統治」姿態，強迫阿塔瓦爾帕國王究竟是要選擇接受，抑或是斷然拒絕後迎接滅亡的思想，與反猶騷動可說是相互連結的概念。

三個宗教以及文化

◎共生的起始

儘管如此，我們也不能光是注目前述那些排除異己的意識形態，來理解西班牙社會以及美國的殖民地空間。其原因在於，中世紀的西班牙，曾經存在著信仰不同宗教、擁有不同文化的人們，長期和平共存的歷史經驗。面對他者的存在，抱持著認同的精神，或是不以暴力為要脅，透過對話的方式促使他者同化的精神，持續地維持在中世紀的西班牙社會。這種精神（關於中世紀西班牙異文化的共生，筆者沿用瑪莉亞・羅莎・梅諾可〔María Rosa Menocal〕在她極具魅力的著作之中所使用的「寬容的文化」一詞）在反猶騷動過後，並未消失，在十五世紀後依舊持續成長；不僅如此，還與排除異己的意識形態相互抗衡，保存在以美洲印地安人為對象的基督教傳教事業和殖民化計畫的深處。那麼，在伊比利半島這個空間所開展出的不同文化與不同宗教的共生，其具體的樣貌又是如何？

穆斯林的承包業者，替猶太人建造家屋。猶太人的工匠，在基督教徒的師傅手下工作。猶太人的律師，為了信仰不同宗教的信徒，在法庭上為之辯論。基督教徒的宗教祭典上，伊斯蘭教徒的樂隊和表演者是不可或缺的存在。基督教徒將愛子的身體交給猶太人的醫師診治⋯⋯。確實，在當時因為唯恐懷有惡意的猶太人意圖加害基督教徒，而有禁止猶太人醫師開藥、禁止猶太人與基督教徒一同用餐等具有實際效力的法令，但是在實際的社會狀況下，這三者（穆斯林、猶太人和基督徒）在日常生活上維持著密切的關係。

最初，與基督教徒共享空間的是猶太人。他們與有「塞法拉德」（Sepharad）之稱的伊比利半島，關係深遠。在猶太人經歷東方世界的大離散後，便已經有人移住伊比利半島。紀元後，猶太人的身影，在羅馬帝國伊比利半島的行省統治下漸趨明顯，一面被統合進拉丁世界，一面也確立了猶太人自我認知的意識。

不久，屬於日耳曼民族的西哥德人，展開統治後，日益強化對猶太人的打壓政策，與基督教徒通婚或是持有奴隸人身財產的行為皆被禁止；西元七世紀以後，甚至還強迫猶太人改信基督教。猶太人們因此開始期待，此時在東方世界新興崛起的伊斯蘭勢力，期盼他們能夠將猶太人從種種的壓抑中解放出來。

西元七一一年，伊斯蘭教徒入侵伊比利半島，除去西北部的山岳地帶，轉瞬間將半島上廣大領域都納入統治範圍（該廣大領域，後來稱之為安達盧斯〔Al-Andalus〕）。伊斯蘭教勢力雖然在軍事性上較為激進，但是原則上並不會使用暴力，排斥不同宗教信仰的民眾。因故，後來約有七百年以上的時間，信奉猶太教、基督教與伊斯蘭教三大宗教的信眾，「共同生存（共生）」在同一空間，編織出一段特別的歷史記憶。

托雷多的猶太會堂（Synagogue of El Transito）　十四世紀委託伊斯蘭教徒的工匠，所建造而成的猶太會堂。

近來，在美國「世貿中心大樓毀壞」之後，世界上的三大宗教，呈現全面性敵對的混沌局勢，作為這個狀況的對蹠點（antipodes，距離最為遙遠的相對位置），中世紀西班牙三個文化共存的社會，則是可以稱作理想國的狀態。穆斯林統治的開始，一方面成為基督教徒發起「收復失地運動」（Reconquista）的發端；另一方面，在三個文化的關係上，也順應歷史的局面，呈現出無法以言語形容的多元樣貌。

話雖如此，也必須強調，作為安達盧斯世界的主角——伊斯蘭教徒，在統治當地後，所制定出的「共生」原則。在伊斯蘭教的法理上，基督教徒和猶太人，相對於伊斯蘭教徒，其存在被認為是處於次等的地位；但是他們作為信奉一神教、持有聖經的「有經者」（People of the Book），則是被歸入「齊米」（Dhimmi，「被保護民」之意）的範圍之內，必須加以庇護。基督教徒和猶太教徒背負著繳納人頭稅（吉茲亞稅〔Jizya〕）的義務，與此同時，他們身為「齊米」，在人身、財產上受到保護，在選擇職業、移動、居住上的自由，以及維持固有的宗教活動等行為，皆受到認可。這種庇護的思想，成為三大宗教、文化共生背景的基調。

◎安達盧斯的伊斯蘭教與猶太教

安達盧斯的歷史，是以奧米亞王朝（Umayyad Caliphate，中國稱白衣大食）的屬地為起始，後來阿拔斯王朝（Abbasid Caliphate，中國稱黑衣大食）發動軍事政變，擊敗奧米亞王朝之後，西元七五六年，迎來阿拔斯王朝系譜上的繼承者──阿卜杜拉赫曼一世（Abd al-Rahman I）為王，將哥多華（Córdoba）定為首都，建立「後奧米亞王朝」。到了西元九一二年，阿卜杜拉赫曼三世（Abd al-Rahman III）即位，不久後僭稱「哈里發」（Khalifa，為伊斯蘭教在宗教和世俗上的最高領導者），哥多華的哈里發國在政治和文化上，成為西地中海世界中心的統治者。

首都哥多華城內，道路鋪設以及灌溉水路等公共設施齊全完備，擁有上百間浴場、上千座清真寺，同時也是最先進的文化中心，其象徵性的代表場所，就是以藏書四十萬卷自豪的哈里發圖書館。此地因為豐饒、繁榮的文化而被譽為「世界的寶石」（梅諾可），位於哥多華郊外，由阿卜杜拉赫曼三世所建造的王宮都市──梅迪納·阿爾扎哈拉（Medina Azahara），是最能映襯這項美稱的象徵性空間。約在筆者執筆本書的十五年前，曾獲得訪問這座古老宮殿的機會，如今只留下建築的遺骸，只能算是一處「考古學的遺址」。然而，仔細凝視之下，以美麗線條所描繪出的樑柱和拱門的陰影下，隱約輝映著馬賽克的碎片，其工藝技術十分地細緻精巧，道出了在此地所開展的知性氛圍，高深且飽富內涵。

在伊斯蘭的體制下，與被視為「二等」存在的基督教徒相較，猶太人因為從西哥德人的統治中獲得自由，並且接受庇護，可說是大大地享受著解放的快感。這個時期，從東方世界，也就是阿拔斯王朝的中心——巴格達，流入了各式各樣的文化財產，例如與《聖經》和《塔木德》（*Talmud*）有關的知識、哲學和科學思想，積累在安達盧斯的宮廷之中，以猶太人為中心的知識分子們，成為吸收這些文

梅迪納・阿爾扎哈拉遺跡　位於哥多華郊外，於十世紀時所建造的伊斯蘭王宮都市。

化的媒介人物。

「共生」社會中結出最為豐碩果實的，是在猶太人發出燦爛知性光芒的「翻譯」領域。特別是在一〇八五年的托雷多，當時由卡斯提亞的阿豐索八世（Alfonso VIII）所統治，據說整座城市簡直就像是一座翻譯經典的中心機構。來自歐洲各地的知識分子齊聚在托雷多，便是為了追求累積在這座城市內，從阿拉伯文被翻譯過來的古代經典知識。亞里斯多德的倫理學、歐幾里得的幾何學等，接連地從阿拉伯文被翻譯為拉丁文的書籍。

翻譯所進行的過程如下。其主要的中心人物，即為擁有過人語學才能的猶太人。他們將阿拉伯文的文獻，翻譯為當地的語言，亦即卡斯提亞語，並高聲地逐字朗讀。接著再由基督教徒基於猶太人的口語版本，翻譯為拉丁文……，經過如此繁複的變換過程而誕生的翻譯書籍，滿足了歐洲對於古代經典知識的渴求，也連帶地影響到十二世紀的文藝復興知識運動。以翻譯為核心的知識運動，即便是到了收復失地運動情緒高漲的十三世紀，也並未因此終止。尤其是有「賢王」之稱的阿豐索十世，其執政時期的首都塞維亞，以猶太人為首的知識分子，仍舊十分有熱誠地維持著翻譯活動。

◎日益激烈的收復失地運動

阿卜杜拉赫曼三世逝世後，後奧米亞王朝在執行統治權的宰相——阿爾．曼蘇爾（Al Mansur）領導之下，綻放王朝最後的燦爛光輝。阿爾．曼蘇爾逝世後，哥多華的哈里發國滅亡，迎接而來的是各個地方獨立的「泰法」（Taifa，幫派、教派之意）勢力，群雄割據的時代。過去被逼往北方的基督教徒們，在十一世紀逐漸取回了力量，開始南進；另一方面，統治伊比利半島中北部的卡斯提亞王國，以及將勢力從伊比利半島東部拓展至地中海世界的亞拉貢王國（Crown of Aragon），兩王國的存在感也越來越為顯著。如此一來，在割據安達盧斯的伊斯蘭勢力，與向南展開行動的基督教王國之間，也就構築起收復失地運動的背景條件和環境。加上穆拉比特王朝（Almoravid dynasty）、穆瓦希德王朝（Almohad Caliphate）這些激進派的伊斯蘭教徒從非洲入侵後，伊斯蘭勢力的統治範圍包含從北非至安達盧斯這一個廣大的區域，這樣的局勢持續至十三世紀的上半葉。

從北非前來的王朝，支撐著他們內心的，是非常強烈的聖戰意識，且明顯地屬於基本教義派（Fundamentalism），因此，作為呼應，與這股伊斯蘭勢力對峙的基督教徒，在收復失地運動上的動向，出現了變化。正好在這個時候的歐洲，從異教徒手中奪回聖地的十字軍精神日益高漲，在收復失地運動上，也注入了這項戰鬥性的思想意識。這項十字軍思想意識展現出最為高潮的瞬間，大約是在西元一二一二年。這一年，在哈恩（Jaén）地區北部的拉斯·納瓦斯·德·托洛薩（Las Navas de Tolosa），中世紀教宗權力鼎盛的象徵性人物——伊諾增爵三世，以及接受（Innocentius PP. III）亞拉貢王國（Reino de Aragón）、納瓦拉王國（Reino de Navarra）、葡萄牙等支援的卡斯提亞國王阿豐索八世，擊潰穆瓦希德軍隊，殺害眾多的伊斯蘭教徒。

在收復失地運動的興盛期間，替教徒們補充戰鬥能量的，便是聖雅各信仰。在西元九世紀初葉，於西班牙北部的孔波斯特拉（Compostela）這個地方，發現了基督十二使徒中的一人——聖雅各的墳墓。這項對於聖人的崇拜，迅速地引發眾人關注，不久後，聖雅各信仰越過庇里牛斯山脈，許多歐洲民眾都前來瞻仰。特別是，聖雅各在十一世紀以後的收復失地運動戰場上，被視為基督教徒的守護聖人。士兵們在大呼「聖雅各」振奮士氣後，向伊斯蘭教徒展開攻擊；除此之外，基督教徒們深信，當陷入困境之時，聖雅各會騎著白馬從天而降，解救眾人。在卡哈馬卡的時候，也曾經呼喊過「聖雅各」之名；在接下來的安地斯世界，騎乘白馬的聖雅各也將繼續登場。

在拉斯·納瓦斯·德·托洛薩所發生的事情，為基督教徒和伊斯蘭教徒過去所保持的平衡力量，帶來了決定性的變化，收復失地運動的熱度，再度提升。卡斯提亞王國，於一二三六年攻陷哥多華、一二四八年擊潰穆希瓦德王朝的首都——塞維亞，決定了安達盧斯地區的統治權。自此之後，伊斯蘭教徒勉強能夠確保的統治範圍，只剩下格拉納達王國一處。在此次卡斯提亞展開攻勢之際，納斯里德王朝曾經提供軍事協助，作為回饋，格拉納達王國承認納斯里德王朝的統治資格。

如此看來，以八世紀伊斯蘭教徒入侵為契機，所出現的三個不同宗教文化「共生」的狀態，或許會帶給讀者一個印象——隨著收復失地運動前線的成形，共生局勢因此中斷。的確，收復失地運動的高潮，強化了基督教狹隘的思想意識，也就是將自我文化的優越性置於絕對的高度，在宗教上絕不認同他者的存在。然而，這種排斥異文化民眾的力學，並未立即發揮作用。在日常生活的領域上，為了調整屬於不同宗教文化的共生狀態，曾經嘗試過各式各樣的努力。舉例來說，在十三世紀編纂的法典中，認同如此的共生狀態，就是一項證明。

共同生活的人們

◎《七章法典》

就算在知識的領域上，能夠充分理解「共生」關係的概念，但是在民眾所生活的日常世界中，又是如何？關於收復失地運動發展的結果，以及被基督教世界所包圍的猶太人和穆斯林所身處的境地，能夠從饒富興味的這部史料——《七章法典》（*Siete Partidas*）之中，窺知一二。這部法典，是卡斯提亞王國的「賢王」阿豐索十世，為了統一王國內的法治，於十三世紀中葉編纂而成。在該法典的第七部的「刑法」章節中，記有「關於猶太人」、「關於伊斯蘭教徒」之條項，詳細地敘述在收復失地運動的巔峰時期，該如何對待異教徒的內容。

首先，關於猶太人的部分，規定於《七章法典》第二十四條中，首先，將猶太人定義為必須遵從「摩西律法」，固守戒律的信徒。猶太人過去雖然被賦予「神之民」的榮譽，但是猶太人羞辱耶穌基督，將耶穌逼上死路，因而喪失了所有的名譽和特權，就連擁立國王的權力也被禁止，被迫成為四處流亡之民。雖然禁止猶太人站在統治基督教徒的立場，或是就任基督教徒的上級職位，不過只要猶太人不去擾亂基督教徒的宗教生活，保持平穩寧靜的狀態，就能夠繼續生活在基督教社會之中。倘若猶太人做出將基督教徒拉進自己宗教圈的行動，將會被判處「死刑」和「沒收全財產」的嚴厲刑罰。另外，改信猶太教的基督教徒，也會被判處死刑。在共生架構下對其他宗教展示寬容的大前提，是三個宗教各自認定，自己處於絕對性的優越地位之上。因故，最為憎惡的是，信徒脫離自己的宗教圈，進入其他的宗教領域。

實際上，在現實世界中，各宗教之間在棄教、叛教後再度回歸的現象，即使是在收復失地運動日益呈現出嚴厲的宗教戰爭樣貌之後，還是可以頻繁地看見。例如在穆斯林和基督教徒以武力對峙的「前線」，安達盧斯的伊斯蘭教勢力，為了吸取基督教徒軍隊在軍事技術上的優越性，積極地拉攏內心對於戰時論功行賞懷抱著不平、不滿情緒的異教徒士兵（基督教徒）。結果，許多基督教徒的戰士們，被伊斯蘭教方面所提供的優渥獎賞所誘惑，輕易地踏入了異文化邊境的界線。根據研究伊比利半島中世紀歷史的著名學者伯恩斯（Robert Burns）的說法，這個時期，在伊斯蘭教、基督教和猶太教各個宗教之間的改信，信徒們來來去去的選擇，是很有可能發生的事情。

正因為如此，《七章法典》中加入條例，嚴格限制基督教徒與猶太人的接觸。基督教徒不得與猶太人共同用餐、一同入浴，也不可飲用猶太人釀造的葡萄酒，以及攝取猶太人所開的藥劑和瀉藥。此外，基督教徒的女性，被視為「神之新娘」，因此猶太人男性要是與基督教徒女性發生性關係，等同死罪。

在法典上，還提到了日後思考猶太人歷史時不可忽視的內容：「聽聞猶太人有意想要侮辱救世主耶穌基督的受難紀念日（聖周五），將孩童擄掠來綁在十字架上。若是擄掠不到孩童的時候，就製作蠟像人偶，將之釘在十字架上處以死刑。」如果在王國內發現這般行為，相關者必須到國王面前接受審訊，倘若屬實，將適用死刑。這項「孩童的模擬釘死刑罰」，又被稱為「儀禮殺人」，在兩百年後，成為發布猶太人放逐令，將猶太人驅逐出伊比利半島的導火線，同時也是基督教徒所捏造出的猶太人代表性形象。

《七章法典》的內容，雖然帶有對於猶太人存在於國內，有所「不愉快」的筆觸寫成，但在另一方面，卻

猶太人的徽章 猶太人被強迫在胸前別上識別的徽章。

也可以看出他們願意「忍耐」，允許猶太人繼續生活在基督教社會中的雅量。例如猶太教信仰的據點——猶太會堂的存在，即便禁止建造新的猶太會堂，但是基於該處是讚頌「神之名」的空間，既有的會堂在保護的範圍之內，禁止基督教徒的毀損行為。關於後來成為迫害猶太人根本原因之一的「安息日」，「星期六是他們從事禮拜之日，不許將他們傳喚或是帶往法庭」，允許猶太人安靜地度過這一天。儀禮殺人的嫌疑，要在國王面前接受審訊的規定，也被認為是為了阻止猶太人無故，或是基於傳聞而受到迫害。

法典的第二十五條，則是有關伊斯蘭教徒的內容。伊斯蘭教徒所信奉的宗教，被定位在愚劣的位置。但是基於法律的基本精神，與對待猶太人相同，只要不對基督教社會帶來傷害、惡行，伊斯蘭教徒的生活安全及財產，都受到法律的保護，嚴禁基督教徒做出侵害。除此之外，神厭惡強制和暴力，若能向這兩支異教徒以適當的演說、口語傳教等方式，使其改信基督教，可說是實踐了神的本意，非常地推薦與鼓勵。前文曾提到伊斯蘭教徒的齊米傳統，或許也可以說是由基督教諸王所承繼了下來。

雖然將他者視為低劣的存在，但是只要不加以危害，在生活和精神上保持一定的距離，還是會提供他們在生存上的保障。就算是懷抱著讓異教徒改信自己宗教的終極目的，也是在信賴對方智識能力的基礎上，以「對話」的方式推展。《七章法典》所顯示出的，便是對異教徒維持距離感的「三文化共生」的基調。法典的內容，是否真的反映在現實世界，雖然已不得而知；但是，倘若這種忍耐著「矛盾」、願意接受這種不確定狀態的精神，可以被稱為「寬容」的話，那麼這種寬容的精神，就潛伏在這部誕生在十三世紀，管理實際利益與實務世界的法典書籍之中。

◎傳教與改信

在《七章法典》中所展現出帶有緊張感的共生精神，在異教徒對峙的現實世界中，徹底發揮的時刻，就是「傳教、改信」的局面。中世紀的伊比利半島上，方濟各會（Franciscans）與道明會這類的修道會，站在傳教事業的前線。數個世紀後，在「新世界」向印地安人傳教的事業中，也處於核心的位置。在此，筆者想要先針對，特別是在十六世紀以後，在安地斯世界中成為向印地安人傳教的機動力——道明會，來做介紹。

相對於被千年王國主義所刺激，狂熱推展傳教事業的方濟各會，道明會的傳教士，保持較為智識、理性的態度，嘗試與異教徒進行對話。他們所擁有知識力的背景，便是當時正在歐洲興盛的大學高等教育。他們在大學內鍛鍊培養論理、辯論的能力，並以此為武器，用語言迎接異教徒的挑戰，甚至還說服了伊斯蘭教充滿智識的領導者。道明會傳教士的代表人物，即為雷蒙・德・培亞佛（Raimundo de Peñafort）。

雷蒙是一位偉大的法學家，曾坐到道明會總長的位置，為了向伊斯蘭教徒與猶太人傳達福音，而辭去道明會總長的職務，獻身於傳教、對話的現場。以「甜美且富含邏輯、道理的言論說詞」為媒介，說服並吸引異教徒的雷蒙，據說成為伊斯蘭教徒們口中「唯一的避難所」，贏得信賴。對於傳教士們在傳教時所秉持的態度與方針，他傾向理解當地的習慣，穿上傳教對象的傳統服裝，融入於當地社會，減少在公眾場合與對方爭論，避免「殉教」的危險。

有關道明會傳教方式的特徵，還可以舉出一點——學習他者的語言。換句話說，為了實踐傳教士與異教徒之間，能夠在深奧的神學上進行對話，在傳教士語言學校設備的設置上，整備齊全。學者伯恩斯曾經以瓦倫西亞地區為中心，針對道明會系統下學校營運的狀況，進行考察。根據伯恩斯的考察結果，至十三世紀末為止，以瓦倫西亞為首，道明會還在巴塞隆納、哈蒂瓦、莫西亞地區設置學校。阿拉伯語的學校，約要花費二至三年的時間學習，修習結束之際，實行街頭傳教的測驗，通過後便能獲得認可的資格證書。

這種以對話為基礎的道明會傳教活動，實際上可以從莫西亞地區與道明會傳教士接觸過的穆斯林，其所進行的談話內容中，獲得更進一步的理解。這位穆斯林遇見的，是在教會中學習的聖職人員團體。這些人「是為信仰而生，專心致志於研究之中，特別是埋首於伊斯蘭學的研究，以及翻譯事業，將知識翻譯為他們所使用的語言……。他們的目的，是透過與穆斯林的對話和辯論，將弱者拉攏至他們的信仰圈內」。他（穆斯林）認識團體中一位出身馬拉喀什的傳教士。這位能言善辯、學識淵博，又能夠保持沉穩、冷靜的態度論述道理的傳教士，不只是精通阿拉伯語，還通曉《可蘭經》和文學領域的知識。穆斯林想起曾與他對話的印象，深有感觸，認為他是一位擁有自制力，又充滿豁達精神的傳道士。誕生於中世紀伊比利半島歷史中的寬容文化，切切實實地存在於這位傳教士的精神與思考之中。

共生的終結

◎猶太教改信者問題與血統思想

然而，到了十四世紀末，於本章開頭曾提及，在塞維亞發生的反猶騷動，成為基督教與異文化相處方式變化的契機，重心逐漸從「對話」轉移到「強制力」的行使。其結果，導致猶太人與伊斯蘭教徒問題，發生根本性的變質，其中最大的變化，就是出現「猶太教改信者問題」。因反猶騷動的蠻橫行徑，許多暴露在威脅之中的猶太人，因此選擇改信基督教，被稱為「猶太教改信者」（converso）。如此的狀況，為猶太人社會帶來了巨大的龜裂。從該時代史料的斷簡殘篇來觀察，可以窺見當時的社會樣貌。一四四三年，居住在亞拉貢地區的猶太人遺孀，在遺囑上留下，將把自己的遺產留給「兩位基督教徒的兒子、三位基督教徒的女兒以及兩位猶太教徒的女兒」。在後反猶騷動的時代，夫婦或是兄弟之間的關係，可能因為這兩個宗教的緣故，而切斷了彼此的聯繫。

另一方面，又被稱為「新基督教徒」的猶太教改信者們，也一步接著一步貪心地開發和嘗試，在改變信仰後，可能得手的利益和地位。反猶騷動發生之際，成為爭議問題的，是猶太人的「宗教」，而不是猶太人的「血統」。因此，當猶太人們捨棄先祖教誨的同時，反過來說，他們也獲得了與基督教徒同等的社會權利。在《七章法典》中，禁止猶太人站在統治、管理基督教徒的立場和職位；如今，當猶太人成為基督教徒之後，便逐漸地往國家、都市和教會等各式各樣的公職領域發展。擁有豐厚財源的猶太教改信者們，購買都市參議會（cabildo）的職位，掌握行政權；在天主教教會之中，他們也正爬上高階神職人員的階梯。最著名的例子，是猶太名薩洛蒙．哈雷維這號人物，生長於代代從事稅吏的家庭之中，年紀輕輕就成為當地首席的拉比（猶太教的神職人員，rabbi），可以說是確立起卡斯提亞猶太人代表的地位，後來改信基督教，經過洗禮後獲得基督教的名字——巴布羅・德桑塔・馬利亞，在教會的階級制度中逐漸爬升，最後當上布哥斯主教，甚至成為教廷使節。另外，活躍於金融界、醫療界的猶太教改信者，也十分地引人注目，他們透過婚姻，混融進入貴族階層之中。不過，容易想像出的是，在猶太教改信者急速提升社會地位後，因為他們投機取巧的緣故，而感受到政治、經濟機會被剝奪的舊基督教徒們（代代以身為基督教徒而自豪的信徒們），當然也就心存憤恨。

◎血統純正的概念

舊基督教徒內心的憤恨，就在一四四九年，從托雷多城市一舉爆發出來。當時卡斯提亞國王胡安二世（Juan II de Castilla）的寵臣——阿爾瓦羅・德・盧納（Álvaro de Luna），進入托雷多城內，為了調度戰爭費用，要求徵收臨時稅金，引起托雷多居民強烈的反彈。居民們深信，徵收稅金的背景，是由托雷多城內富裕的猶太教改信者商人們所策動的計畫，因此襲擊商人，奪取財產，在猶太教改信者富商的居住地區內恣意掠奪。

在這場暴動的混沌局勢中，托雷多城內的舊基督教徒領導階層制定了「判決法規」，宣告猶太人的問題，已經從原本的「宗教」要素變質為「血統」要素。換句話說，這部法規質疑猶太人改信基督教的真實性，認為他們在社會地位上的爬升與發展，是試圖顛覆舊基督教徒社會的陰謀之一。「判決法規」可以說是政治意識形態萌芽的象徵，讓後來的西班牙發展為帝國的特徵之一。基於一連串單純的公式——猶太教改信者＝猶太人＝違反社會常識的存在，在托雷多管轄的區域內，規定在所有公家機關的職位上，開除猶太教改信者的職員。以一部法規所開展出的思考方式，成為貫徹十六世紀以後西班牙帝國「血統純正」的概念。

十五世紀中葉，以托雷多為開端所推展的排除異文化思想，正一步步地在伊比利半島上蔓延擴散，並且製造出意圖支配民眾心靈的國家機器，也就是下一章將要討論的「異端審問」，甚至成長為一種意識形態，不只是穆斯林和猶太人，就連新世界的原住民們，也一同被捲入這場風暴之中。

1　「Santiago」是聖雅各的西班牙文。自十二世紀起西班牙人將穆斯林勢力逐出伊比利半島時，便已開始使用當作作戰口號。

2　「Falconet」，屬於輕型的加農砲，又譯為隼砲。

第四章

排除異己的思想——異端審問與帝國

異端審問判決的結果宣讀　經過審問的結果，許多猶太人被處以極刑（火刑）。館藏於普拉多美術館。

西班牙國家的誕生

◎隱性猶太教徒

「黃金世紀」、「日不落國」等華麗的社會形象，為西班牙帝國添加許多絢麗的色彩；但倘若說到帝國的陰影部分，勾起世人們負面印象的源頭之一，就是「異端審問」。嫉妒西班牙在政治、經濟上綻放光輝的西歐各國，捏造「黑色傳說」（Black Legend），展開攻訐之事，相信已是眾所周知。在這些黑色傳說中，被拿來作為材料的，便是西班牙人對印地安人和土地所做出的破壞行為，以及體現出宗教冷酷、殘忍性格的異端審問，成為突顯西班牙國家低劣性格的象徵。混融著多元文化的要素，被謳歌為世界寶石的西班牙中世紀世界，在近代以後的帝國發展過程中，實際上究竟是什麼樣貌？對此，筆者希望能透過這個約與近代西班牙國家誕生的同時，啟動異端審問體制的歷史，來觀看十六世紀西班牙社會的諸多面相。

十五世紀中葉，在以「血統純正」的概念為基礎，孕育出排除異己的規定過後不久，伊比利半島上關於異教徒所發展出的問題，雖然暫時處於沉寂的狀態，但是在這期間，卻也加強了民眾憎惡猶太人血統的發酵程度。

在這個時期，西班牙文出現了「judaisante」這個語詞，意思是隱性猶太教徒（隱藏自己是猶太教徒身分的人）。換言之，教會方面的人士和民眾，開始質疑猶太教改信者（改信基督教的猶太人）們會偷偷地回歸猶太教的惡習。表面上，舊基督教徒們若無其事地面對猶太教改信者，私底下則是四處嗅聞他們身上的猶太人氣味。舉例來說，關於猶太人的「氣味」，當時編年史的作者之一貝魯納魯德斯（音譯）記錄如下：他們料理洋蔥和大蒜，由於忌諱使用肉的關係，以植物油取代豬油烹調。因為這個緣故，他們的嘴巴非常的臭，家中和門口也都散發出惡臭。猶太教改信者因為難以捨棄猶太教的習慣，果然也是擁有同樣的臭味……。猶太教在飲食的規定上，十分細密嚴格，有鱗、鰭的魚類可以食用，但是甲殼類和魷魚、章魚等海洋生物則是被視為不潔之物；動物方面，牛、羊、雞等分蹄、反芻的生物屬潔淨之類，豬則是屬於不潔之類，禁止食用。

如同上述，帶有強烈偏見的猶太人印象，日益增加。他們奸詐狡猾的運用小聰明，喜孜孜的累積財富，絕對不會去揮汗耕作。他們是以色列的後裔，以身為世界上最優秀、聰穎的民族而自傲、自滿……。在如此反猶主義情緒沸騰的結果之下，誕生的制度就是「異端審問」。

◎恩里克國王與猶太人

異端審問誕生的背景，是西班牙在十五世紀下半葉的國家體制歷史上，發生劇烈變動的時刻。胡安二世於十五世紀初即位，自此之後，握有權勢的貴族們開始動搖國王的權力；到了十五世紀中葉，胡安二世的兒子恩里克四世（Enrique IV de Castilla）上任後，反對新國王的貴族們，支持恩里克四世同父異母的妹妹——伊莎貝拉一世（Isabel I la Católica）作為王位繼承人，另一個派別則是推舉恩里克四世的女兒胡安納。這兩個派別的對立抗爭，促成伊比利半島上的內亂局勢。

恩里克四世被冠上「無能者」（the Impotent）的不雅綽號。這項不名譽的稱號，被認為是在內亂後即位的伊莎貝拉陣營，因為只能夠確保住王權十分脆弱的正統性，而由編年史家捏造出恩里克四世的不雅稱號，藉以強調上一個王權的腐敗以及非正統性。除此之外，也有人主張恩里克四世有性傾向上的問題，犯下「邪惡之罪」，耽溺於男色之中；因故，成為王位繼承者的女兒胡安納，並不是恩里克四世的親生女兒。有趣的是，先不管國王喜好男色的傳言真偽，這種性向上的印象，正好成為可以將恩里克四世國王與「宗教少數派」兩者，連結在一起的支點。

有人揶揄恩里克四世是「伊斯蘭文化的愛好者」。據說恩里克四世在走路和吃飯時的動作行為，都帶有伊斯蘭風格。此外，批判者們還攻擊國王面對猶太人和猶太教改信者的「寬大」。實際上，他的確是重用猶太人，擔任御醫、法官或是稅吏的職務。不過，將猶太人分配到宮廷周邊的重要職位，絕非是恩里克四世獨創的配置。在此之前的國王，就連在下令將猶太人驅逐出國土的天主教雙王周邊，猶太人擔當重職，也是非常普通的現象。

如果要舉出例子，說明恩里克四世特別照顧的猶太教改信者，那就是迪亞哥・阿里阿斯・達維拉（音譯）。迪亞哥原為猶太教徒，是出身貧困的走賣商人，後來一夕致富，以王室稅吏的身分執行冷酷的收款工作，累積自身財富。他進入宮廷之後，快速登上升官的階梯，成為王室會計官、王室顧問會議的成員，並獲得恩里克四世最深厚的信賴。當時迪亞哥在卡斯提亞的財富與名聲，可說是位於首屈一指的地位，但是卻成為眾矢之的，惹來嫉妒和仇視，在民謠中被侮蔑為「喜好男色的大富豪」，或是被稱為人民的吸血鬼，受到眾人憎惡。達維拉家族的成員，我們將會在後文，繼續看見他們的名字。

關於恩里克四世和猶太教改信者之間的關係，可以確定的是，在恩里克四世的宮廷之中，與異教徒之間維持寬容和善的共生氛圍，是被認可的舉止。有一位聖熱羅尼莫（San Jerónimo）教會的傳教士，名為阿隆索・奧羅佩薩（Alonso de Oropesa），當時在宮廷中擁有非常大的影響力。他主張，有必要秉持著寬容的精神，不厭其煩地向異教徒傳教，使其改信基督教。另外，他否定要將猶太教改信者踢出公職領域的風潮，同時也批判社會上對猶太教改信者毫無根據的誹謗中傷行為。奧羅佩薩傳教士認為，新舊基督教徒必須團結一致才行。

有一則有趣的小故事，足以傳達出宮廷的這番氛圍。某一天，一位熱衷於攻擊猶太教改信者的方濟各會教士，在國王面前誇下豪語表示：「自己擁有一百件以上，接受過割禮的猶太教改信者少年們的『證物』。」這位傳教士堅持，改信基督教的猶太人們，仍舊固執地堅守猶太教割禮的秘密儀式。對此，恩里克四世露出不悅的神情，向傳教士說：「那就實際拿來看看吧。」結果，這位反猶太主義的人士當然是無法拿出物證，國王命令奧羅佩薩，要好好地施行教育，使之反省，這種以毫無依據的材料，攻擊猶太教改信者的錯誤行為。

雖然恩里克四世本身，據說也曾經策劃獨特的異端審問制度構想，不過在國王的身邊，還是充滿著希望繼續維持中世紀共生特徵的氛圍。儘管如此，在西元十五世紀下半葉的時代背景，這種態度卻被「無能者＝非男性的存在＝宗教上的弱者」這一連串帶有負面價值的圓環所扣住，封印在原處，無法向外發展。

◎阿維拉的鬧劇

內亂發生期間的一四六五年，在西班牙中部的阿維拉，發生了一件事情，讓王權的墜落成為決定性的局勢，以「負面的圓環」展現在世人面前。後世將之稱為「阿維拉（Ávila）的鬧劇」，一場非常奇妙的演出。之所以被稱為一齣鬧劇的原因如下：即便是在恩里克四世尚在人世的時期，還特地製作擬似國王的人像，作為戲劇的主角，上演送葬典禮，以及新任國王即位的儀式。設置在阿維拉城牆外部的舞台上，以木頭製成的國王人像就端坐在王座上。木頭人像上配戴著王冠、神板以及寶劍等象徵王權的配件。不久，反國王派系的大貴族宣讀國王的罪狀，並一個個地去除木頭人像上「王權的象徵」配件。最後，木頭人像被踢下舞台，喚來新任國王阿豐索上場，進行即位儀式。

現任國王恩里克四世，當時就生活在距離阿維拉不遠的薩拉曼卡，所以上演的內容當然是一場虛構的鬧劇。不過，我們在同一時代的安地斯社會，也可以看見類似的場景。在印加國王的「擬似肖像」（*guaouke*）裝上國王的毛髮和指甲，作為代理人現身於戰場，又或者是作為生者和神祇之間的媒介——木乃伊，出現在印加的首都庫斯科。橫跨新、舊兩個世界，在關於王權的議題上發現思考的連結點，實在是十分地有趣。

這場鬧劇中關於「性」的要素，其實在背後緊密連結著政治性的意涵。當恩里克四世的人像被踢下舞台時，貴族們揶揄國王喜好男色的性向，眾聲叫罵「去吃土吧」。此外，研究家族史的學者維斯伯格（音譯），也針對戲劇內容提出非常耐人尋味的解釋，他認為從國王人像身上剝奪神板和寶劍，等同於藉由去勢，將國王加以「女性化」的象徵行為。這或許也會讓讀者們想起，阿塔瓦爾帕俘虜卡斯瓦爾後，將瓦斯卡爾穿上女裝以示羞辱的故事。無論如何，這位被剝奪男性象徵、被矮化的恩里克四世國王，與之形成對比，屹立在歷史舞台上的，則是「公主」伊莎貝拉一世。

◎伊莎貝拉一世與斐迪南二世

在鬧劇之後，原本應該坐上王位的阿豐索驟逝。擁護伊莎貝拉一世派系的人馬，為了牽制反對派，尋求後盾，進而策劃公主與亞拉貢聯合王國的王子斐迪南二世（Fernando II de Aragón）聯姻，計劃於一四六九年實現。正如西班牙史學家關哲行所指出的一般，這場政治聯姻，可以說是為雙方——內亂頻繁、局勢不安定的卡斯提亞王國，以及當時面臨嚴重經濟危機的亞拉貢聯合王國——提供轉機，並且將十四世紀下半葉以來推進的強化王權政策風潮中，提升到更高的層次。一四七四年，恩里克四世國王逝世後，伊莎貝拉一世便立即在塞哥維亞宣布即位。

有趣的是，這場登基儀式，與阿維拉的鬧劇形成了鮮明的對比。即位國王的伊莎貝拉一世在塞哥維亞的城內緩步行進。當時，眾人所注視的焦點，是隊伍前方高舉的「從劍鞘拔出的寶劍」。如同阿維拉鬧劇中所顯示的，寶劍正是「男性」的象徵，據說在擁擠的觀禮人潮中，有些民眾訝異地表示：「本來應該是夫君要配戴的東西，卻由妻子這邊來展示，實在是有欠思慮。」在編年史作者們，描繪伊莎貝拉一世當上卡斯提亞女王之時的記錄，則是被後世認為，他們的筆觸似乎是想藉由強調伊莎貝拉一世的「雄壯」，來恢復在恩里克四世統治時期，王國所喪失的「男性」性格。

被污名化的先王恩里克四世，在對照之下，值得注意的是一四九七年八月，天主教雙王在梅迪納．德．爾坎波（Medina del Campo）所發起，將「貪好男色之行為」定下「嫌惡罪」的罪名。對於如此「違反自然」、應當予以避諱的行為，卻只判處寬容刑罰的現狀，天主教雙王感到十分地憂心，因而發出命令，今後犯下「嫌惡罪」的人物，必須被燒死在烈焰之中。如同我們將會在後文提及的內容，這項極刑同時也適用於隱性猶太教徒。其中所隱含的觀念是，喜好男色者與猶太人這一類違反社會常規的存在，已經成為必須在土地上燒毀淨化的罪惡。

然而，在另一方面，長期處於混亂局勢下的卡斯提亞民眾，想必是十分期待強大且安定的王權。藉由與斐迪南二世所實行的共同統治，女王強勢的形象，加上她堅持推動的諸項政策，可以說是回應了民眾們的期待。面對內亂時期覬覦卡斯提亞王權的葡萄牙，女王在托羅之戰中取得勝利，締結《阿爾卡索瓦什條約》（*Treaty of Alcáçovas*），協議和平。這個時候的卡斯提亞王國，正式取得加那利群島的領土權。在那之後，加那利群島成為西班牙向美洲大陸發展時，十分重要的中繼基地。

◎由各王國所組成的西班牙

在兩國統治者的聯姻下，西班牙國家就此誕生。不過，卡斯提亞與亞拉貢這兩個國家，從中世紀以來所維持的國家體制和經濟系統並未被改變，因此，即使說是西班牙國家，也是兩個不同的國家體制，因為統治者結婚的關係，而緩慢地整合在一起。從他們在敕令的署名上，可以看出統合的特殊性。關於前文所提「嫌惡罪」的國王命令內容，開頭如下：「斐迪南男士和伊莎貝拉女士，因神之恩寵，為卡斯提亞、雷翁、亞拉貢、西西里、格拉納達、托雷多、瓦倫西亞、加利西亞、馬約卡島、塞維亞、薩丁尼亞、哥多華、科西嘉、莫西亞、哈恩、阿爾加維、阿爾赫西拉斯、直布羅陀、加那利群島的國王、女王……。」由此可見，西班牙的王權，是在統合各個已被定義為「王國」範疇的地域之後，所形成的概念。這個稱號的形式，也被後來的國王們所繼承下來，由各個王國所組成，緩慢統合的聯合體制，持續地雕塑出西班牙國家的性格。此外，伊莎貝拉一世在卡斯提亞的鄉鎮市地區，導入聖兄弟會（Santa Hermandad）的組織，執行警察的權力；在各個都市中，直屬於國王的官員——縣長（corregidor）常駐當地，設法讓「強而有力的王權」滲透進入領域之內。特別是這個名為「縣長」的官職，後來也導入美洲，成為殖民地後期動亂的根本原因，詳細情況將於後文敘述。

事實上，卡斯提亞與亞拉貢這兩個王國的力量關係，並不是均等的狀態。在中世紀晚期，亞拉貢王國作為一個商業帝國，稱霸地中海地區，出口紡織製品獲得利潤，後來因為在與熱那亞（Genoa）的霸權爭奪戰中敗北，明顯地走向衰頹的局面。另一方面，卡斯提亞王國在擁有獨占、壟斷性質的牧羊組織「美斯塔」（Mesta）統制之下，

天主教雙王　卡斯提亞女王伊莎貝拉一世和亞拉貢國王斐迪南二世。位於格拉納達王室禮拜堂。

從北非引入的新品種——美麗諾羊（Merino），為了牧草，夏天在伊比利半島北部，冬天則遷移至半島南部，養得豐腴又肥美，完全無視農民們的哀嘆，年年旁若無人的縱斷伊比利半島。羊毛產業成長為卡斯提亞的重要基礎產業，因為出口事業而與北歐市場建立緊密的連結關係，繁盛興隆。

在領域面積上，卡斯提亞是亞拉貢的四倍，人口則有五倍之多，國力方面更是明顯地勝過亞拉貢。因為這個緣故，在王國統合之後，天主教雙王的權限，雖然在基本上是處於對等的原則，但是彼此所負責的領域卻有

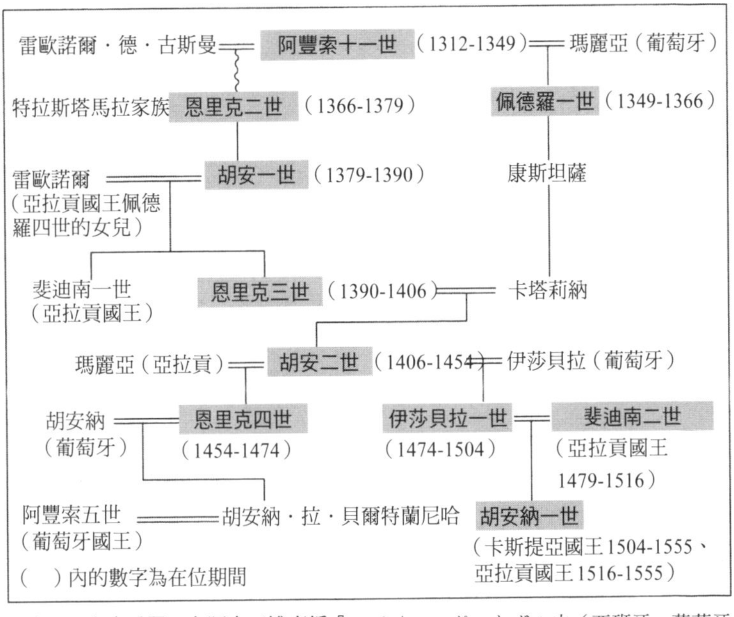

西班牙王室家系圖　參照立石博高編『スペイン・ポルトガル史（西班牙・葡萄牙史）』（山川出版社，2000年）一書內容所製成。

非常明顯的差異，例如其後將被西班牙納入帝國內的美洲新世界，對於人民和財富方面的支配權，便是由卡斯提亞所獨占。

儘管如此，特別值得一提的是，對格拉納達王國發動軍事攻擊，以及西元一四七八年將異端審問導入國家體制之內的決策，可說是天主教雙王在歷史上共同的業績。當時的格拉納達，是擁有三十萬人口、富裕的伊斯蘭王國。這場軍事攻擊帶有十字軍對抗異教徒的性格，在進攻重要據點馬拉加之際，屠殺了許多伊斯蘭教徒，好不容易生存下來的民眾，不分男女，全都淪為奴隸。但是在另一方面，中世紀所規定對待異教徒的庇護思想，仍然存在於社會的內部。

一四九二年一月，天主教雙王兵不血刃地進入格拉納達城，在格拉納達最後的國王博阿布迪爾（Boabdil，即穆罕默德十二世，Muhammad XII of Granada）交出阿爾罕布拉宮（Alhambra）的鑰匙之時，格拉納達王國也迎來了終結的時刻。能夠如此平靜降伏的前提，是因為兩方已經締結了協定書，約定伊斯蘭教徒得以維持過往的習慣、法律和宗教，在動產、不動產等財產上也受到保障，並且允許使用阿拉伯文和穿著阿拉伯風格的衣裝，伊斯蘭教的寺院也能夠繼續存在。總算可以從中看見，十字軍精神與中世紀共生精神的混融。但是，就在不久之後，這兩種精神平衡的狀態，開始明確地往某一方傾斜。

在猶太教改信者的問題上，也是呈現同樣的狀況。如同前文所提的奧羅佩薩一般，「對話派」的人士們，信任改信者們在宗教上的誠實，藉由說服弱小的猶太教改信者，思考作為一位嚮導的職務與責任；另一方面，「淨化派」則是跟隨著民眾怨念的潮流，憎惡新基督教徒的發展與成功，認為懷疑信仰者，也就是猶太教改信者的存在，正毀壞著基督教社會的統合性，因而必須加以排斥驅逐。「淨化派」的人士，呈現持續增長的趨勢。

首先竄出淨化火苗之處，果然還是安達盧西亞這塊土地。

排除異己的思想

◎宗教裁判所的誕生

流經塞維亞市內的瓜達奇維河，可說是連結新、舊兩個世界大動脈的起點，在瓜達奇維河的河畔，有一處被稱呼為「宗教裁判所（La Inquisicion）小巷」的街區。曾經住在這個街區附近的筆者，經常路過此處，那是一個充滿河畔濕潤的空氣，由低層建築物所圍繞出的閑靜空間。這個地方是西元一四八〇年，在西班牙最早開始施行異端審問的場所。不過，筆者也是在回國後，開始學習這一個時代的西班牙歷史之後，才驚覺這項事實。

在面對猶太教改信者的問題上，天主教的兩位國王基於強硬派的壓力，於一四七八年，向羅馬教宗西克斯圖斯（Pope Sixtus IV）提出設置異端審問機關的要求。接收到這項請求後的同年十一月，頒布教宗詔書，在塞維亞管轄區域內，將負責從事審問與調查的二至三名聖職人員任命權，賦予天主教雙王。詔書中還認可，若是順應需要，也能夠將範圍擴大至其他區域。依據這部詔書的內容，其後為期約三百五十年的時間，不只是在伊比利半島，只要是生活在西班牙帝國領土內的世界各地民眾，持續監視並對他們的信仰和思想內容立下判決的機構——宗教裁判所，正式誕生。

一四八〇年，由兩名道明會教士擔任審判官，展開的異端審問，隨即針對取締塞維亞的隱性猶太教徒，付諸行動。翌年（一四八一年）對六名回歸猶太教的猶太教改信者，執行最初的死刑。應該留意的是，所謂的宗教裁判所，是為了起訴那些「曾經依歸神聖基督教教義，卻在意識上有所脫離和偏向的信徒」，而設置的機關，至於那些停留在猶太教世界裡的人們，此時並不在審問的對象範圍之內。

起訴活動迅速地擴展開來，光是一四八一年春季，就已經有一百個人因此喪生。以塞維亞地區為首，審問異端者的規模日漸擴大，至十五世紀末為止，在西班牙全境，宗教裁判所的設置，便高達二十六個地區。早在中世紀的亞拉貢，便已經存在異端審問，不過當時是屬於教廷所組織，以教宗為主體的制度。天主教雙王策劃，必須將異端審問確立為國家的制度。結果，設置宗教裁判會議，稱為「蘇普列瑪（音譯）」，為負責掌管國事的顧問會議之一，主宰會議的最高長官擁有各地宗教裁判所審判官的任命權。如此一來，將異端審問的實質權力掌控在手中的天主教雙王，也將之作為重要的政治手段，加以利用。正如前文所示，由天主教雙王所共同統治的西班牙，不過是將各個保有不同法律和習慣的地區，緩慢統合在一起的經營；在卡斯提亞．亞拉貢各地所創立的宗教裁判所，帶有統一的法制和人員組織，成為少數足以均質統治全國的國家機關。

流經塞維亞市的瓜達奇維河　右側可以看見的建築物，被稱為「黃金之塔」。筆者攝影。

宗教裁判所起訴的對象，不只是生者。早已仙逝或是逃亡至其他土地的人，也會依據法則受到裁罰，一旦確定有罪，會將死者的遺骸從墳墓中掘起，施以暴行，或是將逃亡者的

「擬似人像」丟入烈焰之中。前文曾提及「一夕致富的猶太教改信者」——迪亞哥．阿里阿斯．達比拉，在死後與全家人一同成為異端審問的懷疑對象。迪亞哥的兒子佩多羅（音譯）自年幼時期便隨侍在恩里克四世宮廷中，曾擔任過數個軍事要職，最後在內亂中喪生。佩多羅的弟弟是塞哥維亞主教弗安（音譯），同時也是國王顧問會議的成員，可以說是女王的重要左右手，總是跟隨著女王的行動，同進同出。

儘管如此，就算是和王室維持著如此親近關係的人，在女王本人所引進的異端審問制度之下，依舊無法逃過劫難。一四八六年，當塞哥維亞市設立宗教裁判所後，迪亞哥全族立即被列入嫌疑犯的名單之內，懷疑迪亞哥夫妻在改信基督教後，暗地裡仍然實踐著猶太教的儀式和習慣。被女王棄之不顧的主教弗安，用盡所有方策，最後決定帶著手中所有的財產，打算直接向教宗陳情。據說，他是先將墳墓中父母的遺骸挖出並隱滅之後，才動身前往羅馬。這項舉動，被認為是，弗安為了消滅採取猶太教形式舉辦父母葬禮的痕跡所致。弗安最後死於羅馬。這位在塞哥維亞最早引進印刷機器，在西班牙推進搖籃本（incunabula）[1]的出版與發行，可以說是文藝復興初期人物的主教，將所有的遺產都留給了兄長的兒子——佩多拉里亞斯。可以從猶太教改信者的系譜連結上找到佩多拉里亞斯，正是後來在安地斯社會征服行動的起點上，發揮作用的人物。

在異端審問誕生的背景上，猶太教改信者問題的存在，可說是毫無疑義。實際上，在一四八一年以後，因為許多新基督教徒被處以極刑，而引發嚴重的後果，也是無庸置疑的事實，但是關於其中的內涵和意義，至今並非所有的研究者們都抱持著一致的見解。接受審判的猶太教改信者們，幾乎都回歸到猶太教了嗎？所謂的猶太教改信者，只是名義上的基督徒，實際上與猶太教的教義、信徒們維持著緊密的聯繫紐帶，有學者認為，被送上宗教裁判所的他們，簡直就是猶太教的殉教者。另一方面，則是有學者表示，猶太教改信者問題的本身，其實不過是一種幻想，新基督教徒們全都是徹底的改信者，所謂的「隱性猶太教徒」，是猶太教的敵對者所揑造出的假象。換句話說，異端審判殘害無辜，讓改信者平白受罪。

至於近年來的主張，則是傾向說明民眾在宗教實踐「光譜」上的觀點，捨棄在宗教實踐「純粹性」上的明確劃分，指出猶太教改信者在與猶太教、基督教的關係上，其實帶有濃淡、強弱的光譜現象。宗教裁判所是基於「絕對忠誠天主」的思想，去審判人們面對宗教時的多種對應方式。在此，筆者想先來看看，位在埃斯特雷馬杜拉地區的瓜達露佩（Guadalupe），此處可以說是象徵西班牙中世紀和近代歷史的場所之一，後來更是成為一個深深刻劃在美洲世界信仰的起源場所。

◎瓜達露佩聖母聖殿

筆者曾經前往埃斯特雷馬杜拉地區旅行。完成征服安地斯的男性們，大多出生於這個貧脊的地區，為了追求財富與名譽，而遠渡大西洋世界。筆者最想造訪的是，征服者領袖皮薩羅的出生地——特魯希優（Trujillo）。當時從安地斯世界帶回巨大財富的秘魯暴發戶們，建造的壯麗家屋羅列在特魯希優的往日風景，雖已不復見，但還是可以親眼目睹建築物上所鑲嵌，印加國王孫女美麗的側臉雕刻。這位印加王室女子，將皮薩羅家族的男性玩弄於掌心之上，最後還渡海抵達西班牙，筆者將於後文詳述。

在距離特魯希優數十公里的山中，座落著瓜達露佩聖母聖殿。十六世紀上半葉，在遙遠的墨西哥土地，祭祀安地斯大地女神的特佩亞克山丘（Tepeyac hill）上，瓜達露佩聖母在印地安人聖．胡安．狄雅哥（St. Juan Diego Cuauhtlatoatzin）的面前現身，成為後來墨西哥民眾的精神象徵。特佩亞克山丘，成為瓜達露佩聖母的故鄉。公車高速行駛經過滿是蜿蜒曲折的荒地道路後，路程顛頗的暈眩不適和疲憊之感，陣陣襲來；抵達城鎮後，可以看見眼前聳立著，以堅硬石塊堆砌建造而成，宛如要塞一般的殿堂。

在中世紀至近代的伊比利半島上，聖母瑪莉亞的信仰，成為天主教民眾宗教的核心，其中擁有最強宗教磁場的場所，就是這座瓜達露佩聖母聖殿。今日，供奉在聖殿大祭壇上的「黑聖母像」，根據奇蹟傳說，這座聖母像原本是位在塞維亞，在八世紀上半葉，伊斯蘭軍隊入侵之際，被搬運到此地，藏匿在洞穴之中。過了數百年後，正好是收復失地運動進入巔峰時期，聖母瑪莉亞現身在尋覓走失牛隻的牧人面前，聖母像因而被發現。其後，聖母像接連顯靈創造諸多奇蹟，民眾對於聖母瑪莉亞的信仰，立即擴散至西班牙全境。

與聖母像的由來也有相關，此時對聖母瑪莉亞的信仰，也與從伊斯蘭勢力手中收復失地的運動本身，緊密地連結在一起。在奇蹟傳說之中，包含奇蹟性的救援

瓜達露佩聖母聖殿　供奉黑聖母像，為西班牙聖母信仰的象徵。

故事——在與伊斯蘭教徒戰役中，救出成為俘虜的基督教徒，以及讓伊斯蘭教徒改信基督教的奇蹟故事。據說那些因為聖母瑪莉亞的庇護與加持，而脫離俘虜困境的基督教徒們，將因緊縛而深深陷進肉裡的鐵鏈碎片，敬奉在瓜達露佩聖母像的面前，包含那位在勒班陀海戰（Battle of Lepanto）中成為俘虜，後來遭到解放，寫出《唐吉軻德》而家喻戶曉的作者——塞凡提斯（Miguel de Cervantes）。

◎聖母城鎮的異端審問

西元一四八四年，宗教裁判所的審判官抵達這座聖母城鎮，對新基督教徒展開嚴厲的審問。究竟發生了什麼事？瓜達露佩聖母聖殿在當時是由聖熱羅尼莫教會所經營，在十五世紀中葉該教會最有影響力的人物，是前文所提的阿隆索·奧羅佩薩，對猶太教改信者採取寬容、和平共處的態度。但是，在這個時代對猶太教改信者的迫害，有越來越嚴重的趨勢，即便是瓜達露佩聖母殿，也無法完全地置身事外。

瓜達露佩這座小鎮，擁有奇蹟的聖母像，在十五世紀，可以說是西班牙最大的朝聖地點，甚至比聖雅各墓地所在的孔波斯特拉，更能吸引朝聖者的集聚。在急速增加的居民中，可以看見以朝聖者為顧客對象的旅館業者、工匠和布料服飾商人等。在這個小鎮中，雖然禁止猶太教徒居住，但是居民中有百分之十的比例是猶太教改信者。根據史塔爾博（音譯）詳細調查瓜達露佩的猶太教改信者及其受到迫害的實際狀況，從異端審問的過程中得知小鎮的日常生活樣貌，可以發現雖然多多少少有所爭執、衝突，但是猶太教改信者十分融入這個小鎮社會的生活。

然而，到了十五世紀下半葉，卡斯提亞發生內亂的時代，原本在兩方教徒之間所保持的平衡狀態，開始出現崩壞的跡象。在經濟上取得成功的猶太教改信者，與城鎮的統治者，同時也是教會中部分的掌權人士私下勾結，藉以確保在商業上的影響力。不管是在城鎮還是教會中，都逐漸醞釀出對新基督教徒感到不滿的情緒。西元一四八三年，新選任的教會主教，是一位反猶太教改信者的人物，局勢立即出現變化。

一四八四年十二月二十六日，瓜達露佩設立宗教裁判所。瓜達露佩聖母聖殿的主教擔任首席審查官，加上兩名通曉法務知識的審查官及檢察官，構成法庭的人員配置，即刻展開異端審問活動。宗教裁判所首先向鎮上的民眾們公布，將設定為期一個月的「恩赦期間」。在這段期間內，只要是願意坦白自己耽溺於猶太教義之行為，即予以恩准。共有兩百二十六位猶太教改信者的男女，以書面或是口頭的形式，請求赦免。同年二月，受到寬容的信徒手持蠟燭，赤著腳在教會前排隊，接受正式的赦免。

不過，宗教裁判所也大約是從這個時候，正式展開行動。他們針對在懺悔上值得懷疑的人士，進行細密的搜查活動。檢察官召喚證人，累積嫌疑者與施行猶太教儀禮的關聯與罪狀，待時機成熟後，正式起訴。嫌疑者將會被隔離在監獄之內。如此一來，猶太教改信者們便掉進了宗教裁判所的黑洞之中。在初次審問時，會讓被告人朗讀起訴書，並認可辯護律師的任命權，接著，審問官聆聽檢察官、辯護律師雙方的說詞，開始正式的審問……。

瓜達露佩的宗教裁判所在制度上仍處於搖籃期，可以說是尚未成熟的狀態，但是到了十六世紀以後，在審問的形式上則是整備地更加完全。匆匆一瞥，映入眼簾的竟然與我們既有的「盲目、瘋狂的宗教裁判」印象完全不同，實際上，異端審問是作為一個近代司法機關，踏尋確切的司法程序。舉例來說，當時已經確立起辯護人公開為被告人辯護的體制，即使辯護人是由裁判所選任，如此的體制還是非常值得注目。

然而，若是要彰顯異端審問的特異性質，可以舉出的要素之一，便是冷酷的「秘密主義」。檢察官所傳喚的證人身分，不得向被告人透露任何資訊，這當然是基於避免告發者身陷復仇危機的緣故。但是，反過來說，因為有秘密主義的庇護，對於想要一報私仇的人們而言，宗教裁判所正好是最適合展開報復的場所，諸如這類案例，經常出現。

當雙方的證詞闡述完全後，最後等待的是裁判的結果，在此之前，還會被插入一個重要的場景，那就是「拷問」。在關於西班牙「黑傳說」的脈絡之下，拷問制度，可說是異端審問中殘酷無情的代名詞。但是，拷問制度並非是異端審問中經常施行的程序，當證詞與被告人的敘述出現重大落差之時，才會採用。儘管如此，宗教裁判所還是秉持一貫嚴格的文書記錄主義，一旦刑具開始折磨被告人的身體之時，書記官們便迅速、鉅細靡遺地記錄下，關於被告人痛苦的呻吟和表情的變化。這些文書記錄，成為說明施加在異端者肉體上的國家暴力，最有力的證據。

◎審問的實際狀況

那麼，究竟猶太教改信者們的哪些行為，會成為他們被起訴的原因？在瓜達露佩，並沒有一個團體，是透過實踐共通的儀式典禮，來確立身為隱性猶太教徒共同體的成員身分。關於猶太教的教義、猶太教改信者們回歸猶太教的方式，有非常多的形式。即便是這樣，猶太教改信者與舊基督教徒之間，關於日常生活起居、餐飲禮儀，以及在教會的舉止等各個方面，確實存在著「差異」，宗教裁判所正是將這些「差異」視為異端者的舉止，並且將這些行為放大檢視，塑造為起訴的原因。在此，筆者打算透過宗教裁判所對一位猶太教改信者女性的審問，來看看有關猶太教生活的實踐狀況。

在「恩赦期間」自首的寡婦瑪莉·桑潔絲（音譯），坦白地交代出自己作為一位猶太人，遵循摩西律法的生活方式。根據她的供稱，她會從周五晚間點上蠟燭，換上清潔的衣物，並在周六的安息日，停止一切勞動工作。遵循猶太教飲食規定（Kashrut）以及重要的「贖罪日」（Yom Kippur，贖罪日為希伯來曆提斯利月（希伯來曆的七月）的第十天，必須終日禁食、祈禱）規範。反之，經常拒絕天主教所規定的斷食戒律（四旬齋，禁食為復活節作準備）。另外，在這份供稱敘述中特別值得一提的是，與猶太人之間的交際。正如前文所述，瓜達露佩地區禁止猶太人定居，但是鄰近的特魯希優城鎮上則是有猶太人的大型團體和猶太會堂，瓜達露佩的猶太教改信者與他們有所接觸。

瑪莉·桑潔絲與其他的猶太教改信者一同公開懺悔，獲得赦免後，經過了半年的時間，卻又再度被命令，出席宗教裁判所的異端審判。檢察官獨自搜集情報，提出更為嚴重的起訴事由，這些內容並未出現在當時瑪莉的供稱之中。在飲食規定上，依據摩西律法而實行獨特的屠宰方式[2]、為了度過周六的安息日，在周五準備特別的餐點、在周日辛勤地勞動、招待猶太人到家中一同用餐、捐贈油品給特魯希優的猶太會堂、曾聽丈夫唸誦有關猶太教的書籍、在兒子接受天主教的受洗儀式後，將塗在頭上的聖油抹除、強迫女兒們實踐猶太教的儀式和規範等……。

對於在暗地裡實踐摩西戒律的猶太人信教者而言，最大的敵人，其實就在自己的家中——舊基督教徒的男僕、女僕和徒弟等。這些家僕可以敏感地察覺到，隱性猶太教徒在生活上所顯現出的「差異」，也有可能會被主人強迫遵守猶太式的生活規範，因而感到不滿和憤怒。在瑪莉的異端審問中，這些不滿和憤怒，一舉噴發出來。不過，瑪莉案例中特別的是，擔任檢察官方面重要證人的角色，是瑪莉的親生女兒——伊涅絲（音譯）。伊涅絲舉發這個城鎮上的猶太教改信者，並且說出對她母親而言，十分致命的證言：面對先父買回來的基督受刑雕像，母親說出「家中不需要這種東西」後，便將雕像丟棄至廁所，是嚴重褻瀆的行為。伊涅絲作為一位天主教徒，懷有非常崇高的宗教意識，在其他起訴猶太教改信者的案件上，也擔任檢察官方面的證人。從這對母女關係的龜裂中，可以看見被稱呼為新基督教徒的人們，在面對兩種宗教的接受程度上，呈現明顯的差距。

瑪莉毫無保留的自白、認罪，辯護人能做的工作，大概就只剩下向審問官請求酌情量刑。在拷問之下，瑪莉終於說出共犯的名字，審問結束，最後則是「信仰審判」（Auto-da-fé），也就是「異端審問判決的結果宣讀」。

異端審問最重的罰則是「火刑」。在一四八五年的瓜達露佩地區，宗教裁判所審問的兩百二十六名嫌疑人中，八十名科以輕微刑罰或是無罪釋放；四十五名因被告人缺席（逃亡或死亡），對「擬似人像或遺骸」執行火刑；最後的七十一名，包含瑪莉・桑潔絲在內，審判結果是「委由世俗之手（行刑）」。在教會法上，聖職人員不得與死刑有所關聯，因此在異端審問的死刑判決上，才會以這種形式表現。

焚燒隱性猶太教徒身體的焦黑煙霧，從瓜達露佩的城鎮中向上竄升。受到宗教裁判所的傳喚，正前往鎮上的猶太教改信者們，約從距離五十至六十公里處，親眼看見那宛如烽火一般的煙霧，全都不寒而慄地離開。異端審問制度，無庸置疑的構成了近代西班牙國家的負面內涵。冷靜地計算，至一五三〇年為止，在西班牙全境被送上火刑台的人數，雖然還未滿兩千人，但是在宗教裁判所創立，將起訴隱性猶太教徒作為業務中心的時期，許多猶太教改信者們，不得不去直接面對，死亡的恐懼。

◎天主教王國的象徵

以烈焰燃燒猶太式的空氣，達到淨化的瓜達露佩地區，其後則是作為西班牙天主教王國的象徵，負擔起政治性的機能。伊莎貝拉一世特別崇敬瓜達露佩的聖母，她將該地宗教裁判所的所有收入（從接受審判的猶太教改信者們所沒收而來的家產），全數捐給瓜達露佩聖母聖殿。對此，瓜達露佩聖母聖殿則是特別建造讓國王宿泊的行宮，以示謝意。在王權和瓜達露佩聖母聖殿之間所建立的特別關係，究竟起因為何？原因之一，是女王對聖母瑪莉亞的虔誠信仰，特別是在「聖母無染原罪」的這一個命題上。所謂的「聖母無染原罪」命題，亦即當瑪莉亞誕生在這個世界的瞬間，就已經免於原罪的玷染（與「處女懷胎」的命題相異），換句話說，是主張瑪莉亞被賦予生命，將在母親子宮中成長的那一刻起，便已是純潔無垢的個體。在伊莎貝拉一世女王周邊，非常熱衷於支持「聖母無染原罪」命題的聖母信仰。

那麼，為何伊莎貝拉一世會與「聖母無染原罪」的概念有所連結？關於這一點，女性歷史學家萊菲爾特（Elizabeth A. Lehfeldt）提出了有趣的說明。伊莎貝拉一世作為一位女性統治者，其存在兼具著兩種性別上的意義。一方面，伊莎貝拉一世是一位比男性（恩里克四世）還有「有男子氣概」的女性，另一方面，她卻還是必須被放在當時普遍的「女性等同於弱勢性別」觀點之下，接受大眾的檢視。同時代有男性議論者以「女性容易被慾望擊敗」、「女性經常是西班牙破滅的要因」等言詞，散布貶抑女性（misogyny）的言論。女性是夏娃的後裔，夏娃抵擋不住誘惑，為人類帶來原罪。經過懷孕、生育五個小孩的伊莎貝拉一世，便是終日承受在如此眼光的注視之下。但是，藉由與聖母瑪莉亞「救贖的力量」合而為一，伊莎貝拉一世即能突破這項困境。生產的行為，讓她擁有「肉體上身為女性」的形象，因為她虔信聖母無染原罪的教義，則是進一步加深伊莎貝拉一世也擁有瑪莉亞「無原罪」（毫無「mugre ＝污穢」之意）的印象。伊莎貝拉一世成為「聖母無染原罪」命題的熱情推進者，透過對聖母虔誠的信仰，也試圖將自己從被緊縛的性別之中解放出來。

對於伊莎貝拉一世想要體現的西班牙國家而言，瓜達露佩地區又再度帶有象徵性的意義，正好是中世紀後期至近代，代表西班牙的迷你空間。換言之，此處不僅是向「對抗伊斯蘭的收復失地運動」上提供特別力量的場所，同時也是透過異端審問的宗教裁判所裝置，淨化宗教性污穢（mugre）的場所；其後則是成為象徵天主教帝國西班牙之未來的場所。

一四九二年，公布猶太人驅逐令後，在當時的西班牙，最為富裕、顯赫的稅吏——阿卜拉哈姆．塞內歐魯（音譯），是西班牙境內的首席拉比，並且成為女王的顧問，伴隨著天主教雙王來到瓜達露佩，在聖母聖殿中接受洗禮，放棄猶太教的信仰。四年後，哥倫布因為新世界航海的探險活動成功結束，為了表達事業成就的感謝之意，造訪瓜達露佩聖母聖殿，從加勒比帶回的兩位泰諾族（Taíno）印地安人，也在聖母聖殿中接受洗禮儀式。透過觀察在瓜達露佩地區所發生的一連串事件：與伊斯蘭勢力對抗之下成為勝利者的西班牙、淨化猶太污穢的西班牙、將如何統治新獲得的印地安人，使這些無數的異教徒改變信仰之事，視為將來大事業的西班牙，可以看出西班牙正在一步步地構築起帝國的基石。

◎猶太人驅逐令

因為異端審問的制度，許多被懷疑的猶太教改信者被送上裁判所，並在火刑臺上失去性命，除此之外，天主教雙王對猶太人的政策，則是有更為激進的發展。一四九二年三月，攻陷格拉納達王國後不久，天主教雙王在當地公布猶太人驅逐令。在為期四個月的緩衝期間，生活在王國內的猶太人，被迫選擇是要乾脆、迅速地受洗，還是要搬到國外去。發布猶太人驅逐令的背景，其實是對於猶太人的存在本身，以及猶太教改信者的懷疑和不信任，也就是所謂的疑心生暗鬼。早在一四八三年，就因為異端審問的緣故，而發出猶太人驅逐令，將猶太人驅逐出安達盧西亞地區，對於猶太人的壓迫，正加速進行中。一四九〇年，在卡斯提亞中部的拉瓜爾迪亞（Laguardia）村落中發生的「神聖孩童事件」，對於猶太人在伊比利半島上的生存環境，帶來了決定性的發展。

這個事件的開端，是某位喝醉酒的顧客在酒館內，從一位猶太教改信者的旅客皮包中，發現被認為是偷盜的「聖體」。這位旅客和猶太人同伴一同被逮捕，帶往宗教裁判所。犯罪的嫌疑不只是偷盜聖體，還涉嫌誘拐一名男孩，對之施行拷問，並且為了揶揄基督的受難，將男孩釘在十字架上。就像是在前文中所提，於十三世紀編纂的《七章法典》中，以傳聞對猶太人進行毀謗的行為，就在十五世紀末的反猶太主義情緒沸騰的時代下，成為現實。經過非常不適當的搜查和審問後，一四九一年十一月，發表信仰審判後結案，被告人們被處死。這個事件，成為反猶太主義活動上極佳的材料，為了順利流通審問記錄，將文字翻譯成加泰隆尼亞文，甚至還繪製出描寫事件經緯的小型圖畫等。

拉瓜爾迪亞的事件，並沒有確切的證據足以證明，是天主教雙王決定發布猶太人驅逐令的直接原因。但是，毫無疑問的是，「非對話式的思考」已經開始籠罩西班牙全土。關於選擇離開西班牙的猶太人人數，存在著諸多說法，不過，被認為應該未超過十萬人。離開國家的猶太人們，逃往當時尚未確立對猶太人政策的鄰近國家——葡萄牙、義大利、北非和鄂圖曼帝國等伊斯蘭教世界。他們所累積的豐厚家產，也都因此喪失。

然而，在發布驅逐令的王室方面，認為因猶太人和猶太教改信者持續維持關係所引發的不安動向，可以藉由驅逐令的這項契機，促使猶太人改信基督教，便能夠解決問題。事實上，當猶太人驅逐令公布之後，接受王室支援的聖職人員們，隨即展開為了導正猶太人的傳教活動，實際上，有許多猶太人響應這次的改信基督教活動，走向洗禮臺，接受基督教的受洗儀式。同年十一月，發出國王命令，宣布離開西班牙至其他國家的猶太人，在接受受洗的條件下，將認可他們回歸西班牙。這道歸還命令並非虛文，確實有許多猶太人因此回歸西班牙國內。至西元十五世紀末，猶太教改信者的人數多達二十萬人以上。

被驅逐出境的猶太人們，後來面臨著什麼樣的命運呢？在此，有份關於一位猶太人男性的記錄，內容非常值得一看。

阿卜拉哈姆．阿卜薩拉提耶魯（音譯）生於托雷多近郊，在一四九二年時是一位八歲的男孩，在那一年的七月，他離開西班牙，前往北非的阿爾及爾（Algiers）。自此之後，他的足跡彷彿是與地中海的輪廓重疊在一起。前往義大利的阿卜拉哈姆，經由當時因對猶太人寬容而聞名的威尼斯之後，前往熱內亞，於當地改信基督教，獲得「路易斯．德．拉．伊斯拉」的基督教名字後，回到西班牙。他在故鄉學習紡織技術後，輾轉流連於托雷多、塞維亞、瓦倫西亞、馬拉加、阿爾及利亞等地，再度前往義大利。抵達利佛諾（Livorno）的他，經由羅馬、波隆那後抵達費拉拉（Ferrara）。在費拉拉地區，認識出身西班牙的猶太人，一同進行、遵守猶太教的安息儀式和規範，並前往猶太會堂參加禮拜。其後，經由土耳其、希臘的塞薩洛尼基（Thessaloniki）抵達伊斯坦堡。在當地認識了大批的塞法迪猶太人（出身伊比利半島的猶太人，Sephardi Jews），其中也包含他的舊知。一四九二年的驅逐令，將眾多猶太人驅趕至地中海世界。

接著，前往亞歷山大港的他，終於漸漸地回歸基督教，最後又回到西班牙。一五一四年，長達二十二年歲月，四處流連的最後一日，他前往宗教裁判所自首，在托雷多的審問官面前，娓娓道出這一段漫長的行旅。研究西班牙史的泰斗——卡根（Richard L. Kagan）描寫出伊斯拉的漫長行旅，並主張對於避免改變信仰而逃往國外的猶太人和薩法迪猶太人來說，故鄉西班牙所散發出的吸引力，實在不可小覷。

◎被神所選中的王權

一四九二年，天主教雙王的重大政策相繼實踐，西班牙國家正成長為一個天主教王國。此時，以天主教雙王為首，驅使西班牙民眾們行動的主軸思想，便是認為西班牙應當支配世界史的舞台，是「被神所選出的存在」。

提供這項思想意識的源頭之一，是自十五世紀以後，支撐著西班牙王權的文人官員集團，稱為「列特拉多」（letrado）。列特拉多是在大學中學習教會法和羅馬法的法律專家。

在天主教雙王的時代，以實力主義重用官員，列特拉多因此進入宮廷，就像是接替過往在國王周邊服侍的貴族騎士階層位置。文人官員階層勢力的抬頭，不只是在王室行政方面，在教會，甚至是新創設的官員式系統——宗教裁判所之內，也可窺見。

分析這些變化的歷史學家納德（Helen Nader）表示，這批文人官員將西班牙社會及歷史，建造出是由「神之法則」而顯現在土地上的成果，聳立在頂點處的，便是接收「神」的啟示，被指定為王的王權。其中存在著一個帶有半神秘性使命感的幻景——在超越教宗權力的王權統治之下，伊比利半島將完成統一。這項以基督教單一性神學為基礎所構想出的「宗教性正確」，被視為適當的理念，想當然爾，穆斯林及猶太人等，自然就成為應該從這個神聖空間中排除出去的異物。宗教裁判所的設立，與文人官員階層主掌霸權的時期相互嵌合。

另外，不可忽略的是，在這些文人官員階層之中，包含著許多猶太教改信者。關於猶太教改信者的存在上，正如前文所述，可以觀察出他們各式各樣的動向。其中，在新宗教的內部，有許多人是將上述的意識向上昇華，不排斥要將過去信仰同一宗教（猶太教）的同胞，排除在外。

如此一來，被神聖化的天主教雙王，準備好了要成為宛如彌賽亞一般的人物背景條件。在天主教雙王統治的時代，充滿著許多預言。尤其是斐迪南二世作為「地中海的國王」，被寄予厚望，在民眾所構想出的幻景之中，認為他是基督教世界中最後的統一者。預言中熱切地敘述道，斐迪南二世不只會將穆斯林驅逐出西班牙，還會稱霸非洲全土，在奪回耶路薩冷的聖地之後，成為羅馬、土耳其以及西班牙的國王。

◎救贖猶太教改信者的幻景

但是，信眾們抱持著遵承神旨而創造歷史的意識，並不只是在對抗異教徒取得勝利的舊基督教徒身上，才特有的中心精神。在如此充滿亢奮（euphoria）的氛圍之下，促使猶太教改信者們（切割從遠祖承繼下來的宗教傳統）和猶太人們（即便是捨棄自己長年習慣居住的生活空間，也要選擇繼續信仰自己的宗教）熱切追求更為高超的激進力量，以達成解放的目標。

對於解放的殷切期盼，以一位猶太教改信者少女的幻景為核心，向四周散發出去。這位少女的名字是依內詩，生於一四八八年左右，父親是埃斯特雷馬杜拉地區的鞋匠。依內詩被收押進宗教審判所的時候，還只是個十二歲的女孩。她夢見在她年幼時便離開人世的母親，基於這場到天上探尋母親之「旅」的夢境，依內詩做出了預言。在依內詩的眼前，經常出現一道「光輝」。依內詩向這道光輝詢問出現的理由，得到神諭：「一五〇〇年」先知以利亞將會到來，猶太教改信者要離開這塊土地，前往另一塊充滿麵包和水果的土地，為了這項預言的實現，猶太教改信者們必須穿著潔淨的衣物，遵守星期六的安息日規範。以依內詩為首，相信依內詩幻景預言的人們，期待以利亞的到來，動身前往那塊豐饒土地，紛紛回歸遵循摩西律法的生活。猶太教徒們相信，先知以利亞會駕著「火焰馬車」升天，在迎來世界末日之際，以彌賽亞的使者身分現身。在經過反猶騷動、異端審問以及一四九二年的驅逐令之後，備受折磨苦難的猶太人們，仍舊確信先知必會到來。依內詩的幻景中，在人世間被烈火燒死的人們，到了天上則是會有榮光伴隨。

依內詩做出這番預言後，各地的猶太教改信者紛紛來到依內詩的身邊。他們準備展開旅行，前往「約定的土地」，討論著救贖應當是在一五〇〇年三月會獲得實現吧、彌賽亞到來後，應該會寬恕猶太教改信者們改信基督教的罪過吧等話題。在他們旅程的面前，橫亙著一條河川，就像是「摩西出埃及」的再現場景一般，眾人丟棄身上的寶石，換上一身白色衣裝，成功渡河。猶太教改信者們留在西班牙的所有事業，則是成為基督教徒自相殘殺、爭相據為己有的財產。

在「約定的土地」，應該會有滿桌剛出爐的麵包和美味食物在等待著他們。深信預言內容的，不只是大人，還有許多孩子，相信依內詩所看見的幻景。少女們夢想著，能夠在「約定的土地」，與信仰相同宗教的年輕男子結婚，共組家庭。但在不久後，預言者依內詩便被處以死刑。

在埃斯特雷馬杜雷這一個地區，不只有作為天主教徒追求純粹性的象徵——瓜達露佩聖母信仰的存在，還有上述期盼彌賽亞到來的運動。依內詩出生的埃雷拉德爾杜克（Herrera Del Duque），距離瓜達露佩只有四十公里的距離。因為淨化宗教上的污穢＝隱性猶太教徒的行動，以及伊莎貝拉一世推崇「聖母無染原罪」的瑪莉亞信仰，在這座供奉聖母的國家級聖殿光輝的陰影下，被視為「污穢」而被排斥驅逐的人們，正為了恢復自己宗教及生活的純粹性，尋求著「幻想中的場所」。

在下一章中將要論述的，創造出兩個帝國對峙的舞台，也是這個地區的民眾。瓜達露佩的馬力·桑切斯（音譯）經常造訪的特魯希優，在這個城鎮誕生的男性們，後來以新帝國尖兵的身分渡海。他們所凝望的方向，是阿塔瓦爾帕的印加帝國。

1 歐洲活字印刷術發明之時，最初五十年間所印刷的出版物。「incunabula」為拉丁文，原意為搖籃期（Cradles），因此將此時期的出版物稱為搖籃本。

2 根據猶太教的「屠宰條例」，血為生命之象徵，不可食用，因此，必須將動物的血透過「浸泡與鹽漬」的方法來清除，並且透過精確的宰殺技術，將動物的脂肪剔除完全。

第五章

交錯的殖民地社會

征服者法蘭西斯科・皮薩羅

征服者與被征服者

◎黃金的卡斯提亞

就讓我們在安地斯這塊土地上，追尋這些從特魯希優渡海前來的眾人腳步。他們的目的地，就是所謂「約定的土地」。

擊潰格拉納達最後的伊斯蘭勢力、驅逐猶太人、哥倫布抵達新世界這三件劃時代的大事發生過後，正好經過四十年的時間。在伊比利半島內部的收復失地運動已經停下了腳步，轉而經由大西洋的海上途徑，朝向外部世界發展國家組織。當時的基督教士兵們認為，透過與異文化的共生和對峙經驗，累積而成的統治和交流技術，應該足以解決帝國在前線所面臨的困難；加上他們是為了基督教世界盟主的帝王而效命，內心感到無比榮耀；況且還有聖母和戰神聖雅各的庇護，這些背景條件讓他們感到十分安心，足以去克服艱難的挑戰。

對於率領著一百多名征服者的法蘭西斯科．皮薩羅來說，此次的安地斯征服活動，已是第三次的挑戰。他所選擇的據點是，當時成為西班牙人的新基地，位於中美洲的都市——巴拿馬。就讓我們將視線轉移到這個地方，來看看西班牙帝國前線逐漸成形的樣貌。在哥倫布抵達加勒比海群島後，當地的原住民們因西班牙人對黃金的貪慾而犧牲滅亡，追求財富的西班牙人進而將視線從島嶼部分轉向大陸地帶。在中美洲的陸地部分（Tierra Firme），西班牙人建設了當地最早的殖民地——達連（Darién），其統治者巴斯克・努涅斯・德・巴爾波亞（Vasco Núñez de Balboa）逐漸展露頭角。不久後，他發現在巴拿馬海峽的另一端，存在著另一片海洋，於是橫越了叢林地帶，在一五一三年九月，首次從一座小禿山上望見「南海」，也就是太平洋。當時，站在太平洋「發現者」巴爾波亞身旁，一同眺望偌大水面的人物，就是法蘭西斯科・皮薩羅。

　　巴爾波亞的內心深信，一定還存在著埋藏著豐富黃金的地區，因而向西班牙王室要求派遣遠征隊，斐迪南二世也對這個新的地區充滿期待，

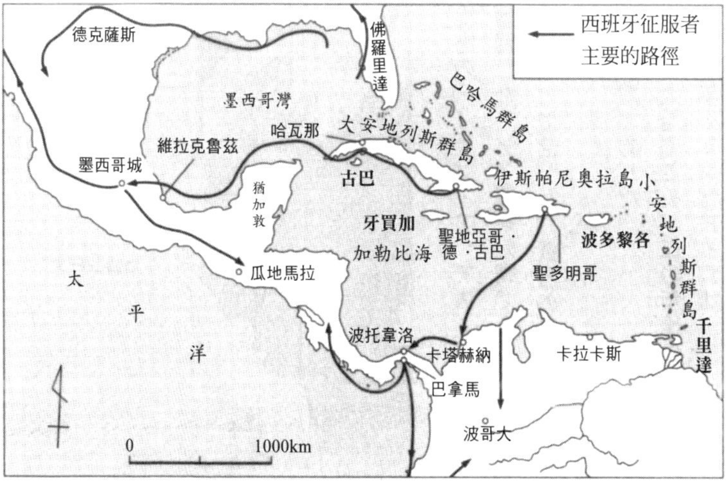

中美洲、加勒比海周邊

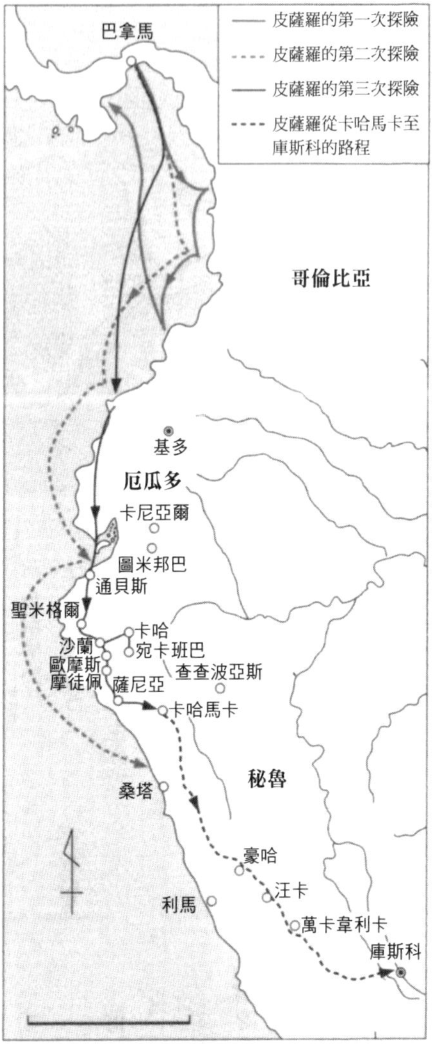

法蘭西斯科・皮薩羅的征服路線　參考佩德羅・皮薩羅等著『大航海時代叢書 16 ペルー王国史（祕魯王國史）』（岩波書店，1984 年日譯）一書資料繪製而成。

賦予「黃金的卡斯提亞」之名，派遣大規模的船隊，組織殖民統治的事業。這個殖民者集團成員多達三千人，被任命為統帥的「副王」（Virrey）[1]人選，是佩德拉里亞斯・達維拉（Pedrarias Dávila，原名為佩德羅・阿里亞斯・達維拉〔Pedro Arias Dávila〕）。佩德拉里亞斯是那位恩里克四世國王時的寵臣，人稱「一夕致富的猶太教改信者」——迪亞哥・阿里阿斯・達維拉的孫子，以及在為了在異端審問中尋求赦免，努力在羅馬教廷奔走的主教——

弗安的外甥。他自小便在宮廷中效命，也活躍於格拉納達等戰役之中，武藝高明。斐迪南二世曾經明言：「必須阻止在那塊土地上曾受異端審判的子孫們渡海。」從這一點看來，國王拔擢佩德拉里亞斯擔任殖民者集團的「副王」，實在是非常奇妙的決定。

這個大型船隊。可以說是二十年後征服印加帝國的搖籃。以皮薩羅以及征服秘魯的功臣——狄雅哥・德・阿爾馬格羅（Diego de Almagro）為首，許多征服者都是出身這隻船隊的成員。

當船隊一群人浩浩蕩蕩地抵達新世界後，卻和事先抵達的西班牙人們之間發生了爭執。為了紓解壓力，被派遣到內地的征服者們，對眼前的印地安人，展開了彷彿是狩獵奴隸的行動。這一片混亂之中，以統治者身分確立地位的巴爾波亞，與新來的副王佩德拉里亞斯兩人之間的對立，日益顯著。最後，在一五一九年一月，因佩德拉里亞斯的緣故，巴爾波亞以謀反罪名遭到處死。

◎猶太教改信者副王的冷酷

因為佩德拉里亞斯的獨斷性格，成為同時代眾人口中所咒罵的征服者。道明會的巴托洛梅・德・拉斯・卡薩斯（Bartolomé de las Casas），是教會中致力於確立基督教人道主義思想、維護印地安人人權的教士，他曾經表示，佩德拉里亞斯就是「將那些地方燒成灰燼，使其衰滅的火焰本身」。實際上，在佩德拉里亞斯推進殖民事業的尼加拉瓜地區，自一五二三年起的數十年期間內，原住民人口從原先的一百萬人，減少至百分之一的一萬人；據說在一五二七年至一五三六年為止，將四十五萬名印地安人賣到秘魯、巴拿馬和安地列斯群島當奴隸。佩德拉里亞斯這個人名，可以說就是象徵著征服行動的負面形象代名詞。

「只要他一開口說話，就讓人害怕到不小心尿失禁」，佩德拉里亞斯擁有令人畏懼的人物評論，但是在另一方面，他身為猶太教改信者的身分，卻也是他始終擺脫不去的包袱。特別是露骨地表現出反猶主義立場的主教科維多（音譯），他跟著船隊一同抵達新世界，與佩德拉里亞斯站在對立的立場。

當時，在新世界尚未出現宗教裁判所這種自立的機構（美洲正式設置宗教裁判所的時間是在一五六九年），而是賦予各地主教擔任審問官的權限。主教科維多打算運用這份權力，在新世界摘去猶太教散布出去的種子新芽。眾所皆知，佩德拉里亞斯的左右手——法官卡斯帕爾・德・埃斯皮諾薩（音譯）也同樣是猶太教改信者的身分。對此，科維多主教露骨地侮蔑道：「副王和法官都是猶太人，不可能會幹出什麼好事。」

原則上，猶太裔是被禁止渡海前往新世界，但是在當時，已經有許多猶太裔的人士為了取得新興的商機，開始滲透進入新世界的社會。佩德拉里亞斯因此遭到彈劾，被認為是暗地裡庇護猶太教改信者勢力在當地構築聯絡網路的人物。無論如何，從舊大陸反猶太主義逃脫出來的猶太人們，在新世界的某一個處所，總會存在著讓他們找尋出活路的自由，對猶太人而言，此處也是他們心目中那塊「約定的土地」。

◎「再去拿金銀財寶來」

排除了巴爾波亞這號人物，曾經試圖將「南海」據為己有的佩德拉里亞斯，此時則是將視線轉向北方的尼加拉瓜地區。如此看來，探索南方世界的可能性，應該已經被掌控在他人手中，也就是擁有豐富經驗的征服者——法蘭西斯科．皮薩羅。已被判處死刑的巴爾波亞，當初逮捕他的人物，正是從前與他一同眺望太平洋的部下，皮薩羅。

為了征服南方世界，皮薩羅、佩德拉里亞斯、阿爾馬格羅，以及埃爾南多．德．盧克（Hernando de Luque）神父等人，一同合作，構築共同的探險事業，並且從猶太教改信者的卡斯帕爾．德．埃斯皮諾薩手中獲得資金，於一五二四年起，開始往太平洋海岸南下。

金製的美洲駝與手持樂器的小型男女塑像　館藏於黃金博物館及布寧（Brüning）博物館。義井豐攝影。

經歷了兩次飽嘗苦難的航海旅程，從太平洋海岸往內陸前進的方向，發現內地存在著一個未知且巨大社會的確切跡象後，皮薩羅暫時返回西班牙本國，就未來即將征服的新土地統治權之主題，與王室簽訂「協議書」。皮薩羅回到故鄉特魯希優，招募願意與他一同前往未知黃金世界的夥伴，與同父異母的兄弟埃爾南多（Hernando Pizarro）、貢薩羅（Gonzalo Pizarro）、胡安（Juan Pizarro）以及堂弟佩多羅・皮薩羅（Pedro Pizarro）一同出發，再度前往美洲。

一五三二年，成功俘虜印加國王阿塔瓦爾帕的皮薩羅，還沒有完全掌握印加國王所統治的社會規模；但是有察覺到印加軍隊方面，正在策劃要救回被俘虜的國王。此外，皮薩羅也得到消息，與阿塔瓦爾帕敵對的另一位國王，因為印加國王的命令而被逮捕。就算是在如此局勢不明朗的狀況下，皮薩羅還是立刻著手進行貴金屬的搜集工作。關於這個時期所發生的事情，在戰後四十年所實施的調查中，一位隸屬於阿塔瓦爾帕陣營，因參加卡哈馬卡戰役而負傷的印地安士兵，留下了珍貴的證言。

在調查活動當時，這位印地安士兵已是九十歲高齡，他一面向調查者展示自己在卡哈馬卡戰役時受傷的傷痕，一面回想當時的狀況。根據他的回憶，在戰役結束後，皮薩羅立刻搜刮卡哈馬卡所有的黃金和白銀，並且要求印加王國要以金銀財寶換取阿塔瓦爾帕的性命。印加貴族和將軍們隨即被派遣至王國各地，將人和動物形狀的黃金塑像以及器物，聚集至卡哈馬卡。據說阿塔瓦爾帕甚至直接去見「西班牙的大王」，表示將會獻上贖身的六百萬披索（peso）。

然而，皮薩羅卻沒有信守諾言，最後還是將阿塔瓦爾帕處死。印加國王即便是俘虜的身分，還是私下派遣

阿塔瓦爾帕的處刑　實際上是處以絞刑。瓦曼·波馬繪製。

使者去殺害瓦斯卡爾國王。這件事打壞了皮薩羅內心的印象，即使其他眾多征服者們都表示反對，皮薩羅還是堅持執行處死阿塔瓦爾帕的決定。根據證人的說法，皮薩羅對印加王國的食言，激起原住民們極度厭惡西班牙人的情緒。他們為了不讓這些外來者奪走更多黃金、白銀，堅決不願透露出埋藏的地點，並且偷偷封閉礦山坑道的入口。將財寶送至卡哈馬卡的另一位印地安人，則是作證表示，法蘭西斯科．皮薩羅告訴他說：「你們的印加國王阿塔瓦爾帕已經死了。所以趕快回到地方上，再去把金銀財寶拿過來，是這些馬要吃的，我很需要這些東西。阿塔瓦爾帕給的黃金，全都被這些馬吃光了。」

◎印加王權的未來走向

如上文所述，西班牙人展現出對貴金屬的慾望。另一方面，在印地安社會方面，面對「後．阿塔瓦爾帕」、「後．印加」時代的來臨，也展開了政治上的動作。首先來看印加族的部分，在阿塔瓦爾帕專制體制下受到壓抑的王族，現身在卡哈馬卡，一面窺伺西班牙人的動向，一面開始接近空蕩的王位。這個王族成員的其中之一，就是第十一任印加國王瓦伊納．卡帕克的兒子，庫斯科派的圖帕克．瓦爾帕。在皮薩羅的安排之下，圖帕克．瓦爾帕被立為魁儡國王，遵循印加古禮，在西班牙人的見證之下，舉行登基儀式。

根據親眼見證登基儀式的編年史家，未著正式禮服而以一般服飾現身的圖帕克・瓦爾帕，為了進行「斷食」的活動，獨自在特別建造的行宮中閉門三日，其後，以華麗的衣裝現身，額頭上垂掛的王徽流蘇（瑪斯卡帕洽）幾乎就要蓋到眼睛。在斷食期間，唯一能夠接近國王的人物，只有終身服侍國王的隨從佣僕。

皮薩羅和這位魁儡國王一同，從卡哈馬卡朝著印加王國的王都——庫斯科的方向前進。但是圖帕克・瓦爾帕卻在途中謎樣的驟然病逝。據傳是被阿塔瓦爾帕陣營的將軍毒殺身亡。不過，就在進入庫斯科城之前，出現了新任的國王後補人選——瓦伊納・卡帕克的另一位兒子曼科・印加（Manqu Inca Yupanqui）。為了能夠順利推展在印地安社會的統治，皮薩羅仰賴傳統的權威，承認曼科・印加配戴王徽流蘇（瑪斯卡帕洽）。印加王國已經喪失了往日的權威，只剩下形式上的象徵；在西班牙王權的統治下，允許另一個印地安王權的存續，是非常重要的政治手段。後來，曼科・印加起身反抗法蘭西斯科・皮薩羅，在安地斯的山中設立據點，展開抵抗運動後，即使規模不大，至少顯示出，自律的印加王權再度重生的狀況。

西班牙當局採取軟硬兼施的方策，最後能夠宣布這個新印加王權無效的時刻，已經是征服活動後超過四十年以上的歲月。這一個新印加王權，與印加帕納卡的實體，一同在殖民地社會之中扎根，並且促使殖民地印加族人的血統不斷向外擴展，成為十八世紀下半葉，印地安人大起義活動（參見第十章）的遠因，該起義行動的目標，是試圖脫離西班牙國王的統治，從根本上恢復印加的王權。

◎非印加族人的動向

當時，有所動作的並不只是印加族人。特別是對於印加國王統治抱持著強烈抵抗感的民眾，透過與外來者的政治交涉，摸索在新體制下繼續生存的可能性。例如曾在第二章提及，位於秘魯中部高原的汪卡族人，他們經由交換「酒杯」的儀式，被納入印加國王的統治範圍之下。但是在接到皮薩羅俘虜阿塔瓦爾帕的消息之後，汪卡人立即前往卡哈馬卡，透過皮薩羅向西班牙國王宣誓忠誠臣服的意向。其後，對皮薩羅以及後來的殖民地統治者們來說，汪卡人在物質和人力上都作出了極大的貢獻。挑夫、美洲駝、衣服、紡織品、玉米和馬鈴薯等糧食、草鞋和鞋子⋯⋯，這些平常會提供給新加入者的人員和物資，西班牙人只是單純的認為，可以從印地安社會中掠取，或是要求印地安人無償提供；但是汪卡人卻以結繩的方式，詳細完整地記錄在他們的帳簿之中。我們即將會在後文看見，他們對於自己所付出的貢獻，向西班牙人大膽且正當地提出回饋的要求。

與汪卡族一同，透過和新來的西班牙人交涉，確保在新社會體制下權利的民族，還有起源於北方厄瓜多，後來以米帝瑪耶斯（移住者集團）的身分散布在帝國全境的卡尼亞爾族、位於秘魯北部的查查波亞斯人。其中，進入尤卡伊之谷的卡尼亞爾族首領——法蘭西斯科・契爾切，其動向特別值得關注。

生於卡尼亞爾的契爾切，自幼便被瓦伊納・卡帕克拔擢為國王身邊的侍從。前文已述及，對印加族懷抱著無名怨憤（ressentiment）的卡尼亞爾人，當異邦人現身在太平洋海岸之際，展現出歡迎和積極支援的態度。契爾切的行動也呈現出相同的立場。在西班牙人征服之後，他前往庫斯科近郊的利馬坦博迎接皮薩羅，表示「有生之年，絕對不會做出背叛基督教徒的行為」，以示臣服。之後，契爾切成為皮薩羅的侍僕，接受天主教的洗禮，並獲得主人的名字作為天主教聖名。有了征服者領袖作為後盾，契爾切擴張了印加國王豐碩的私人領地，最後成為統治神聖之谷尤卡伊地區印地安居民的最高首長。他將在印加國王統治下，四處離散的卡尼亞爾人們，再度集合在一起，在對抗印加勢力的庫斯科印地安異邦人集團軸心中，成為領導人物。

殖民地社會的形成

◎從「凹卡依帕達」轉變成殖民地都市庫斯科

在西班牙人、印加族，以及其他印地安人部族各自揣測、相互交錯的情況下，征服後的政治地圖，逐漸繪製成形。此時，在卡哈馬卡和庫斯科所獲得的黃金、白銀已經分配妥當，許多破壞了印地安社會的征服者們，貪得無厭地將帝國藝術的精髓熔成金條銀塊，凱旋回歸故土，被揶揄為秘魯暴發戶……。另一方面，許多打算繼續搜刮安地斯世界財富的征服者們，定居在秘魯這塊土地上，選擇走上榨取印地安人的道路。西班牙人的定居，始於當地的都市建設。

一五三四年三月二十三日，皮薩羅高聲宣言要設立庫斯科市，他所做出的一項行為，可以作為象徵。皮薩羅繼承過去帝國最高中心的主廣場——凹卡依帕達（*Haukaipata*），當作殖民地都市庫斯科的權力中心「主廣場」。根據《庫斯科市興建證書》之資料顯示，他走向在廣場中心新建好的處刑台，為了凸顯出都市創造象徵性的瞬間，拔起插在腰間的短劍，削去處刑台的木材。在美洲新世界所創造的都市，整個廣場，特別是設置在中央的處刑台，成為權力的象徵。

此外，興建證書中還記錄，皮薩羅在當天透過傳令人員，對征服者們發出布告，要停留在庫斯科的人前來書記官之處，登錄成為「市民」；翌日，有八十八位征服者前來，正式成為庫斯科市的市民。成為市民的人，可以將無主地舊印加貴族家屋作為自己的宅邸，也可以成為都市參議會的成員，獲得參與都市行政的權利。成為市民的征服者們，所獲得的不單純只是市民權和居住權而已，對於潛在於庫斯科市背後廣大原住民社會中，豐厚的財力和生產力，他們也取得出手的權利。換句話說，在庫斯科以市民身分留下來的人們，可以說是從皮薩羅手中，獲得管轄圈內印地安共同體的「委託權」（encomienda）。

基於此種監護徵賦制度，自前西班牙期以來，由地方首長（*curaca*）所統轄的印地安村落居民，被作為王權的恩惠，委託給在征服活動上有所貢獻的西班牙人。印地安人們有向託管主繳交貢賦、提供勞力的義務，相對的，託管主則成為印地安人的保護者（這算是王權統治新世界最難解的問題），有義務向印地安人傳教，自掏腰包聘請主教，實施基督教教育。在締結委託權的過程中，會進行託管主與印地安首長握手的儀式，宛若封建時代象徵主從關係成立的動作。託管主雖然沒有獲得土地的所有權以及裁判權，但是透過獲得「委託權」，西班牙人的征服者們，成為數千至數萬名印地安人實際上的領主。

託管主們為了累積財富，將其領下民眾的生產力和勞動力投注在所有可能致富的機會上。除了讓印地安人繳納農產品與高級紡織品作為貢賦，將之投入到初期的市場經濟中，賺取利益之外，如果有適合的礦山，便逼迫印地安人進坑道內工作，絲毫不顧他們的健康與生命。為了減輕印地安人的疲勞感，發現可以依賴具有麻醉效用的古柯葉，有人開始建造古柯農園，展開大規模的商業生產。庫斯科市的託管主們，大多投入古柯的栽培事業。

西班牙人的殖民者，就這麼在秘魯各地建設都市，登錄為當地的市民，取得託管主的身分，統治印地安居民。這種在美洲殖民地統治的基本構圖，也在安地斯地區反覆出現。但是於其後四十年左右的期間，在安地斯社會上的各種層面，出現了嚴重的對立局面，總是陷在混沌不安的狀態之中。其中之一，就是皮薩羅與其盟友狄雅哥．德．阿爾馬格羅之間，因為秘魯社會的統治權問題而加深對立關係，留在秘魯的征服者們也因此二分為兩個陣營，呈現內亂的狀態。對於皮薩羅總是先發制人的行動，阿爾馬格羅透露出不滿的情緒，他動身遠征，前往尋找傳說中埋藏著大量黃金的智利地區。經過長達兩年的探險與搜索，失去許多同行成員，吞下慘敗結果的阿爾馬格羅，在一五三七年垂頭喪氣地回到庫斯科。此時的庫斯科，卻出現了另一團混亂。

◎印加族的抵抗

一五三六年，曼科．印加的額頭上雖然有象徵王徽的流蘇冠冕，但是他卻受到西班牙人的屈辱對待。曼科．印加認為：自己好歹也是一位印加國王，但是皮薩羅卻將原本屬於我的臣民，自作主張地分配、管理；為了奪回真正的統治權，只能孤注一擲。正好當時皮薩羅離開了庫斯科，前往去年一月新建的首都利馬；阿爾馬格羅則是在前文所提及的遠征途中，瓦伊納．卡帕克的兒子，站在支持西班牙人陣營的帕魯．印加（Pawllu Inca Tupaq）也與阿爾馬格羅一同出發。庫斯科城呈現人手不足的狀態，曼科．印加成功脫逃後，立刻動員大批印地安人，為了將處於分裂狀態的西班牙人征服者們一舉殲滅，發動盛大的攻勢，史稱「庫斯科包圍戰」（Siege of Cuzco）。

印加軍隊以「薩克薩瓦曼石牆」（以厚重巨石細密堆砌出的石牆，可以從中窺視庫斯科市內的狀況）為據點，對被半圍困在庫斯科市內的西班牙人，展開熾烈的攻擊行動。被大群吹響法螺，發出奇異聲響威嚇敵方的印地安人所團團包圍，西班牙人各個呆若木雞，頓時不知該如何是好。

印地安人早已經不會對「大型美洲駝」（馬）這種動物感到畏懼。得知弱點就在那修長的腳部之後，挖洞讓牠們的長腳無法發揮優勢，一旦捕獲便切斷四肢。此外，印地安人從西班牙人手中奪取武器，也能精巧地運用長槍和盾牌。在庫斯科市內連續放火燒毀家屋，一步步地將西班牙人逼至絕境。

然而，就在這場包圍戰中，出現了印地安人和西班牙人雙方都認同的奇妙現象。其中之一，是當印地安人每天都朝著廣場教會的稻草屋頂射放「火箭」（在箭簇上點火射放），試圖燒死躲在教會內的人。但是，根據編年史家貝坦索斯的記載，在屋頂上總是坐著一位穿著白色衣裝的西班牙女性，用白色的長形布料滅火。多虧這位女性，教會並未被燒毀，西班牙人的性命也得以保全。在包圍庫斯科城期間，總是有人目擊到那位白衣女性。另一個奇妙現象，是當西班牙人準備迎戰之時，出現一位穿著武裝配備的白馬騎士，引導他們前進。這位留著

薩克薩瓦曼的石牆　在庫斯科包圍戰中，曼科．印加所率領的印地安軍隊，就是以這道石牆為據點，對西班牙人發動攻擊。

白鬍子的騎士，騎著馬揚起了滿地塵埃，導致印地安人頓時失去視力，無法作戰。

就連少數的西班牙人也無法殲滅的印地安人，漸漸地將原因歸咎於包圍戰中所目擊到的女性和騎士身上。不久後，騎士被認為是西班牙的守護聖人——聖雅各，白衣女性則是「聖母瑪莉亞」。

一五六〇年離開秘魯的混血編年史家——加西拉索記錄道，自己在庫斯科教會的牆壁上，看見騎乘白馬、手持盾牌和長槍的聖雅各畫像。壁畫中的聖人，馬蹄下踩著被殺害的大批印地安人屍體。過去，聖雅各在收復失地運動的時代，被稱呼為「聖雅各．柏柏人殺手」（Santiago Matamoros）[2]，是與伊斯蘭教徒的戰線逐漸南下之時的軍事象徵；到了安地斯的高山都市，則是以「聖雅各．印地安殺手」（Santiago Mataindios）的稱呼，再度甦醒。

我們在伊比利半島的歷史上所看見，天主教徒對異教徒所創出的兩個至高無上的象徵（聖雅各和聖母瑪莉亞），是以非常戲劇性的樣貌，再生於安地斯地區。在印地安人心靈深處所感受到的挫敗感和無力感，轉而以虔誠地改信基督教的方式，持續地刻劃下痕跡。正如我們將會在後文提及的內容，生活在殖民地時期的印加貴族們，正是以這些象徵為軸心，確認他們本身的存在意義。

最後，包圍戰以失敗收場，曼科所率領的印加軍隊解開包圍網，從庫斯科城撤退。即便如此，抵抗並未就此結束。他們將據點移至安地斯叢林地帶的要塞──比爾卡班巴（Vilcabamba），其後維持了三十年的抵抗活動。這個位在比爾卡班巴的勢力，被稱為「新印加王朝」，從曼科・印加起，歷經塞里・圖帕克（Sayri Tupaq）、蒂圖・庫西・尤潘基（Titu Kusi Yupanki），以及圖帕克・阿馬魯（Thupaq Amaru），共有四任國王相繼傳承。

但是，在此必須留意的是，於征服活動的慘禍中生存下來的印加族居民，並非所有人都是選擇與西班牙勢力對抗。在印加的王族之中，也有人機靈地理解，住在海之彼岸的「新國王」命令

比爾卡班巴的遺跡 反抗西班牙的印加貴族們。將據點轉移至安地斯叢林地帶的比爾卡班巴，繼續進行抵抗活動。

之下，安地斯世界將繼續再生；因此，他們積極地接受聖雅各和聖母信仰的同時，仰賴著新王權的威武與光輝，繼續在殖民地世界中尋求生存的空間。起身與西班牙人對抗的印加族人。順從西班牙人的印加族人。以及讓事態變得更加複雜，在包圍戰中全力支持、為西班牙人奉獻的非印加族印地安人。其中，卡尼亞爾人的首領法蘭西斯科‧契爾切之存在感，更是突出顯眼。

◎印地安社會的分裂

根據加西拉索的記錄，在西班牙人與印地安軍隊於庫斯科的大廣場上對峙之際，一位印加軍隊的將軍對著西班牙人部隊大聲喊叫：「有人要出來單挑決鬥嗎？」西班牙人心想：「和印地安人的決鬥？！」就在眾人紛紛退卻的狀況之下，契爾切自告奮勇地說：「那就讓我來吧。」他取得西班牙人的許可後，上前與印加族的勇士，相互揮舞著短劍，展開漫長的決鬥。最後，契爾切終於將短劍刺進對手的胸膛，斬下首級，意氣風發地回到西班牙人的部隊。印加陣營面對己方居然敗給曾經臣服於印加王權之下的卡尼亞爾人，感到非常羞憤。印加族人與住在庫斯科的異族卡尼亞爾族人之間，就這麼維持著如此複雜的關係；在十年之後，還有另一個小插曲，象徵了雙方的恩怨糾葛。

那是在一五五五年六月六日，舉行「科珀斯克里斯蒂（Corpus Christi）＝耶穌聖體祭」之時，所發生的事情。關於這場祭典與印加族之間的關係，將會在第九章詳述。為了慶賀這場重要的祭典，以印加族為首的印地安人們，紛紛以部族列隊入場。親眼目睹祭典的加西拉索表示，卡尼亞爾人團體，獨自拖著繪有西班牙人和印地安人戰鬥模樣的藝閣，在庫斯科大廣場上緩步行進，前方的領導者，正是契爾切本人。

契爾切以披風遮掩住身體，並將手藏在披風內側，似乎是要隱藏手中提拿的物品。登上大教堂階梯的契爾切，突然將披風解下，四、五位印加族人看見他右手中的物品，目露兇光，怒不可抑地衝向契爾切。契爾切手上拿著的是「首級」的模型，正是以當初在單挑決鬥中，他一刀砍下的印加軍隊將軍首級為原型所製作。參加祭典的印加族隊伍，因為是一貫秉持著親西班牙的立場，對比爾卡班巴的軍隊較不關心，卻也憤怒地說道：「這個背叛的走狗，是為了要喚醒我們試圖忘卻的記憶，才故意拿到這個祝賀的場合上來的嗎？」契爾切則是在西班牙人面前重現當初決鬥的模樣，彰顯自己的功績。

在西班牙人來臨之前，因為印加帝國在地方社會的嚴厲統治，以及帕納卡之間的勢力對抗等，早已經在安地斯社會中造成了幾道龜裂的痕跡。西班牙人的征服活動，以暴力的形式加深了龜裂的程度，不只是形成西班牙人對抗印地安人的關係，在印地安社會之中，也因為幾個利害關係的團體而出現分裂。於這些團體之中，特別值得一提的是，在庫斯科中成為重要勢力的親西班牙派印加族人。首先，第一個會被舉出的人物，就是帕魯．印加。

◎劫後餘生的印加貴族

帕魯也是瓦伊納．卡帕克的兒子。在印加時代，與瓦斯卡爾國王一同在庫斯科，逃過被屠殺的命運，並且暫時過著隱姓埋名的生活。後來，帕魯代替反叛的曼科．印加，接下象徵王徽的流蘇冠冕，即位成為新任的印加國王。過去認為，帕魯王權只是單純的「魁儡」政權，與有骨氣和西班牙人持續對抗的「新印加王朝」，經常被拿來作為對比，在歷史解釋上多少含有否定的意涵在內。但是，近年來的研究，則是證明在曼科．印加撤退後，庫斯科權力中心的空白，其實是由新任國王帕魯所填補之事實。

研究發現，印加貴族們將帕魯尊稱為「君主」（señor）崇拜，並獻上儀禮式的膜拜。除此之外，帕魯還以印加國王的身分，認證地方首長的職位，賜予象徵首長權力的「座椅」。西班牙人眼見帕魯國王的權威，依舊生氣蓬勃地發揮機能，感到非常的不滿，原本應該是臣服於我方的印地安臣僕，竟然向已經是過往遺物的魁儡印加國王奉獻、膜拜，甚至有人憎恨到去毆打帕魯。帕魯．印加在一五五〇年逝世，庫斯科的居民們依循古禮，製作先王帕魯的「擬似肖像」，將國王生前的毛髮和指甲鑲嵌在肖像上，私底下繼續秘密地膜拜。

此一時期的庫斯科，或者應該說是秘魯整體的政治地圖，依舊是呈現不透明的狀態，值得注意的是，在如此流動的狀況之下，關於「印加的歷史」，開始漸漸凝固。在第一章開頭時曾經介紹，從首任國王至第十一任瓦伊納．卡帕克國王，是由「唯一的王」（薩帕．印加）繼承王位，也就是所謂的「單一王朝史」，就是在這一個時期凝聚成型。首次明示出單一體系的王朝歷史，被稱為「奇普卡馬由的報告」之記錄，便是在這個時候編製完成。

與此同時，有趣的是，約在一五四五年左右，當時位在西班牙瓦拉多利德（Valladolid）的國王查理五世（Carlos V，即西班牙王卡洛斯一世），賜予隸屬於歷任國王帕納卡的印加貴族們「紋章配戴權」。筆者光是在庫斯科的公文書館中確認到的資料，就有「優克．尤潘基（Lluq'i Yupanki）和邁塔．卡帕克（Mayta Qhapaq）國王」、「固藍．圖帕．尤潘基國王（音譯）」、「維拉科查．印加國王」等王室成員，被允許可以將各自帶有不同意涵的家紋，傳承予後代子子孫孫配戴，以顯示身分地位的敕令。

例如，從賦予「固藍．圖帕．尤潘基國王」後裔的敕令來看，以「聖母」（Ave Maria）

這一個語詞將紋章圖面分為四個空間，上頭有獅子、鵰、彩虹、象徵王徽的流蘇冠冕、蛇、城堡、鎧甲等圖案。帕魯．印加也被賦予紋章配戴權，上頭是黑鵰、美洲獅、戴著王冠的蛇以及流蘇冠冕，當中也是同樣刻有「聖母」字樣。

殖民地初期的印加族，可以分為兩個陣營。一是完全斷絕與西班牙人之間的關係，在比爾卡班巴選擇全面抵抗的印加族人。一是將查理五世在新帝國所散發出的光輝與榮耀，以「紋章」的形式，竭誠地配戴在身上，試圖重新確立自己是殖民地時期印加王室後裔身分的印加族人。他們將讚頌聖母瑪莉亞的意識，作為紋章空間中的「大地」，再將安地斯地區各式各樣的傳統聖像安插入內，形成自己專有的象徵代表。

◎貢薩羅．皮薩羅的叛亂

招來歷史上不安定的流動，並不是只有印地安人專屬的現象。就讓我們將視野轉向西班牙人的社會，在這裡出現了另一個混沌。皮薩羅與阿爾馬格羅在征服者領袖的權力鬥爭中，皮薩羅陣營在「拉斯薩利納斯之役」（Battle of Las Salinas）中擊敗阿爾馬格羅陣營，乍看之下，鬥爭是以阿爾馬格羅被判處死刑而收場，但在其後，對皮薩羅派系心懷不滿的勢力，拱出阿爾馬格羅的兒子，並且在利馬成功暗殺了法蘭西斯科．皮薩羅。秘魯的西班牙人社會陷入內亂狀態。

一五四〇年代中葉，以查理五世發布某一法令為契機，導致一項重大事件的發生。在安地斯地區的西班牙人征服者們，企圖謀反西班牙王權，秘魯社會很有可能會因此脫離西班牙帝國，統治與被統治的羈絆關係受到挑戰。於一五四二年公布的「印地亞斯新法」，目的是要廢除「委託權」，這項制度是征服者＝殖民者累積財富和構築領主權力的基礎。公布這項法令的背景，是拉斯．卡薩斯認識到，該制度阻礙了印地安人的自律性，並且妨礙了基督教的傳教事業，甚至會危害西班牙王朝在殖民地統治上的權力基礎，因而展開積極的活動。

在法蘭西斯科．皮薩羅遭到暗殺後，同父異母的弟弟貢薩羅．皮薩羅，成為皮薩羅家族中實際的領袖。依照新法的規定，害怕被剝奪權力基礎的人們，感到非常的不安與憤怒，貢薩羅接收下這些情緒，點燃叛亂的烽火。召集託管主的貢薩羅，與在公布新法的同時，被派遣出面接收託管主的副王布拉斯科．努涅斯．貝拉（Blasco Núñez Vela）之間，發生激烈的武力衝突與對峙，最後，副王在厄瓜多地區遭到殺害。副王是西班牙國王的代理人，同時也是殖民地社會的最高權力者，因此，殺害貝拉的行為，代表安地斯地區的託管主們，全面否定西班牙國王的權威之意。

新王權的誕生。事實上，叛亂者們似乎是有意識要在安地斯這塊土地上，擁立貢薩羅為王。但是，國王的權威，究竟該從何導入呢？他們當然明白，印加國王的王權依舊存在。根據加西拉索的記錄，貢薩羅軍隊中老奸巨猾的將領法蘭西斯科・德・卡瓦加爾（Francisco de Carvajal）向貢薩羅進言：「閣下，請迎娶與印加王室血統最為相近的公主，作為夫人」。如此一來，盤踞在比爾卡班巴的印加人也會和平的歸順，最後，印加族與西班牙人之間便能夠構築起恆久的和平關係，將印加經營國家的出色技巧，以及西班牙人在軍事上的卓越能力加以調和，在秘魯創生出新的社會體制……。關於新社會的想像，這種摻入混血編年史家大量烏托邦式願望的思考，之後也將會繼續在安地斯歷史的底流之中，持續地流動。

貢薩羅陣營究竟是否構想著「秘魯帝國」誕生的藍圖，其真偽已無法辨明。貢薩羅與印加公主的婚姻並未獲得實現，叛亂的命脈在不久之後也走向盡頭。因為當西班牙王室特別派出沉著冷靜的賢能官員——拉・嘎斯卡（Pedro de la Gasca）出面收拾局勢之時，許多叛亂者都投奔至王室的旗下。最終，貢薩羅・皮薩羅被判處死刑，否定國王權威的叛亂活動，未滿兩年的時間就迎來了終點，印加與西班牙「藉由婚姻的統一」這一個夢想，也隨之消逝。然而，秘魯的社會並未就此安定。一五五〇年代以後，圍繞著「委託權」問題，出現十分強大的動能，將殖民地社會的各階層都捲入其中。

◎關於「委託權」的存續

因為貢薩羅．皮薩羅的叛亂，讓廢止「委託權」的問題，成為未解決的課題。不僅如此，因為慢性財政窘迫而苦無對策的西班牙王室，開始思考往反方向經營的政策。換言之，以秘魯殖民者所積累的豐饒財富作為兌換，將託管主的職位賣給他們，並且提高封建式的特權。一五五三年左右，從秘魯前來的託管主代表抵達西班牙，表示將可以提供王室鉅額的獻金。對此，當時的王子菲力普二世（Felipe II de España），受到父親，也就是國王查理五世的託付，本人朝著賣出託管主職位的方向，展開積極的評估。

此時，阻擋販賣託管主職位決策動向的人物，正是拉斯．卡薩斯。他主張一旦賦予封建式的特權，殖民者們將會化為忘恩負義之徒，揭起反叛王權的旗幟，殖民事業將會因此受到挫折。在安地斯當地，察覺到委託制將成為恆久制的印地安人，也開始獨自行動。受到拉斯．卡薩斯思想上強烈影響的道明會，成為安地斯地區向印地安人傳教事業的核心組織。道明會在安地斯地區的領導者多明哥．德．薩多．湯瑪士教士強力地主張，應該廢止「委託權」，將安地斯全境的統治權，歸還給原住民的君主。他基於自己在安地斯的生活經驗，表示若是將地方的統治，委任給熟知傳統社會體系的印地安首長，從結果來看，西班牙國王在經濟上將能夠獲得更多的利益。同時，湯瑪士也開始動員印地安首長們，為某一「運動」進行組織的準備。

約從一五六一年左右開始，在安地斯各地的地方首長們，開始召開集會。他們從道明會教士口中聽聞，委託制將要成為「恆久制」的消息後，紛紛以克丘亞語激動地大喊：「反對！」並且表示，若是事態發展至此，不如就準備比託管主更多的金錢，獻給西班牙國王云云。確實，從舊世界帶入的病原菌，加上身處在苛刻、嚴峻的生活和勞動環境之下，許多印地安人都因此喪失了性命。原本約有一千萬人的原住民人口，在征服活動過了四十年之後，銳減至原本人口的八分之一。不過，認為征服活動後，印地安社會隨即陷入貧困狀態的思考，其實是一種偏見。因為殖民地的統治，印地安人在經濟上的可能性，的確被刪減了許多，但是印地安首長們，依舊確保著足以和西班牙人對抗的財富。

有趣的是，在庫斯科召開地方首長集會時所發生的事情。統治庫斯科市的地方官員，透過某位混血的翻譯，傳達託管主之職，可能會賣給西班牙人的消息。但是，這位翻譯在傳達訊息的同時，還加油添醋

道明會教士拉斯·卡薩斯　館藏於塞維亞哥倫布圖書館。

地表示：「倘若此消息成真，那麼印地安人將會變成西班牙人的奴隸，像是黑人一樣成為人身買賣的物品，臉上會被烙印上奴隸的標記，你們將失去原本所擁有的田地，最後成為清掃馬糞的清潔工，諸位首長也會失去現有的身分地位，和平民一同被推上各地的戰場。」這些內容之所以能夠流傳至今日，是因為這位翻譯被起訴，懷疑他作出不恰當的轉述，過度動搖原住民的情緒，導致印地安人發起叛亂行動，因而留下裁判記錄。事實上，根據記錄，印地安人們在聽聞翻譯的敘述後，憤慨地泣訴道：「印加國王的時代，不管是之前或是之後，我們都沒有被買賣過。為什麼到了現在，卻要像是美洲駝、古柯葉一般，被當作物品來買賣呢？我們要直接向西班牙國王控訴，就算是會在途中斷了氣，也不改決心。」

◎共同的步調

印地安人舉行了數次的集會，可以從記錄中窺見集會的模樣。在協議的最後，決定每個人各自交出自己有能力負擔的金額，由代理人帶著集聚而成的獻金，前往首都利馬，和當局交涉。代表團為了展現威勢，各個穿著「印加時代的衣裳」，以正式的服裝前往。值得注意的是，這個時候，庫斯科的印加族和非印加族的印地安人們，大家所關心的方向和目標一致，共同奮戰。曾經站在印加族敵對位置的卡尼亞爾族人契爾切，也與印加族人一起調整有關集會的事務。在印地安人面臨重大困難之際，前西班牙期的民族性對立狀況，瞬間解除，在西班牙人面前，拉起了共同戰線。

在庫斯科以外的地區，印地安人們也向西班牙人提出異議。例如位在利馬近郊的山中村落瓦羅奇里。在當地正因委託制恆久化的消息而騷動不已之際，村莊裡迎來了新的託管主。印地安首長被召喚前來舉行「委託」的儀式，在地方官員在場監督之下，新託管主握住兩位首長的手。職員說明委託所伴隨的納貢、勞役等義務，正準備結束儀式典禮之時，印地安首長甩開新託管主的手，宣告「委託」的期間已經結束。

在印地安人們的內心，其實已經認知到，當委託制消滅之後，他們必須接受西班牙國王作為唯一君主的事實。在此，蘊含著新安地斯社會的未來展望與構想——原住民能夠確保在政治和經濟上的自主性，生活在最高統治者西班牙國王至高無上的權威之下，排除像是託管主這種從中榨取的中間階層。由此看來，道明會教士們的思想，已經確切地傳達到印地安社會的現場。

與此同時，在殖民者方面，將印地安人重新定義為單純供給勞動力的「馱獸」，試圖削減印地安人活動力的意向，也更加明確。「一般來說，印地安人是能力低下、薄弱的人種。

應該要配上託管者，把他們當成孩童一般的看待」、「印地安人天性喜愛訴訟，並以此為藉口，一整年都不去好好工作，四處遊蕩。就讓他們這樣繼續下去，不明白訴訟過程，就連去法庭的路徑都不知道最好」。

這個時期討論殖民地社會的言論界，充滿著上述侮蔑印地安人的言詞，並且與拉斯．卡薩斯派系的思想，呈現激烈對峙的狀態。

◎兩個政體的理念

在這樣的狀況之下，關於帝國殖民地的種種思考，統治者方面提出了具體化的理念。那是與順應印地安社會的自主性，以及封建領主社會再生的方式不同，而是要在某種層面上，體現西班牙帝國走向「近代性」的目標。其中包含了兩個政體（republica）的理念。要如何適當的翻譯「Republica」一詞，有些許難度，在此就姑且將之譯為「政體」。認為殖民地應該是由「西班牙人的政體」以及「印地安人的政體」這兩個相異性質的政治空間所構成，如此的思考方式逐漸成型。西班牙人的政體，是歐洲白人的居住空間，居民以廣場為絕對的中心，居住在規劃為格子狀街道的「都市」之中，並且由市參議會這一個政治組織，進行統治。另一方面，印地安人的政體，是由居住在都市後方廣大山岳等地的原住民所構成。擁有印地安人特殊的法律以及合議機關（村落集會），表面上是維持著前西班牙期的社會構造與自主性，但實際上是專門為了另一個政體，成為確保人力資源供給的空間。

關於這兩個政體概念成立的背景，可以說是受到早先在伊比利半島歷史進程中所看見，「血統純潔」（Limpieza de Sangre）的意識所影響。舉例來說，第三任副王曾經上書西班牙國王，表示西班牙人男性和印地安人女性的通婚，雖然在當地是頻繁發生的狀況，但是從身分地位的保持和統治層面來看，是非常不適切的現象。建議陛下禁止西班牙人男性與印地安人女性，或是黑人女性結婚，西班牙人男性只應該和西班牙人女性結為連理，而且對象的西班牙人女性，應該是出身伊比利半島的人士，或是西班牙人父母在殖民地生下的女性。

這可以喚起我們的記憶，即便是在十五世紀的西班牙，還是存在著猶太人們就應該居住在猶太人住宅區之內，這種半隔離式的狀況。

在一五七〇年代，副王法蘭西斯科·德·托雷多（Francisco de Toledo）以安地斯改革者的角色登場，將這兩個政體以可視化的方式，實踐在現實社會之中。托雷多實施全國性規模的「巡迴視察」，從中確切地把握，潛藏在印地安社會中的生產力，並且制定統一的貢納額度。此外，為了將新發展的汞齊化（amalgam）技術，運用在西班牙帝國最大銀礦所在地——波托西（Potosí）的開發活動上，從印地安阿伊魯共同體之中，每年撥出一定比率的成年男子，提供企業主和礦山事業的使用。印加帝國所留下的輪流勞役制度「米塔」（mita），在殖民地重新復活。米塔制直到十八世紀為止，與納稅一同，為印地安社會帶來沉重的負擔。

另外，印地安人的政體，也在物理上被再度構築起來。被稱為「傳教村」（reducción）的強制住民集居政策，宛如金箍一般緊緊框住安地斯的風景。自前西班牙期以來，印地安人們便在富含高低起伏、擁有複雜生態的環境中生活。藉由垂直統御（參照第一章）的方式，維持多元性的生產，並且為了確保能夠和分布在山河之中的神聖萬物，保持日常性的接觸，採取順應自然的居住型態。但是，對於殖民者而言，這種居住型態不利於有效率的掠奪和天主教的傳教。因此，托雷多基於有秩序的地方便有文化的構想，建造廣場作為中心點，設計格子狀的街區。就像是西班牙人都市的縮圖一般，這種人工式的村落，在安地斯地區全境誕生。如此一來，印地安人的政體，便在物理上被刻畫進安地斯的空間之中。

話雖如此，這兩個政體，也只不過算是理念。隨著時間的經過，殖民地內地的移居和通婚、混血的狀況向前推進，劃分兩個世界的界線日漸曖昧難辨，最後終究成為徒具形骸的空心理念。

印加王朝的終結

◎圖帕克・阿馬魯人生的尾聲

比爾卡班巴的印加族，此時也出現了變化。在殖民地當局的歸順呼籲之下，第二任國王塞里・圖帕克應許歸順，離開了堡壘。他在一五五八年抵達利馬，與當時的第三任副王卡涅特（音譯）進行會談。塞里・圖帕克獲得尤卡伊之谷的奧羅佩薩領地，作為簽訂投降協約的條件，並在該地度過餘生。

然而，塞里的歸順，並未就此解決比爾卡班巴的問題。曼科的另一位兒子——蒂圖・庫西，以及在蒂圖・庫西逝世後，就任印加國王的圖帕克・阿馬魯，繼續維持抵抗的活動。殖民當局雖然持續進行和解的交涉，但是情勢並未就此趨向緩和。一舉打破僵局的人物，就是副王托雷多。從「兩個政體」的理念構圖來看，比爾卡班巴的新印加王朝，以及透過傳承王徽流蘇的方式而勉強存續下來的印加族，這兩者對於殖民地社會而言，都是十分重大的阻礙因素。

終於，托雷多決定對比爾卡班巴採取武力鎮壓的行動。在鎮壓部隊前鋒的人物，正是馬丁・賈西亞・德・羅耀拉（Martín García Óñez de Loyola），他是耶穌會創始人依納爵・羅耀拉（Saint Ignatius of Loyola）的姪子。鎮壓部隊中，有兩千名印地安人，其中印加族約一千五百人，剩下了五百名，則是「友族印地安人」，包含被視為重要戰力的卡尼亞爾人在內。率領卡尼亞爾人的領袖，當然是前文所提到的契爾切，當時的契爾切，已經是超過七十歲的高齡，仍然是以「將軍」的身分統率士兵。

比爾卡班巴最後的印加國王圖帕克·阿馬魯，最後還是被羅耀拉的部隊俘虜。被帶往庫斯科的圖帕克·阿馬魯，被宣揚基督教教義，並得到菲力普的受洗名字。但是，副王托雷多卻羅織罪名，將圖帕克·阿馬魯送上簡易法庭，並判處死刑。一五七二年九月二十四日，圖帕克·阿馬魯在四百位卡尼亞爾人長槍兵的護衛之下，抵達庫斯科大廣場中心位置的處刑台前。不只是聚集在廣場上

圖帕克·阿馬魯　在比爾卡班巴繼續抵抗活動的印加族，最後一任的國王。

的群眾，附近的家家戶戶、以及遙望廣場的山丘上，都有民眾注目凝望，最後的印加國王，就在卡尼亞爾人的劊子手，揮下那手中的利劍之際，人頭落地。伴隨著市內響起的教會和修道院鐘聲，眾人不禁嗚咽。就這樣，副王托雷多將反對西班牙政權的印加族，從安地斯世界之中，一刀抹煞。

但是，副王托雷多並未因此感到滿足。他偏頗的推測，只要印加族還存在於秘魯，就有可能會觸動「古代王權」的開關，比爾卡班巴的新印加王朝，無論到何時都有可能再次出現，這對於絕對唯一的西班牙王權統治而言，是很大的不安定要素。因故，副王決定將向來對西班牙人秉持著支持、協助立場的印加族人，例如已故帕魯的兒子卡羅斯．印加（Carlos Pawllu Inca）等印加族中的權勢者，永久流放至新西班牙（Nueva España），也就是墨西哥的副王領地，先將他們移送至首都利馬。卡羅斯．印加是生活在西班牙新體制下的印地安人，可以說是象徵性的存在，他接受西班牙風格的教育，妻子更是純正的西班牙貴族。副王獨斷的政策，引起強烈的反對聲浪，最後追放印加族人的政策未告實現，眾人返回庫斯科。但這批印加族人，在印地安社會中已經失去了實際的影響力，成為徒具稱號和特權的存在。但是，就算只是形式上的存在，「印加」的存續，還是為後來的歷史添加了重要的色彩。

◎副王托雷多的「印加史」

托雷多不僅是針對印加族的人物，就連印加的「歷史」，也成為他攻擊的對象。托雷多命令他身旁的知識分子——佩德羅・薩爾米恩托・德・甘博阿（Pedro Sarmiento de Gamboa），遵照他的史觀去撰寫歷史。薩爾米恩托以印加族為首的多數印地安人作為情報提供者，進行敘述，構築出的印加歷史如下。

印加國王對安地斯民眾的統治，為期短暫且專制。宗教上滿是脫序的行為，加上印加國王操縱著人民的生殺大權，民眾們苦不堪言。印加國王的王權，作為安地斯的統治者，欠缺其正統性，又是暴君，最後解放這些在印加國王腳下受苦的印地安人們，就是天主教絕對的君主——西班牙國王。

托雷多命令部下編纂這麼一段充滿明確政治意圖的歷史，還傳喚印加各帕納卡的成員作為證人，要求他們朗讀內容，強迫認證史實與記述無異。

有趣的是，彷彿是要補強書寫成文字的歷史一般，托雷多還找來了印地安人的畫家，在四塊畫布上繪製歷代印加國王的半身像，以及印加王朝的起源、歷史故事，獻給菲力普二世。文字的書寫加上視覺的素材，以政治力量強力且持續地扭轉史實的記述，最後終於凝固成為「印加的歷史」。不過，在那一瞬間，面對歷史敘述的恣意操縱，從印地安社會所發出的異議聲響，還是可以從史料中聽見那低沉、細微的回聲。

繪製圖畫的時期，正好是與比爾卡班巴的新印加王朝之間，緊張關係上升到最為緊繃的時刻。有一位聖職人員，報告出在繪製這四張圖畫之際，所發生的插曲。根據記述，副王要畫家繪製印加歷代國王以及盤踞在比爾卡班巴的印加國王肖像畫，召來隸屬於印加帕納卡的主要印地安人成員，透過翻譯，表示這個王國的統治者，印加人稱之為國王的人物，是僭主（不合法的統治者），印加族人聽聞後，無不憤慨。

此外，在上呈給西班牙國王的印加歷代國王的肖像畫中，卡羅斯·印加的父親帕魯·印加，與新印加王朝第三任國王蒂圖·庫西相較，被繪製在較高的地位。據說看見這幅畫的第二任國王塞里·圖帕克之妻，同時也是蒂圖·庫西的姐妹——朵娜·瑪莉雅·庫西·瓜爾凱（音譯），前往副王所在處所，質問究竟。托雷多冷淡的對她說道：「妳難道不知道嗎，朵娜·瑪莉雅。卡羅斯和他的父親帕魯，一直都是服從於國王陛下，而妳的父親和兄弟，只是僭主，不就是一直躲在深山的堡壘裡嗎？」對此，朵娜·瑪莉雅回答，閣下將家父和兄弟稱呼為背叛者，事實上並非如此。他們之所以固守在堡壘，是因為他們確確實實是這個王國的統治者，但是西班牙人卻剝奪了他們的生計。

在西班牙國王是絕對、一元統治的構造中，印加的歷史被試圖豢養在這個結構之內，因而抹煞了反叛西班牙國王的印加勢力，印加族的存在本身，也幾乎快要被消滅殆盡。就在這個過程中，一位充滿勇氣的女性發聲，造成迴響。最後，托雷多還是無法消滅「印加」。十七世紀以後，印加繼續與官方歷史保持連結的同時，帕納卡成員們，也藉由承繼額上的流蘇垂飾，讓「印加」繼續流傳。而勇於面對托雷多的朵娜・瑪莉雅，與塞里・圖帕克之間育有一女——碧翠絲・蔻雅（Beatriz Clara Coya）。碧翠絲與前文述及追討圖帕克・阿馬魯有功的馬丁・賈西亞・德・羅耀拉結婚。其後，碧翠絲所繼承的領地，成為十八世紀末印加再生的機緣，關於這個部分，將於後文詳述。

1 西班牙語「Virrey」一詞，拉丁文語源的意思為「副王」，西班牙殖民地只有兩個副王，一個是新西班牙及墨西哥，下轄瓜地馬拉甚至菲律賓；一個是祕魯，下轄新格拉那達（現在的哥倫比），甚至包括拉普拉塔（現在的阿根廷）。

2 在西元七一一年。進入伊比利半島的穆斯林，大多為柏柏人。

第六章

生存在世界帝國的人們

波托西礦山的模樣　被強制從事苛刻、殘酷勞動的印地安人。特奧多雷·德·布里（Theodor de Bry）繪製。

位在海的彼端的國王

◎擴張的帝國

一五五五年十月二十五日，西班牙國王兼神聖羅馬帝國皇帝查理五世，在布魯塞爾的全國議會上，與會的貴族顯要面前，發表讓位演講，表示將從勃艮第伯爵的位置上退下，讓位給愛子菲力普。在這場賺人熱淚的演講中，特別著名的部分，是關於他自己在位中的「移動」過程。

> 吾曾九度前往德國、六度前往西班牙、七度在義大利生活、十度前來法蘭德斯（Flandre）、平時加上戰時四度前往法國、兩度入境英國、兩度趕赴非洲。為此八次途經地中海、三次航行西班牙的大海，為了前往隱遁場所的西班牙，應該即將迎來第四次的經驗。合計共經歷十二次船旅的舟車勞頓。（藤田一成，『皇帝カルロスの悲劇——ハプスブルク帝国の継承』，平凡社）

皇帝所道出的移動軌跡，描繪出他所打下的帝國輪廓，應該也足以再一次向眾人傳達出，國王領土的廣闊。但是，四處奔波的日子，在查理五世身上留下了無法根治的疾病——「痛風」，雖然才五十五歲，還是讓他下定決心，在世期間，將眾多的王位讓與兒子繼承。

將西班牙和義大利各領土遺留給查理五世的外祖父母，也就是卡斯提亞的特拉斯塔馬拉家族（House of Trastámara）的天主教雙王，十分自豪這個能夠在伊比利半島縱橫移動，充滿機動性的宮廷。另外，查理五世的祖父，則是留給他中歐哈布斯堡（Habsburg）王朝的廣大領土；並且從祖母繼承勃艮第伯爵家的低地國領地。如此一來，查理五世不得不比天主教雙王，更為頻繁地離開王宮，四處奔波。且上述這些移動的旅程，大多不是單純的視察，其中還包括因應在廣闊領域的各處，對帝國王權提出異議的地方勢力，做出動員兵力，展開嚴肅的軍事遠征活動。

針對義大利領土問題與固執的法國國王大動干戈、因鄂圖曼帝國的興盛而開始進攻地中海的伊斯蘭勢力，查理五世也親自率領海軍，與之對戰。另外，位於神聖羅馬帝國中心的德國，則是捲起革命的漩渦，從教義的根本上否定帝國宗教天主教；為了處理路德教派等各勢力的問題，或是為了施展懷柔政策作為對應，查理五世不得不親自前往德國。

正如藤田一成所分析的一般，有中世紀最後君主之稱的查理五世，有必要巡迴各地，透過現身在臣民面前的行為，讓臣民經常意識到君王的存在，將有離心力傾向的「複合帝國」各地（請試想天主教雙王的稱號）建立起連帶關係感。因此，當他失去了繼續四處巡迴的體力和精力之時，只能選擇退位離去。但是在他的帝國裡，仍舊存在著幾百萬民眾，知曉國王的名字，卻絕對無法親眼看見國王本人。因為在查理五世巡視的旅程中，從未被列入目的地的土地，便是美洲。不只是查理五世，繼任的國王菲力普二世，以及之後的西班牙歷任國王，無論是誰，都沒有踏上美洲這塊土地。此外，在菲力普二世的統治之下，將東南亞世界

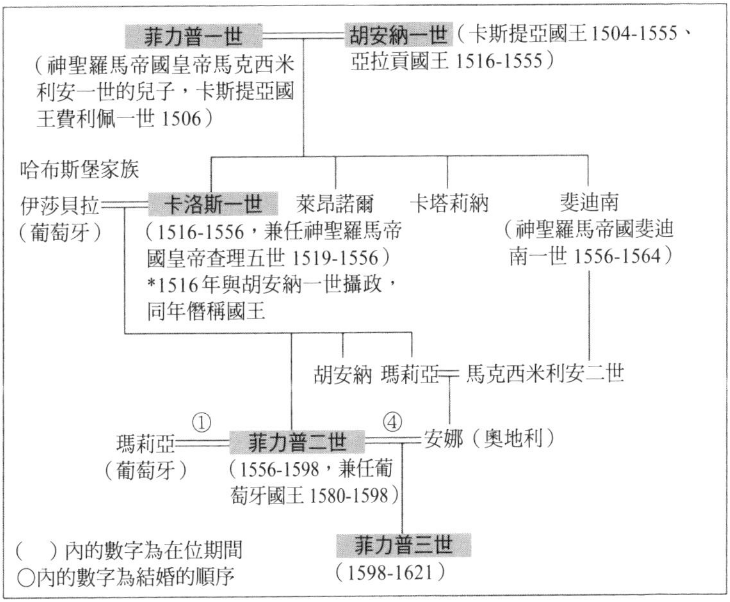

西班牙哈布斯堡家譜圖　根據立石編『スペイン・ポルトガル史（西班牙・葡萄牙史）』（山川出版社，2000 年）資料繪製而成。

納入帝國版圖，歷代國王們也從未造訪當地。

然而，對住在美洲和菲律賓的民眾而言，那位住在海洋彼端的人物，一直都是他們的國王。例如住在安地斯地區的印地安人。在印加帝國的時代，歷代國王們坐在莊嚴的聖轎上，在帝國領地內部持續展開巡視的活動。可以說是國王們在有能力移動的範圍內，構築出帝國外圍的界線。在這一層意義上，可以將出巡視察的西班牙國王，與印加國王的身影，重疊在一起看待。印加的歷代國王們，在視察地與臣民共飲奇恰酒，要求地方上繳年貢、承擔勞役和兵役的同時，也大方的宴請、贈與，討臣民的歡心，王國營運的基本結構，就是建立在這種互惠關係之上。也因為如此，安地斯的印地安人，才會深信自己與海的彼端的國王之間，存在著同樣的關係。譬如位於秘魯中部高原的汪卡族人，就是一個例子。

◎渡海的印地安人

與在前章提到契爾切率領的卡尼亞爾人相同，汪卡族的印地安人，也是西班牙人在征服活動背後的功臣之一。一五六〇年代起，汪卡人開始向西班牙國王提出請求。前文已經述及，汪卡人將征服活動期間，對西班牙人各勢力不惜餘力所提供的援助，以結繩方式詳細地記錄在他們的「帳簿」之中。如今，他們根據帳簿，縝密地列舉出曾向征服者提供人力和物質上的貢獻，要求西班牙國王賦予特權，作為相應的報酬。其中，特別是豪哈的上級首長黑爾尼莫．瓜庫拉帕吾卡爾（音譯）的兒子菲力普（音譯）的行動，尤為顯眼。

菲力普．瓜庫拉帕吾卡爾或許是認為，新的國王們不會在安地斯地區現身的事實，於是他選擇了自己動身前往的方式，晤見新國王。早已熟諳西班牙文的菲力普，在一五六二至六三年左右，以父親的代理人身分，向西班牙國王請求對汪卡人貢獻的認同並支付報酬，起身前往西班牙。同時，此行的目的，還包括在現任託管主死後（接受「委託權」的西班牙人），印地安人希望能夠再度被統合，成為西班牙國王直屬臣民的請願。汪卡族的首長們，是前文曾提及反對委託制度恆久化運動的前鋒人物。

關於菲力普．瓜庫拉帕吾卡爾一行人在西班牙的狀況，究竟是否將內心的想法，順利地傳達給西班牙國王知曉之事，目前依舊是一無所知。不過，資料顯示，在一五六四年，國王菲力普二世發行了「渡航特別許可」，允許菲力普．瓜庫拉帕吾卡爾回到秘魯；請願的結果，則是國王發出敕令，承認以年金為首的種種特權和豁免內容。

不只是菲力普．瓜庫拉帕吾卡爾，帕魯的孫子梅爾卻．卡洛斯．印加（Melchor Carlos Inca）也曾經渡海；另外，混血的編年史家加西拉索，他為了一掃西班牙人父親在貢薩羅．

皮薩羅叛亂之際，曾經背叛國王的嫌疑，回到了父親的祖國。加西拉索的知名著作《印加王室述評》第二冊，鮮明地描寫出印加社會崩壞後，秘魯的內亂狀況，不過，那其實是為了挽回父親所失去的名譽，並且向君主立下誓願的一種形式。

◎帝國的旅人們

西班牙國王四處奔波，他的臣民們也不畏距離的遙遠，持續在帝國內部移動。在王位從查理五世移交至菲力普二世的手中之後，德國和奧地利等哈布斯堡王朝的領土，也離開了西班牙國王的管轄。但是，從墨西哥的阿卡普爾科（Acapulco）連結東南亞，橫斷太平洋世界的道路終於開拓成功之後，以菲律賓群島為媒介，廣大的亞洲世界自此也被納入帝國的視野之中。一五八〇年，菲力普二世兼任葡萄牙國王，將葡萄牙在亞洲世界的領地納入統治範圍，形成了堪稱是世界帝國的巨大空間。

法國史家塞爾吉．格魯辛斯基（Serge Gruzinski）表示，雖然並未長久持續，但是達成世界史上首次全球規模擴張的菲力普二世「天主教王國」，其所帶來的人員和物資流動，呈現爆發性的擴散，以及在融合＝混血的狀況下，誕生出的新文化種子，這每一個主題和現象，都成為歷史研究的對象。在此，筆者打算在這個脈絡之下，探討安地斯民眾與帝國之間的關係。

首先，就讓我們更為具體的來看，世界帝國西班牙擴張的現象。關於歐洲的版圖，在前文查理五世的移動軌跡上，已經畫出了大致的輪廓。實際上，曾經藉由移動的軌跡，畫出世界帝國全貌的人物，是出身西班牙哈恩的聖職人員佩德羅・歐德涅斯・德・塞巴洛斯（Pedro Ordóñez de Ceballos），依

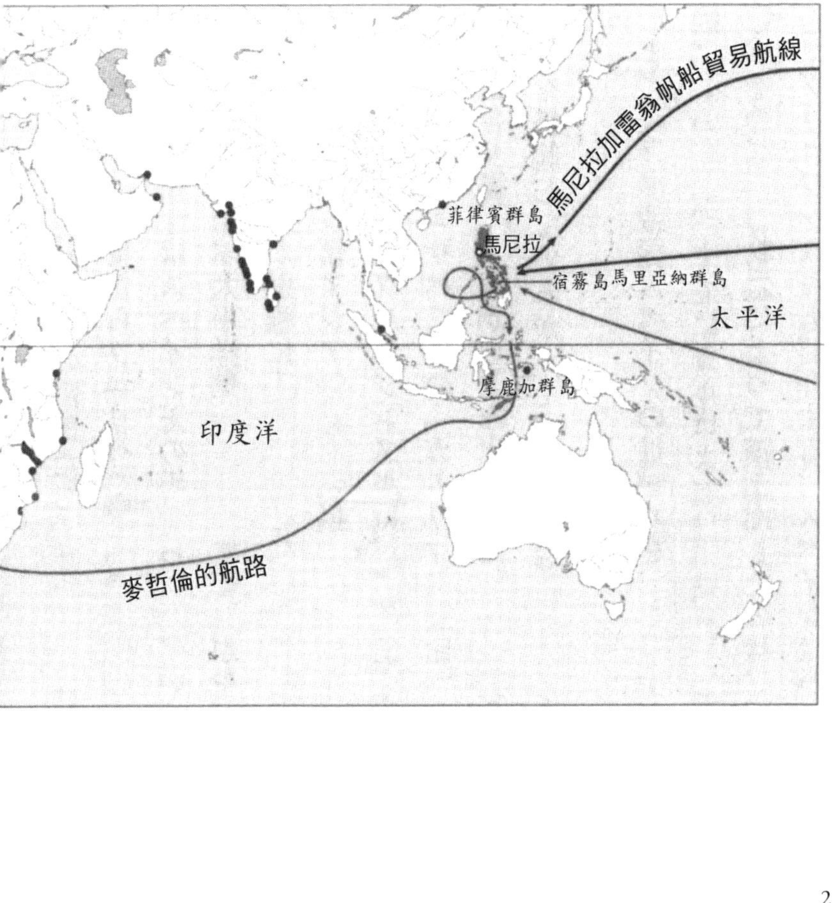

照格魯辛斯基的說法，這號人物是展現天主教王國內部流動性的象徵。實際上，翻閱塞巴洛斯的著作《世界之旅》（*Viaje del mundo*），在序文中可以發現他繪製在地圖上，令人眼花撩亂的移動路線。以下，就讓我們從他闡述自己自九歲至四十七歲的遊歷與見聞，概觀他的人生旅程。

他十分引以自豪的是，幾乎踏遍故鄉歐洲的所有角落，接著以以色列的聖地為首，希臘、喬治亞、地中

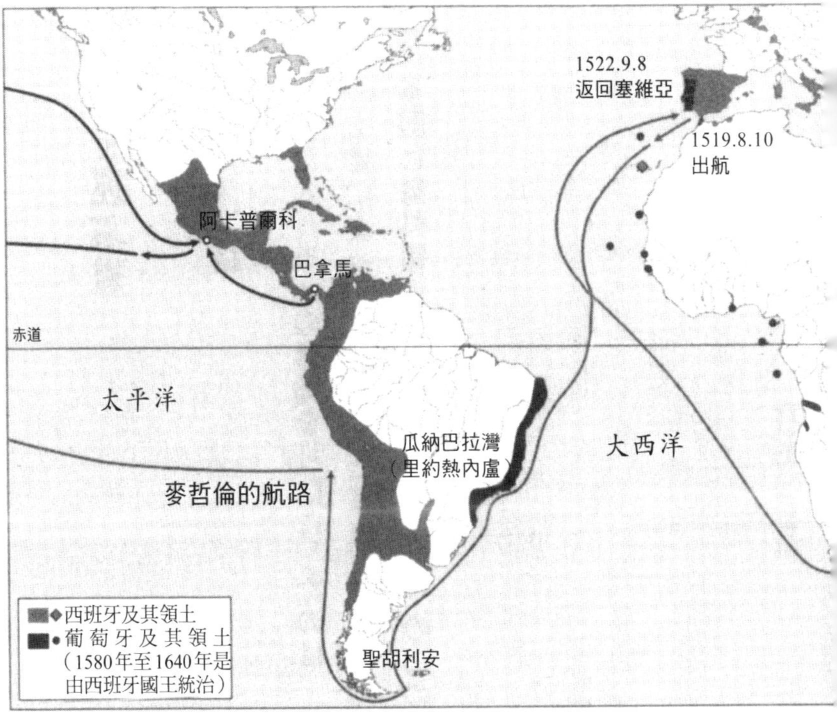

西班牙帝國的最大版圖　在菲力普二世的統治下，合併葡萄牙，將統治領域擴張至亞洲世界。

海上無數的小島。他還知道突尼斯（Tunis）、休達（Ceuta）、費茲（Fez）、維德角半島（Cabo Verde）、剛果、馬達加斯加等非洲國家。並且明言自己已經造訪了全美洲，像是波哥大、基多、利馬、庫斯科、波托西、巴西、巴拉圭，以及墨西哥全境。甚至躍進到亞洲世界：菲律賓群島、中國、交趾支那、占城（Champa）、柬埔寨、麻六甲，以及「所有家屋皆以木材建造而成」的長崎，都有他的足跡。根據他自己的計算，總距離長達三萬里格，約十七萬公里以上。

塞巴洛斯表示，他除了聖職人員的身分以外，還曾經經手奴隸買賣以及從軍。從這樣的一號人物所說出來的話語，其真實性值得存疑，有人認為，他應該沒有實際到過亞洲世界才是。然而，可以確定的是，就算他真的將未曾到過的地方羅列在內，區區一介西班牙帝國臣民的腦內，竟然可以使用這些地名，構築出廣大的世界，也是以實際上的規模作為意象的基礎。

四處周遊帝國領土的人，並不限於這些冒險家的人物。前往帝國各地赴任的官吏們，因職務調動的移動距離，也是異常的驚人。例如出身西班牙埃斯特雷馬杜拉地區卡塞雷斯（Cáceres）的法蘭西斯科·德·桑德（Francisco de Sande）博士。桑德博士是中流貴族後裔，一五五〇年代在薩拉曼卡大學（University of Salamanca）修習教會法，一五六七年，以高等法院（Audiencia）的法官身分前往墨西哥赴任。其後，被任命為菲律賓的副王，於一五七五年抵達馬尼拉，在當地工作至一五八〇年，再度回到新世界的大法院，完成瓜地馬拉的任務後，一五九六年至一六〇二年逝世為止，則是在哥倫比亞．波哥大的大法院擔任院長職務。

從桑德博士的例子來看，他應該是一位以身為帝國官員為傲、定期調職的官吏，隨著他橫渡廣闊海洋的移動距離，也一步步地爬上了升職的階梯。當然，帝國內的人員移動，並不是只有這種在帝國舞台表面上的調動；反倒是在官方文書未能把握的世界裡，有非常多的民眾，橫越帝國各地，將移動的路線更加具體化地表現出來。例如，我們可以從猶太裔商人們的移動，看出帝國內的移動軌跡，他們身處在天主教與猶太教之間、寬容與迫害之間，有時是為了躲避異端審問的鎮壓，有時是為了追求豐厚的利益，而展開移動的旅程。關於他們實際的活躍和挫折，將於下一章詳述。

運送白銀的道路

◎印地亞斯航線

在帝國內，能夠促成人員和物資流動的背景，無疑是帝國所構築起的交通系統，以及官員制度，支持著移動過程中所需大量文書資訊的處理。交通系統的根幹，就是「印地亞斯（Indias）航線」[1]，為聯繫西班牙本國與海外領土美洲的唯一海路。印地亞斯航線的出發地點，是安達盧西亞的塞維亞。歐德涅斯・德・塞巴洛斯、桑德博士以及許多猶太裔商人，都是從此地開展他們的旅程。塞維亞的人口，從十五世紀末葉的四萬人，至十六世紀末葉成長至十五萬人，象徵出塞維亞作為歐洲與美洲的交通中繼點，呈現急速成長的趨勢。一五〇三年，在塞維亞設立印地亞斯商務局（Casa de la Contratación de Indias），負責管理航向新世界的船隻、移民，以及購買可以在美洲市場販賣的商品，和船隻的設備工程等。

這條印地亞斯航線，是支撐著西班牙帝國經濟，負責運送最為寶貴、富含價值的美洲白銀。為了避免外國的海賊和私掠船（擁有國家授予的私掠許可證的船隊），前來掠奪白銀，自一五六四年起，以船隊制度展開運送航行，由配備武裝的護衛船，負責護送，保衛

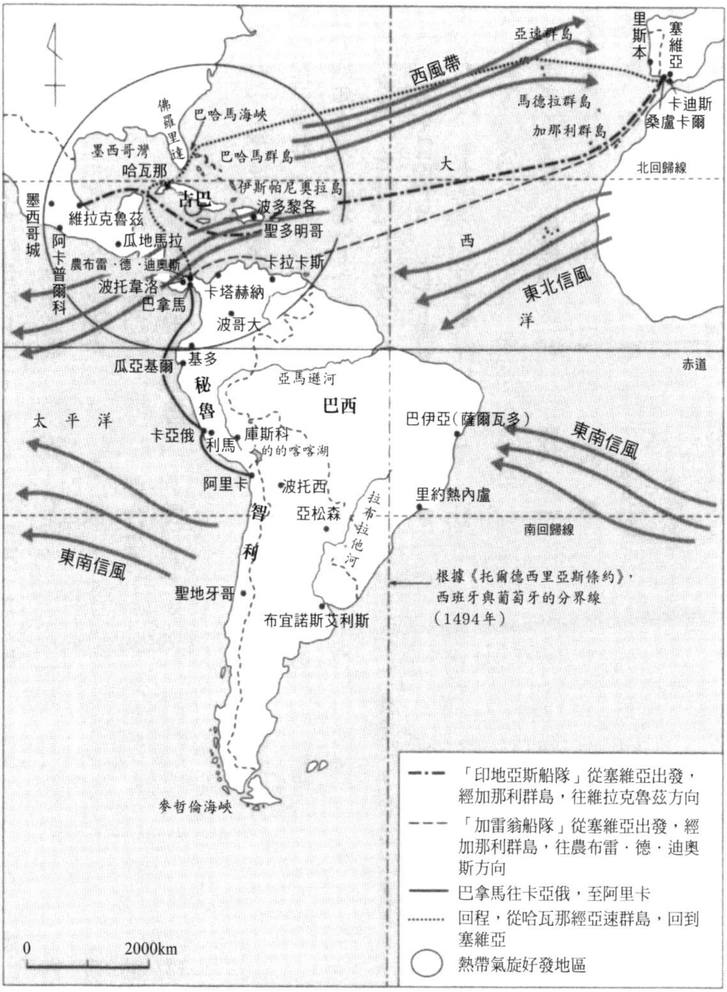
亞速群島
西風帶
里斯本
塞維亞
馬德拉群島
卡迪斯
桑盧卡爾
加那利群島
佛羅里達
巴哈馬海峽
墨西哥灣
巴哈馬群島
哈瓦那
大
北回歸線
伊斯帕尼奧拉島
墨西哥城
古巴
維拉克魯茲
波多黎各
聖多明哥
瓜地馬拉
西
阿卡普爾科
農布雷·德·迪奧斯
卡拉卡斯
東北信風
波托韋洛
卡塔赫納
巴拿馬
洋
波哥大
瓜亞基爾
基多
赤道
秘魯
亞馬遜河
巴西
太平洋
巴伊亞(薩爾瓦多)
東南信風
卡亞俄
庫斯科
利馬
的的喀喀湖
阿里卡
波托西
里約熱內盧
智利
亞松森
拉布拉他河
南回歸線
東南信風
根據《托爾德西里亞斯條約》，
西班牙與葡萄牙的分界線
（1494年）
聖地牙哥
布宜諾斯艾利斯
麥哲倫海峽
「印地亞斯船隊」從塞維亞出發，經加那利群島，往維拉克魯茲方向
「加雷翁船隊」從塞維亞出發，經加那利群島，往農布雷·德·迪奧斯方向
巴拿馬往卡亞俄，至阿里卡
回程，從哈瓦那經亞速群島，回到塞維亞
熱帶氣旋好發地區
0
2000km

印地亞斯海路　連結西班牙和新大陸的兩大船隊，印地亞斯船隊和加雷翁船船隊。

安全。被稱為「印地亞斯船隊」（Flota de Indias，俗稱珍寶船隊）的西班牙船隻，往新西班牙（Nueva España）（墨西哥）地區航行的船隊，朝著墨西哥・維拉克魯茲的方向前進；往南美洲的「加雷翁帆船（Galeón）船隊」，則是朝著農布雷・德・迪奧斯（Nombre de Dios）、卡塔赫納（Cartagena）的目的地前進。同時，也會巧妙地避開傳染病和颶風季的時節，調整出航的時間。

駛離瓜達奇維河河口的船隊，往西南方向的加那利群島前進。約七至十天的航程，可以抵達加那利群島。在當地稍事休息後，便要迎接橫渡大西洋的旅程。約一個月的航程，船隊抵達小安地列斯群島。要前往墨西哥的船隊，在波多黎各完成補給工作，繼續朝著維拉克魯茲的方向揚帆，展開一個月的航行。另一方面，要前往農布雷・德・迪奧斯、卡塔赫納的船隊，約繼續航行兩周的時間，便能抵達目的地。這隻加雷翁帆船船隊，正是搬運安地斯世界白銀，載滿寶物的船隻。在南美洲擁有最大規模銀礦山的波托西，當地所挖掘出的白銀，儘管在時間和距離上都有較為優秀的條件，但是經由南方布宜諾斯艾利斯（Buenos Aires）的航路運送，並未獲得官方的認可。

白銀從安地斯高地的波托西，被運往秘魯副王區首都利馬的外港——卡亞俄（El Callao）之後，由護衛船艦護送，沿著太平洋岸北上。抵達巴拿馬後，改用騾子進行搬運，通過窒礙、狹長的巴拿馬地峽，往大西洋海岸前進，最後將白銀堆進加雷翁帆船內。各自完成貨物裝載任務的兩隻船隊，在古巴島的哈瓦那會合，趕在颶風季來臨前啟航。回程的航程，較去程漫長了許多。在船隊裡工作的船員們，要經過九至十個月，才能夠再次回到出發地點的瓜達奇維河河口。

然而，這其實是航行能夠順利推展時，才會出現的景況。從當時的記錄可以看出，實際上的航行，是非常艱辛的過程。一五四四年，不得不越過大西洋的某位聖職人員，留下如下的記述：

船內空間狹窄，我們就像是在一所監獄內，即便沒有格子窗戶和門鎖，仍舊是無法脫逃的狀態。被籠罩在絕望、彷佛要令人窒息的燥熱空氣之中。以地板為床，只有山羊毛的毛毯，船內到處都是嘔吐的污穢。口乾舌燥的感受，已經到了讓人難以置信的程度，又加上餅乾和醃製物的餐點，更是令人難以承受。難以勝數的跳蚤，前來吸取鮮血。惡臭，特別是船艙內的氣味，難聞得讓人想立刻奔逃……

在經歷過上述的船旅，抵達新世界的人們，很多都因為與故鄉間隔的遙遠距離，絕望不已，因而放棄回鄉的念頭。但是，如此歷盡千辛萬苦、咬緊牙關才抵達的新世界，有時候也真的成為那塊「約定的土地」。

如果是你的職業，在你那裡工作一年的收入，這裡只要一個月就可以入手……。沒有錢買船票也沒有關係，先賒帳到這裡來，我在這邊幫你想辦法。住的房子和店舖，由我來打理，多虧神的眷顧，一切都很順遂……。這裡的土地肥沃且豐饒，小麥一年二作，天氣也非常穩定，不冷也不熱。只要你到這裡來以後，就會知道了，我就不多說了……。如果你真的有意要到這裡來的話，首先必須要去宮廷申請許可證。拿到許可證以後，變賣你手上所有的物品，換成現金，接著去塞維亞，盡量找到便宜的船票，簽下契約，再去採買必要份量的糧食就好。

這是一五七六年，住在墨西哥．普埃布拉（Puebla）的西班牙人，書寫信件給住在舊世界的姻親兄弟。這一類的信件也是經由船隊的運送，將分住在新、舊兩大陸的民眾連結在一起。如同內容所示，這是一封「招徠」（吸引人前來）的信件。這些私人信件，在有意前往美洲的民眾，辦理渡海手續之際，會與「當地生活照料者等證明文件」一同附上，所以今日我們才有機會看見。

◎移民管理

在帝國的空間內部，雖然民眾能夠移動、遷徙，但是西班牙國王，對於移動者的身分，訂下嚴格的限制和門檻。「必須由純正的天主教徒，填滿西班牙王國的空間」——這一個政治、宗教上的意識，特別是在伊比利半島往新世界的移動局面上，發揮了強大的作用。受到最嚴格限制的，就是最早要前往美洲的民眾。如同上述來自普埃布拉的信件內容所顯示，在菲力普二世統治期間，有意渡海前往新世界的民眾，首先要前往馬德里的宮廷，向印地亞斯委員會提出申請。西班牙國王是統治新世界的中心人物，印地亞斯委員會則是這位中心人物的諮詢機構。申請書中記錄著渡海前往當地的理由（以普埃布拉的例子來看，是在當地有提供支援的親人存在）、同行的家人與傭僕的姓名、年齡、身體上的特徵等。在印地亞斯委員會審理通過後，還需要國王的親筆簽名，因此，申請手續完成後，可能需要數個月的時間，才會拿到許可證。

拿到許可證後，也不是馬上就能前往塞維亞。接下來要迎接的，就是渡海限制中的重要關卡──證明「血統純正」的過程。換句話說，在新世界的征服、殖民事業上，能夠取得渡海許可證的，只有西班牙王國的「舊基督教徒」。若是允許從猶太教或是伊斯蘭教改信基督教，在信仰的虔誠度上會受到懷疑的信徒渡海，便會污染了美洲這一塊「在宗教上純淨無暇的土地」，因此必須極力迴避。

申請渡海者必須前往他的出生地，接受調查。調查會針對「二等親以內是否無接受過異端審問的嫌疑者，以及無猶太教、伊斯蘭教改信者」，準備問題，在公證人的見證下，至少召集六位證人，蒐集證詞。接著，將完成的調查報告書交由市政府當局認證，這才算完成了渡海所需的文件。

塞維亞的印地亞斯總檔案館　館內典藏了有關西班牙的殖民政策以及航海的珍貴資料。

在如此新舊兩個世界的交通往來上，以文書為媒介的繁瑣手續，帶給渡海者強大的負擔，可說是帝國的特徵。儘管如此，要躲避國家的控管，似乎也不是件難事。根據某一數據，十六世紀期間，在印地亞斯委員會中登錄的渡海人數為五萬六千人，但是實際上的渡海人數，卻超出官方數據的五倍之多。也就是說，非法偷渡已經成為日常化的現象。例如渡海相關文件的偽造、躲在船艙的偷渡，或是在船長同意下，未具備渡海文件的秘密渡海等狀況，更為嚴重的是，以應徵大西洋船隊的士兵或船員身分上船，抵達新世界後便行蹤不明的非法渡海。

另一方面，在王權方面的移民管理上，也並非是毫無漏洞。在查理五世統治期間，許多來自法蘭德斯和德國的民眾取得許可證，渡海前往美洲，葡萄牙人和義大利人的移民，當然也能夠在新世界看見他們的身影。

舉例來說，在西印度群島，因為發現墨西哥和秘魯的存在，西班牙人大多被吸引到新大陸，人數大為減少，菲力普二世因此認同葡萄牙人的移居，作為填補。因為在政策上開了這一個缺口，在加勒比海的聖多明哥市，「可以聽見基督教各國使用的所有語言，如義大利語、德語、英語、法語、匈牙利語、波蘭語、希臘語、葡萄牙語，以及亞洲和非洲等各國語言」。經由布宜諾斯艾利斯的南迴航線，也成為偷渡者利用的重要航路。

◎波托西的白銀

船隊所運送的，當然不只是人員。在新舊兩個世界之間，移動了大量的物資。接著，就讓我們來看看白銀——西班牙王室經營帝國的經濟根幹，究竟是如何在西班牙帝國內部流動。

皮薩羅以贖金的名義，用半詐欺的方式，從阿塔瓦爾帕取得大量的黃金和白銀，其中屬於國王的五分之一，由皮薩羅同父異母的弟弟埃爾南多，負責送到國王手上。查理五世作為巨大帝國的領袖，需要龐大的營運資金，在財政上經常處於窘迫的狀態。正好這個時候，查理五世向北非發動大規模的遠征行動，與法國的關係也出現惡化，在如此嚴峻的局勢下，寫下「就在我們最迫切需要的時刻，這麼巧合的就從秘魯送來了黃金」，從義大利寄來信件，表達內心的喜悅之情。

經過數次的破產宣告，處於財政困窘狀況的菲力普二世，在一五八〇年代奇蹟式的復活，得以順利推展帝國政策，正是因為這個時期，美洲的白銀產量出現飛躍性的成長。他們即便已負債累累，但是以未來將會運來塞維亞的白銀為擔保，得以繼續向外借款。

現今的波托西城鎮 遠方是被稱呼為「豐饒之山」（Cerro Rico）的銀山。

前文已經述及，在皮薩羅的一聲令下，印地安人們便將印加財寶拼命地運往卡哈馬卡。那麼，白銀的生產，又是如何將安地斯的印地安人和西班牙的皇帝連結在一起呢？

說到美洲的白銀，首先想到的就是一五四四年發現的巨大銀礦礦脈——波托西銀山。約在同一時期，墨西哥的薩卡特卡斯（Zacatecas）等地，也發現了大量的銀礦礦脈，展開白銀的開採活動。「我是豐饒的波托西，世界的財寶，眾山之王，是所有國王欽羨的對象」，正如這段語詞傳誦的內容，波托西顯然已經成為世界上「財富」的代名詞。十七世紀，著有《新世界的天堂》一書的安東尼奧・德・李奧・皮涅羅（Antonio de León Pinelo），曾語帶誇飾地寫下，倘若將從「豐饒的山」中採出的銀礦延展鋪平，可以從波托西鋪至馬德里，形成厚約四指、寬約十二公尺、長達一萬一千公里的「白銀大道」。

發現礦山當時，在表層就能夠開採出品質優良的礦石，印地安人使用傳統的灰吹法[2]，將白銀抽提出來。照原理來說，西班牙國王擁有帝國內所有的地下資源，不過國王將開採工程委託給一般的民間企業，代價是從中抽取五分之一的稅收。一五六〇年代後，品質優良的礦石資源趨於枯竭，開採成果逐漸走向下坡。但是，波托西的白銀開採，卻是從這個時期才正要開始。

當時為了抽提出白銀，開發出劃時代的「汞齊化」技術，投入墨西哥的白銀開採事業。

彷彿是好事成雙一般，不久後就在秘魯中部山岳地帶的萬卡韋利卡（Huancavelica），發現富含「水銀」的礦脈。水銀是汞齊化技術中不可或缺的要素。因為當時的水銀，只有在世界的少數幾個地方有所出產，因此，在波托西附近的萬卡韋利卡，發現水銀礦脈，簡直就像是在身邊找到最完美的新娘一般。抓住這一個千載難逢好機會的人物，就是在行政能力上十分優秀的副王托雷多。最新的冶煉技術、水銀以及投入礦業各部門的豐富勞動力，這三個元素將能夠帶動波托西的發展。托雷多將這「三位一體」的最後一個元素，放在安地斯的印地安人共同體上，並且喚醒印加舊制的輪流勞役制度（米塔）。

◎礦山勞動者

印加帝國時代，歷代國王們向臣民們要求勞役活動，輪流派遣勞役者，從事各式國家事業的建設工程。托雷多將這個往昔的制度，導入波托西。從玻利維亞南部至庫斯科南部，包含十六個地區的印地安共同體，每年必須派出共同體成年男子（十八歲至五十歲）人口的七分之一，前往波托西常駐，從事開採和冶煉的工程。初期，成為米塔制對象的人口為九萬一千人，理論上應該是有一萬三千五百人會成為米塔制勞役者，停留在波托西。勞役期間為一年，工作周期的安排，是每工作一周，便有兩周的自由時間，但是許多印地安人在那兩周的自由時間中，經常是以臨時雇用的身分，繼續在礦山中從事勞動。

米塔制的義務同時也是整個家族的義務，因此，前往波托西的漫漫長路，妻子也與勞役者一同徒步跋涉。因此，實際上前往波托西的總人數，膨脹至四萬人。十六世紀某位編年史家寫下他的印象：「道路被滿溢的眾人覆蓋著，彷彿是王國全體都在移動一般。」米塔制勞役者們必須自備糧食，將馬鈴薯乾（Chuño，利用安地斯高地的一日氣溫差所製成。夜晚使之凍結，白天用踩踏的方式，擠出馬鈴薯的水分。不斷重複上述的製作過程後，就能完成長期保存的乾糧）和玉米等糧食放在美洲駝的背上。尤其是住在庫斯科南部的居民，即使他們與波托西有七百公里以上的距離，還是成為礦山米塔制勞役的對象，這一段崎嶇難行的漫長道路，單程就必須花上三個月的徒步時間。正因為如此，這些人為了卸脫米塔制的枷鎖，在十八世紀下半葉，與再度出現的印加國王，一同反叛西班牙王權之事，將於末章詳述。

對這些風塵僕僕抵達的印地安人來說，波托西簡直就像是吞噬他們生命的「地獄入口」。前文曾提及的道明會教士多明哥．德．薩多．湯瑪士，在一五五〇年左右的記錄如下：

大約是四年前，似乎是試著要讓這塊土地滅亡一般，發現了通往地獄的入口，從那時以來，大批的人們都走進了該處。他們是因為西班牙人的貪慾，而奉獻給神的人們。就是這裡，波托西，是陛下的銀礦波托西。

接著，在三十年後，耶穌會教士何塞·德·阿科斯塔（José de Acosta），則是將他在波托西礦坑的體驗，記錄如下：

但是，對於在裡頭工作的人來說，終日昏暗，很難分辨晝夜。而且是在絕對看不到太陽的地方，不僅黑暗無光，還寒氣逼人、周圍的空氣凝重，完全超出人類居住環境常態的程度。因此，首次進入的人，會有反胃、不適，甚至會導致嘔吐。就連我本人也經歷了同樣的下場……。金屬通常是堅硬的。用小型鐵棒，像是敲打打火石那樣的敲碎礦石後取出，揹在背後攀登……。（增田義郎翻譯）

據說在如此惡劣的勞動環境下，頻繁發生礦坑崩落等死亡意外事故。在使用水銀抽取純銀的過程中，因水銀中毒而死亡的案例也層出不窮。

◎古柯和奇恰酒

能夠療癒印地安勞動者受傷身心的，就是古柯葉和奇恰酒。曾經流傳了一段話語：「倘若沒了古柯，波托西也將終結」。一五七六年，一位住在庫斯科的西班牙人，寄信給身處伊比利半島的兄弟，信件中鮮明的呈現出，古柯的社會性機能。

……我的田地非常需要細心的照料，倘若三個月放任田地不管，將會蒙受許多損失。田地裡的作物，不是小麥，也不是葡萄和橄欖。那是擁有如漆的葉子，約與人同高的作物，被稱為古柯。當地的印地安人會食用古柯的葉子，更正確地來說，這種食用不是吞進肚裡，而是嚼食。在印地安人之間，古柯是他們非常重視、珍愛的作物，但是現在的生產權，幾乎都在我們西班牙人手中……古柯可以說是這塊土地上最值錢的貨幣。只要擁有古柯，就能夠換取印地安人所有的家產與財物。他們就為了嚼食古柯葉，願意放棄像是黃金、白銀、家畜等這些東西……

過去在印加帝國時代，古柯葉的消費與國家性的宗教禮儀、祭典相互連結，因此，古柯葉的生產活動，也是被置於國家和共同體的嚴密控管之下。但是，到了殖民地時期，這種由國家和共同體控管的統制制度消失，西班牙人企業家察覺到，就在這小小的葉片上，潛藏著吸取印地安人財富的磁性力量，因而取得生產和販賣權，大量提供印地安社會的需求。嚼食具有麻藥效能的古柯葉，可以減輕疼痛和飢餓感，還能夠補足營養（維生素和礦物質）。因此，在礦山的勞動者們爭相求取古柯葉。礦山事業的老闆只要在他們面前亮出古柯葉，印地安人們就算是休假的時間，也會開心的鑽入坑道內工作。印地安勞動者就這樣陷在麻痺的惡性循環中，需索著那小小的綠葉，將自己投入安地斯的深邃地底。

與古柯一同，過去有御神酒之稱的奇恰酒，也在這個時期成為大量消費的產品。印地安勞動者們稀少的休息時光，幾乎都是以奇恰酒為伴。波托西的鼎盛時期，一年的奇恰酒消費量，高達一百六十萬甕，在周日彌撒結束後，印地安人會一面打鼓一面飲酒，喝得酩酊大醉。據說從印地安人居住區傳來響徹雲霄的鼓聲，總是讓西班牙人們感到怪異不安。

奇恰酒　現今仍舊是眾人生活中不可或缺的飲料。

從安地斯地底挖掘出的白銀數量，特別是在引進汞齊化技術之後，呈現飛越性地增長。一五八五年的產量，較一五七二年高出七倍之多。挖掘出來的白銀，會先在波托西的造幣廠鑄造成貨幣和銀條，運送到太平洋海岸的阿里卡（現今屬於智利國土）港口，堆疊進船內後，移動至利馬的卡亞俄港。在卡塔赫納會收到白銀已經抵達卡亞俄的情報，船隻將會抵達位於地峽大西洋海岸的農布雷．德．迪奧斯和波托韋洛，當地有人負責迎接，等待白銀的到來。接著，從安地斯南部經過數千公里的航行，抵達加勒比海的白銀，經由「印地亞斯航線」往西班牙的方向前進。

與亞洲世界的交流

◎打開通往亞洲世界的路徑

理論上，上述的白銀流動路徑，是西班牙帝國權力中樞所構想出的藍圖。但是不久後，波托西的白銀，就違背了帝國所繪製出的藍圖，不是渡過大西洋，而是脫離上述路徑，往別的方向移動。放在西班牙帝國擴張的歷史上來看，可以說是最後階段的飛躍性運動，所帶來的現象。

儘管哥倫布原本遠征的目的，是要接近亞洲世界所蘊藏的財富，但是西班牙仍舊是將太平洋這一片浩瀚的海洋，視為難以跨越的高牆。另一方面，在海洋競爭上的對手——葡萄牙，則是開發出經由好望角的航路，將亞洲世界豐饒的財富，納入掌心。當時東南亞的諸多港口城市，對外來者採取開放的態度，容許他們以當地為據點，在廣大的亞洲世界建立起商業網絡。即便如此，葡萄牙還是在一五一一年，以軍事行動鎮壓麻六甲地區，構築要塞。一五一二年，葡萄牙人前往香料群島摩鹿加，與當地居民建立貿易上的往來關係。如此一來，葡萄牙便以麻六甲、印度的果亞，以及波斯灣的荷莫茲為據點，將胡椒、香料群島上的丁香和肉荳蔻等香料，經由南迴航路，運入歐洲。

晚了幾年，為西班牙帶來抵達真正亞洲世界可能性的人物，就是歷史上那位繞行世界一周的麥哲倫。一五一九年，離開安達盧西亞的遠征隊伍，通過南美大陸的南端，進入「平靜之海」（太平洋），而後經過關島，抵達菲律賓。麥哲倫雖然被菲律賓當地的原住民殺害，但是剩下的成員則是繼續航海的旅程，在摩鹿加群島上取得朝思暮想的香料後，返回伊比利半島。就這樣，跨越太平洋，納入亞洲的願望終於成為現實。針對在亞洲拓展權利的問題，西班牙王權調整與葡萄牙之間相互競爭的關係，將菲律賓群島納入帝國的統治範圍圈內。

話雖如此，前往亞洲的太平洋航路，並不像大西洋航路一般，能夠輕易的留下軌跡。即使成功抵達了菲律賓群島，卻無法順利回到美洲。最後，終於在一五六五年，黎牙實比（Miguel López de Legazpi）所率領的遠征隊，成功地由新西班牙抵達宿霧島，並且幸運地發現了橫越太平洋的回程航路。一五七一年，呂宋島的馬尼拉成為西班牙人統治的區域，西班牙在亞洲世界確立了穩固的據點。與此同時，連結新西班牙與亞洲關係的「加雷翁帆船貿易」，也漸漸地步上軌道。然而，當時太平洋的航海狀況，遠比大西洋方面來的費時且艱辛。可以算是當時「世界上最長時間的航行」，尤其船上許多人在航海途中，容易感染上俗稱水手病的壞血病等疾病，失去了生命。環球航行一年一次，只有三至四艘帆船，平均的航海日數為半年，也有耗時十個月的例子。

◎文物的交流

如此漫長且嚴峻的航海，能夠持續下去的原因，在於亞洲和美洲的財富交換活動，富含極大的魅力。中國文明所孕育出琳瑯滿目的物品，成為美洲民眾夢寐以求的目標。一五七三年，七百一十二卷的絲綢製品、兩萬兩千三百件陶器、瓷器等文物，被運到新西班牙，其多彩鮮豔、巧奪天工的纖細之美，讓墨西哥城的貴婦們驚豔不已。

當時，在東亞世界中，正如同日本史學家荒野泰典所提出的「倭寇性狀況」概念，這個地區的民眾，完全不顧國家的統治與管理，在商人團體和港口城市的媒介之下，自然、自主且強力地擴張人員和物資的聯絡網絡。從新西班牙前來的人們，十分順利地將這一個網絡與自己連結在一起。

交換亞洲絲綢製品和陶、瓷器的等價物，便是美洲的白銀。在這裡值得注意的是，藉由「白銀」的媒介，安地斯世界的人們，也加入了這個從亞洲延長而來的聯絡網路。為了取得亞洲的物產，龐大數量的白銀，便往太平洋的方向輸出。十六世紀末期，從阿卡普爾科（Acapulco）運往亞洲的白銀，已經凌駕於當時墨西哥與西班牙的貿易額之上。一六〇二年，墨西哥城的市參議會報告，在一年內從阿卡普爾科運至馬尼拉的五百萬披索白銀之中，秘魯出產的白銀高達三百萬披索。當時波托西一年的白銀生產量，約為六百九十萬披索。由此可以簡單地想像出，安地斯的白銀究竟向外流出了多少。

從菲律賓的角度來看，因為波托西的白銀，與秘魯的直接交易活動，非常具有吸引力。在利馬市的商人大道（Mercaderes），約可以在四十間店內購買到亞洲和歐洲的物產，此外，利馬人「將絲綢製品作為日常生活中奢侈的服飾」，也帶給造訪利馬的外來人士十分強烈的印象。前文提及出身卡塞雷斯的桑德博士，在擔任菲律賓副王職務之時，曾經提出利馬與馬尼拉之間直接貿易的提案。該提案實際獲得施行的時期，是在下一任副王隆奇優（Gonzalo Ronquillo de Peñalosa）的任期之內，馬尼拉和利馬的直通運行，提高了收益，獲益龐大。

然而，這條直通運行的航線，不久後便宣告終止。原本美洲白銀的用途，是要經由大西洋，替西班牙國王所焦慮的債務問題滅火。沒想到後來居然不是越過巴拿馬地峽，而是流通到太平洋世界的另一端，這對政府中央而言，當然是無法置之不理的事態。為了阻止白銀繼續向外流動，於馬尼拉禁止在除了阿卡普爾科以外的港口，進行貿易活動，並且對從事貿易的船隻設下數量和重量的限制，甚至干涉與秘魯、新西班牙的直接貿易。儘管如此，以白銀為媒介的太平洋貿易，誘人的魅力實在是難以抵擋，白銀的外流狀況並未就此終止。

在生產白銀的安地斯山地內，當然也充滿了來自亞洲的產品。有趣的是，印地安社會的地方首長等有力人士們生前所留下的遺囑，至今仍保留在公文書館之中，其中可以看見亞洲物品的痕跡。

例如一六〇二年，因為雷聲的驚嚇而從馬背上摔下的多尼雅．伊莎貝拉．西薩，是玻利維亞境內拉布拉他市（La Plata，現今的蘇克雷市）管轄內的印地安首長夫人，或許是意識到自己的人生，所剩時日不多，隨即在公證人前立下遺囑。在這一類的文書中，立囑人通常會詳細列出關於死後骨骸的處理、彌撒的次數、舉辦的方式等，指定關於債務和債權的有無和處理方法，並且將自己所持有的財產一一列出。西薩夫人當然也不例外，她列舉出家具、書籍、描繪聖母瑪莉亞的畫布等動產部分。

特別吸引我們關注的，是以一百二十披索購買的「中國製緞面紡織壁毯」。一百二十披索，以當時的幣值來看，是一筆十分可觀的金錢，根據同時期的資料，使用美洲駝將物品運送至波托西的印地安運送業者，一個月的薪資為五披索，一頭美洲駝的價值是七披索。另外，玻利維亞的大首長也在遺囑中列出「四個中國製盤子」的財產。十七世紀初葉，庫斯科的印加族民眾，贈送給住在西班牙的友人加西拉索，一幅「歷代印加國王的肖像畫」。這算是陳情運動的一環，向西班牙國王，請求賜予舊印加王族成員們諸多特權。值得一提的是，用來繪製歷代印加國王肖像的畫布，是「中國製塔夫綢的白色布料」。

◎馬尼拉的繁榮景況

連結東亞世界與安地斯的「白銀之道」，就這樣刻劃在太平洋的海面上。這條航線，當然也是提供人員移動的交通手段。帝國在亞洲的據點馬尼拉，簡直就像是多民族的大熔爐。人口只有兩千人的小城鎮，因為西班牙的殖民事業，開始急速擴張，在建設事業的三十年後，成長至兩萬八千人，到一六二〇年達到四萬一千四百人。其中包含兩千四百名西班牙人、三千名日本人、一萬六千名中國人、兩萬名菲律賓人。

根據方濟各會士巴爾托洛梅．德．雷托納（音譯），十七世紀前半葉的馬尼拉，充滿商業活力，吸引了各式各樣的人種前往，「四大世界的王國、地方、國家，無不將國內代表送往這個城市」。在前文提及的冒險家兼神職人員塞巴洛斯，如果從他的移動軌跡來描繪出西班牙帝國的輪廓，那麼馬尼拉可以說是將西班牙帝國凝聚、濃縮在裡頭的一個城市空間。

荒野泰典基於儒學者藤原惺窩的鹿兒島遊記，介紹這位知識分子在內之浦的港口城市，接觸到南方世界文化之時，新鮮有趣的反應。藤原惺窩停留在內之浦之時，獲知「唐船」入港的消息，與外國人船員藉由筆談進行對話，得知從內之浦到呂宋，只需要四至五天的航程，便能抵達。其後，他夜宿某位船長父親的家中，接受船長的招待，使用「呂宋玻璃製」的酒杯，並享用「異域」的美酒佳餚。這位船長在去年曾造訪呂宋。惺窩聽聞船長在異國的經驗談，受到強烈的刺激，嘆息地說道：「天地是何其廣大，然而這個國家卻是如此的狹小，無法增廣見聞的人，又怎麼能夠吸取廣闊無垠的知識呢。」

有許多日本人，或許是像惺窩一般思考著天地之大，又或者是基於不得已的緣故，離開日本列島，進入西班牙帝國統治圈內，例如留存在新世界各處，表明自己是出身「Japón（或Xapón）」的日裔西班牙人，便是這群日本人所留下的痕跡。雖然已是眾所皆知，十七世紀初葉，在安地斯的首都利馬，曾有一百多名亞裔人士居住在當地。根據一六一三年在該市施行的人口調查報告，經過調查官的確認，市內有五十六名「出身葡裔印地安的印地安人」、三十八名「支那（中國）裔印地安人」、二十名「日裔的印地安人」的住民。被分類為「日裔的印地安人」這群人，大多是從屬於西班牙人，在西班牙人宅邸中的奴隸（其中也有臉上被留下烙印的人）、襪匠、衣領工匠等，似乎是生活在都市底層的人們，但是大家在姓名的稱呼上，都只使用接受洗禮後獲得的教名，在文書資料上絲毫看不見日本文化的痕跡。

◎征服中國計劃與帝國的極限

西班牙帝國將大西洋和太平洋囊括在內，獲得了巨大的空間。過去的印加帝國，將領土擴張至北方的厄瓜多地帶，被認為正是這項過度的擴張，導致了帝國的瓦解。因此，西班牙方面也開始意識到有關帝國極限的問題。這一點，可以從菲律賓社會向西班牙本國提出「征服中國計劃」的結果，以及其中發生的一連串事跡，窺見西班牙對於帝國極限的看法。

早在一五六五年，西班牙朝向亞洲地區發展以來，便出現征服中國的構想，不過，在馬尼拉地區，則是更能感受到這項構想的現實性，特別是在傳教士之間，更是強烈，畢竟對他們而言，向異教徒的傳教活動，可以說是他們宗教生活中的動力與能量來源。經常出現在本章內文的副王桑德博士，也認為這項征服中國的計劃，是在可行度上相當高的人物之一。他在一五七六年交給西班牙的報告書中，非常嚴肅、認真地提出派遣四千至六千名兵力，實行征服的計畫，因為中國的人們是「偶像崇拜者、愛好男色者、掠奪者、海賊等」。畢竟，對桑德來說，要將征服戰爭加以正當化，不可不提出對應的理由。雖然菲力普二世並未認真地傾聽這項提案，但是卻強化了菲律賓殖民地內部，對於征服中國的熱情。尤其是在一五八〇年，葡萄牙因為菲力普二世的緣故，而被併入西班牙之事，使宮廷周圍洋溢著欣快、過度亢奮的氣息，等待救世主降臨的氛圍也日益濃厚，與征服中國的計劃，激起微妙的化學反應。

一五八六年，以副王、主教為首，在馬尼拉隸屬於宗教界或是世俗界的官員人員們，完成簽署征服中國的請願書。負責將這份請願書送達馬德里菲力普二世宮廷的人物，就是曾有居住中國經驗的耶穌會教士阿隆索．桑切仕（Alonso Sánchez）。請願書中擬出征服活動的具體計畫，在軍事上動員一萬兩千名的西班牙士兵、六千名日本同盟兵，以及六千名菲律賓人。並且樂觀的表示，從征服美洲的經驗看來，只要展開軍事上的行動，中國民眾便會起身反抗專制的統治者。

桑切仕在一五八七年，經由阿卡普爾科抵達西班牙。但是，耶穌會的權力中樞，擔心會在亞洲傳教事業上造成妨礙，對桑切仕的動向保持強烈的警戒心。他們委託在新世界擁有豐富經驗的何塞·德·阿科斯塔，前去阻止桑切仕的運動。阿科斯塔當時已是利馬耶穌會的大主教，同時在安地斯地區也已經是策訂向印地安人傳教方針的中堅人物，是當時耶穌會內象徵知性、智識的代表人物。

阿科斯塔向桑切仕說明，征服中國並無益處的理由，其思考迴路的背景是，阿科斯塔所構想出的印地安文化三類型論述。根據阿科斯塔的理論，總稱為印地安人的人們，又可以區分為三種類型。

第一，是擁有優秀的政治和司法組織，並且具備理性、邏輯思維的人們。尤其是具備「文字」這一點，可以說是這一類型文明的特徵。中國人以及日本人都被歸入這一類型之中，為代表性的存在。當要向這些民眾傳教之時，絕對不可使用強制性的力量，必須要從內部去啟動他們本身所具備的理性和信仰的開關，將他們導引至正確的宗教道路之上。

第二，是不會使用文字和成文法，但是具備統治和司法裁判的組織，能夠莊重實行宗教祭禮的民眾，這一類型，包含秘魯和墨西哥的原住民社會。但是，在他們的宗教之中，隱含著虐待人類的缺陷，要將其導向正軌，有時不得不借助「力量」。

最後的類型，則是阿科斯塔蔑視的「野蠻人」，在他的觀念中，等同於印地安人。不定居、缺乏法律和政治體制，宛如野獸一般的存在。要讓這些生活在美洲邊境地區的人們改心向上，強制的力量，是必須的手段……。歸納出這一套類型理論的阿科斯塔，以他的角度來看，在馬尼拉的人們提出要以武力征服高度文明的中國，簡直是愚蠢至極、笑掉大牙的計畫。最後，阿科斯塔的說服奏效，加上西班牙王室對這項計畫完全沒有興趣，這個由馬尼拉發起，委託桑切仕的企劃，就這麼永久的被束之高閣。

這一連串的事情，可以歸納出是天主教內部優秀的理性分析，戰勝了末世論的狂熱情緒；同時，也證明了許多抵達馬尼拉的西班牙人們，並未掌握到隱藏在亞洲世界中的長遠歷史和文明價值，其真正的意義。西班牙帝國在亞洲的統治，說穿了也不過就是站在仲介的位置上，抽取出其中的財富罷了，甚至可以說，西班牙就此顯露出了帝國的極限。實際上，西班牙帝國在桑切仕來到馬德里的一五八八年，因試圖進攻英國，而葬送了本國的「無敵艦隊」。這項失算的決策，將西班牙導向迅速衰退的局面，這項史實已廣為世人所知，在此便不再贅述。

從本章的內容，應該可以理解天主教王國西班牙的迅速擴張，以及擴張期間人員和物資流動的狀況。不過，筆者還有未盡之言。那就是在西班牙帝國的發展上，在經濟或是知性的層面上，存在著做出無可取代、偉大貢獻的人們，儘管他們不一定會明確地表明自己的身世背景。

例如何塞·德·阿科斯塔，他被認為是隸屬於猶太教改信者的系譜之下。另外，為了將拉斯·卡薩斯的思想在安地斯地區獲得實現，四處奔走的道明會教士多明哥·德·薩多·湯瑪士，眾所周知的事，他後來被捲入醜聞風暴之中（是由試圖排除道明會影響力的人們所策動），被他人拿來作為攻擊材料的，便是他的身世，也就是他的父族為伊斯蘭血統、母族為猶太血統的背景，可以說是糾結於系譜，根據不明的醜聞。

另外，也有研究者主張，拉斯·卡薩斯才是隸屬於猶太教改信者的系譜之下。他對印地安人所展現出的深厚情感，正好對應出他憎惡西班牙人的情緒等，也存在著這一類激進的討論。

許多猶太裔的人士，捨棄父祖輩的宗教，改信天主教，並且深入宗教界或是知識界，成就自身的發展，在西班牙帝國的擴張與維持上，確實是扮演著重要的角色。然而，有時因為他們自己有意識地操作，或是他人所捏造出的產物，每當試圖探究他們身世之時，總是伴隨著「被推測為……」這種不確定的語氣。筆者認為，現今的研究階段，在思想史上，要從血統的系譜來開展出歷史性的議論，並未結出果實。使用「猶太教改信者性質」或是「猶太人性質」這一類的語詞，究竟想要表達出什麼，經常是無法傳達給讀者，關於歷史性的實際知識和感受。

儘管如此，明確描繪出猶太裔人士生氣蓬勃的活動軌跡，從中得出歷史性意義的光輝世界，則是確實存在。那就是從十六世紀至十七世紀，在海洋貿易的商業世界。在本章內容所看見，在貫穿海洋的航路上，注入財富、供給水壓的人們，許多都是猶太教改信者。他們可以說是帝國經濟背後的推進者，但是在十七世紀前半葉，鎮壓猶太教改信者的活動從利馬、墨西哥地區逐步開展。結束向外擴張的帝國，將眼光轉向帝國內側，找到內部的「敵人」，決定要掠取他們的財富。在下一章，就讓我們來看看詳細的狀況。

1 「印地亞斯」（Las Indias）泛稱西班牙人征服、殖民的區域。包含西印度群島、部分美洲大陸、菲律賓群島。在「發現」美洲之前，此一詞彙的意思是「概念上的東亞」。

2 利用銀鉛互熔，使銀溶於鉛中，注入空氣，讓鉛氧化後沉積，分離銀和鉛的方法。

第七章

帝國內部的敵人

——猶太人與印地安人

利馬的大廣場　在中央繪有絞刑台和被處刑的人物。瓦曼・波馬繪製。

有關傳教事業

◎某位異端審問官的報告

這六年至八年期間，從布宜諾斯艾利斯、巴西、墨西哥、哥倫比亞、波托韋洛進入秘魯王國的葡萄牙人數，非常的多。本市內，到處都是已婚和未婚的葡萄牙人。這些人們曾經成為商業的君主。被稱為「商人大道」的道路，過去幾乎都是掌握在他們的手中……。零售攤販店也曾經全部都是他們所有……。從錦緞到粗布、從鑽石到孜然，當初無一商品不是由他們經手。過去在生意上沒有葡萄牙人夥伴的卡斯提亞人，是難以在商業上獲得成功……。當時，他們就像是這塊土地的統治者……。

這是一六三六年，一位利馬市的異端審問官，向西班牙本國上繳的定期報告書。其中當然包含了某些誇飾的內容，但是在書寫這份報告書的十七世紀初葉，利馬市內確實有許多葡萄牙人活躍於熱絡的商業交易之中，在商業界中幾乎是獨占鰲頭的氣勢。前章所提，在大西洋與太平洋構築起海洋航線，帶起物流運輸機動性的人物，包含許多猶太教改信者以及葡萄牙裔的商人。關於這些人在海上布下巨大規模商業網的規模和實際狀況，將於後文詳述，首先在這份報告書中，值得注意的是「當時，他們就像是這塊土地的統治者……」等一連串文字的狀態，是採用過去式的時態進行書寫。換句話說，在一六三六年這一個時刻，從「六至八年前」開始顯著發展，葡萄牙裔商人的商業王國已經是過去的歷史。究竟發生了什麼事情呢？

事實上，從書寫這份報告書的前一年開始，利馬宗教裁判所針對猶太教改信者的起訴活動，正好渡過了巔峰時期，許多原本擁有權勢的葡萄牙裔商人，早就被囚禁在裁判所的監獄內，日夜忍受訊問和拷問。財富和權勢讓人無法忽視的猶太裔商人，也因為異端審問而被取締入獄。由此一來，可以簡要地歸納出，商業界由少數人霸占的狀態，獲得了改善，但是這些狀況的背後，則是可以再次看出，西班牙帝國內部所隱藏關於宗教與人類、正統與異端，以及寬容與嚴苛等根本性問題，一同引爆。本章將以猶太裔商人遭到迫害的事件為軸心，來觀看征服以後，在秘魯殖民地社會中，關於宗教與社會的關係。

◎初期的傳教事業

在精神上認可救濟印地安人目的的前提之下，被認為是領有新「發現」土地統治權的西班牙國王們，在他們本身對於宗教的熱情之下，真誠地推動大規模的「天主教傳教」事業。關於在秘魯殖民地社會的傳教動態，可以區分為四個階段，其中，在本書第三、四章探討伊比利半島的「寬容＝說服」、「不寬容＝強制」這兩個向量，可以再次看見彼此交錯的景況。

首先，是第一個階段，在征服後一切呈現渾沌的社會狀況之中，向印地安人的傳教事業，還是處在正要開始摸索的時期。但是，在內亂頻傳、神職人員稀少的這個時期，卻有許多印地安人，在混亂之中接受洗禮。當然，還是有許多印地安人，沉潛在福音未能傳達的世界裡。在史料中經常可以看見，裁判宣誓之際，負責翻譯的人們，向非基督教徒傳達：在「太陽、月亮、星星」的見證之下訴說真實，取代基督教徒會使用的「十字架」語詞。

不久後，在道明會的主導下，以傳教士為中心，正式展開向印地安人傳教的事業。許多傳教士，試圖將拉斯．卡薩斯的精神，具體實現在安地斯這塊土地上。傳教事業第二階段的軸心，就是在第五章所提的多明哥．德．薩多．湯瑪士。

湯瑪士也和拉斯．卡薩斯一樣，認為印地安人擁有高度的精神力，不應該依靠強制的力量，而是要進一步地摸索出新的方式，諄諄教誨，使之認同。因此，他所重視的，是「語言的問題」。他主張傳教者本身必須先學習原住民所使用的語言，進入印地安人的精神世界，構築傳教體制，因而辛苦地編寫克丘亞語的文法書籍。他將這本文法書獻給菲力普二世，在獻辭中讚賞克丘亞語發音的柔和、甜美語調，並且認為這個語言和拉丁語、西班牙語並駕齊驅，具備完整的語言構造。此外，關於其他臣民將秘魯人視為野蠻人種的謬見，他還希望陛下能夠不被他們的讒言所魅惑。

在中世紀的收復失地運動期間，道明會教士們，為了向伊斯蘭教徒傳達神的旨意，設立阿拉伯語學校，將傳教士的學習視為傳教的根本，如此的做法，確實可以與薩多·湯瑪士敬重原住民語言的身影，重疊在一起。在與異文化的人們共同生活之下，由這些日常所萌生出「認同他者以原有樣貌存在」的精神，就這麼傳達到遠方的安地斯地區。在這份精神的延長線上，也就能夠理解，湯瑪士所主導的反抗「委託權」恆久化運動（參照第五章），以及認為應該將安地斯的統治權歸還給原住民的主張。

◎副王托雷多的強制集居政策

然而，這種以寬容為基調的社會構想，卻因為副王托雷多的上台而終結，安地斯的傳教活動進入第三階段。托雷多施行強制住民集居（傳教村）至人工村落、輪流勞役制度（米塔）等，為安地斯的風景帶來劇烈的變化。更不能忽視的是，在這些看起來像是因為世俗利害關係所驅動的各項政策背後，存在著副王對宗教的意識。

這個時期，在秘魯的宗教人士和行政當局之間熱烈討論的問題是，該如何對應印地安人的「偶像崇拜」。原本應該是只對絕對、唯一神所獻上的崇拜，在已經改信天主教的印地安人之間，卻還是把崇拜對象擴及由神所創造出的萬物。這種本末倒置、應當避免的事態，成為宗教人士和行政當局之間共通的問題。嚴正看待這個狀況的副王托雷多，所想出的方策，便是強制住民集居的政策。

法蘭西斯科·德·托雷多　第五任副王，在印地安社會以嚴厲的強制力推行政策。

托雷多在回顧自己各項施政意義的記錄中，記述如下：

印地安人們四處散居地生活在荒野、岩塊空隙、山間和地形裂縫之間，厭惡與西班牙人的交流和接觸，因而逃匿隱居，如此一來，要傳授他們教義問答（Catechism）和基督教教義，使他們過上文明生活的期許，是完全不可能實現的事。

因此，托雷多不顧印地安人的意願，行使巨大的強制力，硬是將印地安人從習慣的山野荒林住處中抽離，塞進西班牙風格的人造空間之中。對於不肯服從政策的人們，冷酷地揮舞著鞭子。

有趣的是，這種強制移動住民的政策，安地斯地區並不只是單獨的事例。正好在托雷多開始統治安地斯地區之時，在帝國中樞的西班牙格拉納達山中，發生舊伊斯蘭教徒的大叛亂。自一四九二年格拉納達王國滅亡之後，暫時能夠容許當地民眾以伊斯蘭教徒身分繼續生活的自主性，到了十六世紀，卻像是過去的猶太人一樣，被迫必須選擇改信基督教，或是離開伊比利半島的決定。最後，許多伊斯蘭教徒改信基督教，取得穆斯林改信者（西班牙文為Morisco，改信基督教的伊斯蘭教徒）的通稱，得以繼續留在伊比利半島內生活，但是卻受到舊基督教徒的侮蔑，也無法完全捨棄父祖輩的宗教，日日鬱鬱寡歡。

這些穆斯林改信者們在一五六八年，期待從北非的穆斯林和鄂圖曼帝國獲得支援，起身反抗。伊比利半島南部的廣大範圍，都被包含在這場大規模的內亂之中，造成非常多人傷亡，在一五七〇年趨向沉靜化（阿爾普傑羅斯的叛亂〔Rebellion of the Alpujarras〕）。被鎮壓的穆斯林改信者們，在他們眼前等待著的，是殘酷的對待。同年十一月，西班牙王室命令殘存在格拉納達的穆斯林改信者，必須強制被移居到卡斯提亞各地。約八萬名的舊穆斯林們，在冷冽的雨雪中移動，有人在移動途中不支倒地而喪失性命，或是丟下兒女的父母親。

◎異端審問與印地安人

就這樣，在新舊兩大陸，試圖以暴力手段排除內部敵人——異教徒的思考，即便在表現出來的形式有所不同，但是都同樣獲得了實踐的機會。這一點，可以從一五六九年，在墨西哥和利馬設置宗教裁判所的現象，獲得證實。這是在新世界，為了阻止猶太人以及新教勢力滲透，所採取的重大措施。作為象徵，副王托雷多前往秘魯所搭乘的船隻上，要在利馬上任宗教裁判所的法官，也與之同行。

在此構成問題的是，究竟印地安人是否應該成為宗教審判的對象。當初在新世界設置宗教裁判所的大原則，就是將印地安人排除在審問的對象之外。因為印地安人與猶太人和伊斯蘭教徒不同，成為基督教徒的時日尚淺，與基督教徒的交流時間也非常短暫，可說是與未成年人同樣，需要保護的存在。但是，副王托雷多卻是主張，印地安人也適用於異端審問的對象，為強硬派的代表。他不顧反對派的意見，堅持將比爾卡班巴新印加王朝的首領圖帕克・阿馬魯處以死刑，就是一個象徵，可以看出他在追求西班牙・天主教王權的絕對性，以及宗教純粹性的過程中，非寬容的思想——使用暴力排除任何將帶來不調和感的內涵。

除此之外，這個時期出現關於宗教的言論，值得注意的是，在國際關係的脈絡中，試圖牽強地解釋印地安人偶像崇拜的實踐行為。換言之，強制論者們認為，在精神上尚未成熟的劣等人種印地安人，容易被想要蠶食西班牙海外殖民地和財富的新教徒等各勢力所拉攏，可謂帝國的弱點。因此，必須嚴格管制偶像崇拜的行為，倘若無法以天主教鞏固起印地安人的宗教生活，將很難確保殖民地本身的安寧。

舉例來說，在安地斯南部高地地帶，向印地安人從事傳教活動的神職人員巴爾托洛梅・阿伐瑞茲（Bartolomé Álvarez），在一五八八年左右，留下了有趣的記錄如下：

> 印地安人特別嚮往英格列斯（Inglés，在西班牙文中意指英國人）這個名字。有些人說，英格列斯的語源，是來自於印卡（Inga，在殖民時代，西班牙文多將印加〔Inca〕表記為印卡），也就是印加國王之意，因此，大家（印地安人和英國人）一定都是一樣

的……。所以，如果那些偷偷渡海來到我們王國的異端（新教徒）們，在這個世界開始散發書籍等東西的話……。異端教義將會在很短的時間內，被印地安人欣喜的接納。

印加和英國這個看似不可思議的組合，如同我們即將會在第十章內容所看到的，對於十八世紀，企圖從西班牙國王統治枷鎖中解放出來的印地安人來說，只是一種單純諧音的意義，但是在十七世紀鎮壓猶太人「巨大的陰謀」之際，印地安人與外國勢力共謀的可能性，再度被提出並注意。

◎阿科斯塔的傳教論

一五八一年，當托雷多退下秘魯的政治舞台之後，在隨後的二十幾年間，關於印地安宗教的壓抑論，逐漸沉靜下來。一五八二年，在利馬召開第三次宗教會議，訂定向印地安人傳教的基本方針。有關這場會議的成果，特別值得提出的是，編纂了「克丘亞語」、「艾瑪拉語」和「西班牙語」三種語言的「教義問答」和「告解集」等書籍，提供神職人員攜帶，使他們在傳教的實際現場，也能夠與不諳西班牙文的原住民信徒們進行溝通。主導這場宗教會議，以及編纂上述那些便於隨身攜帶書冊的人物，就是對主張征服中國論的阿隆索·桑切仕，強硬提出異議的的耶穌會教士何塞·德·阿科斯塔。

身為秘魯地區大主教的阿科斯塔，主導著當時耶穌會的印地安人改信傳教事業，從他的中心思想來觀看上述狀況，也是十分合情合理。阿科斯塔向來秉持著，要以溫和的方式，將基督教逐漸打入、滲透進傳教對象的內心，而不是採用破壞印地安人偶像的暴力手段。但是，就像他所歸納出「印地安文化三類型」的理論一般，雖然認同秘魯和墨西哥原住民文化的高度文明性，但是依舊肯定使用外力，排除在傳教事業上會遇到的障礙。此一時期，具備阿科斯塔傳教論的特質，以說服和寬容的精神作為基礎，並以強制力作為擔保，將寬容與強制這兩個向量維持在均衡的狀態。第三次宗教會議以後，如此保持平衡狀態的傳教體制，持續地作用了一段時間。

然而，一六〇九年，局勢突然迎來了嶄新的變化。

印地安人．猶太人同源論

◎關於印地安人的起源

十七世紀在秘魯的宗教界，對於與正統天主教性質相異的兩個集團——「印地安人」和「猶太人」，接連發生激烈的打壓事件。這兩個集團所顯示出的差異，雖然以現代我們的眼光看來，是不辯自明的事實，但是在十六世紀至十七世紀，確實潛伏著這兩個集團是來自於同一祖先的思考認知，並且直接關係到十七世紀的宗教性打壓運動。

自從新世界與西班牙有了接觸以來，經常刺激知識分子思考與探究的是，關於印地安人起源的問題。印地安人究竟是從何而來？是從柏拉圖所述，那塊失落的大陸——亞特蘭提斯所來的嗎？是經過陸路？還是跨越海路？在眾說紛紜的諸多假說之中，綻放出最為特殊光芒的，尤其是讓宗教者們認真思考的說法，是「印地安人．猶太人同源論」。

在伊比利半島上，於近代被廣泛接受的宗教性預言，是十二世紀由菲奧雷的耶阿基姆（Joachim of Fiore）所提出的千禧王國主義。根據這項預言，在迎接千禧年（又稱千福年）到來的前提下，「聖靈時代（或稱靈性時代）」將會正式降臨，會出現十二位新的長老，異教徒們會因為這些長老而改信基督教。包含猶太人在內的異教徒範疇，在哥倫布的航海成果之後，新世界的居民——印地安人也成為新加入的成員。倘若能夠讓這些異教徒改信基督教，便會加速千禧王國的實現。秘魯，特別是渡往墨西哥的神職人員們，就是在這幅有關未來藍圖的支持下，燃燒著對傳教事業的熱情。

來到新世界的基督徒們，為了讓這幅千禧王國主義的構圖更加無懈可擊，於是增添進另一項要素——這些印地安人，或許就是「失蹤的以色列十支部族」之後裔。根據聖經經外書《以斯拉記》的第四章內容，成為亞述王俘虜的猶太人十支部族，據說在後來，離開了異教徒群居的地方，進入毫無人煙的遠僻之地。另外，在《啟示錄》中，則是預言「最後的審判」之際，這十支部族將會再度返回。對於真摯盼望千禧年到來的人們而言，找出這些失蹤的以色列子民，並讓他們改信基督教的構想，成為非常迫切、實際的任務。

因此，神職人員們在美洲發現的原住民，倘若真的是「失蹤的部落民眾」，那麼在神之王國的實現上，可以說已經是別無所求。實際上，看看那些印地安人，他們不正是和猶太人散發出的特質有所相似嗎？他們膽小、孱弱、喜愛儀式性的事物、聰黠，也會說謊。在服裝上也有相似處。時常可見印地安人短袖上衣配上披風的身影，就和盛裝的參孫（Samson）相同……。當時一流的知識分子們，就是搬弄著這些表面上的相似點，高聲主張「印地安人・猶太人同源論」。

◎異端的道明會教士

將這些從等號兩端所導出的關係論，推展至極端形式的人物，是在一五七二年，在創設不久的利馬宗教裁判所上接受審判，留下龐大裁判記錄的道明會教士——法蘭西斯科・德・拉・克魯茲（Francisco de la Cruz）。關於他奇異的生涯全貌，留待有機會時再行敘述。克魯茲的學問淵博，廣為人知。當時有一位利馬的女性，被不知是惡靈還是天使的靈魂附身，留下充滿神學性質的訊息。克魯茲醉心於這項訊息，與自己的學識融合在一起，最後構想出壯大的未來前景——在美洲這個新空間，會誕生出免於舊世界腐敗的全新教會。

被宗教裁判所拘留六年的克魯茲，在監獄監禁的極限狀況之下，宛如發狂一般地加速他在宗教上的幻想，最後，他自稱為秘魯的「教宗」，大聲喊叫著將統治新生的神之國度。他在獄中自詡為「猶太人大衛王的後裔」、「猶太人的救世主」。並做出理性的分析，要透過和「住在庫斯科，身上流著印加血統的王妃」通婚，將十支部族後裔子孫的印地安人，與自己身上的血統混融在一起，以便救贖「失蹤的以色列子民後裔——印地安人」。克魯茲的這個構想，遭到宗教裁判所嚴厲的判決，經過長期的收押和拷問，在一五七八年被宣告死刑，喪生於熊熊烈焰之內。

命運的安排十分有趣。在道明會教士克魯茲的審判迎來最後階段之際，依循審問的既定手續，必須委託權威神學人士考量被告的異端行為及思想，其中一人便是耶穌會教士阿科斯塔。克魯茲與阿科斯塔進行面對面的對談，熱烈地講述自己的宗教哲學，時間長達數小時。最後，經過權威神學人士們的審議，將克魯茲判定為冥頑不靈、凶狠殘暴的異端者。不過，克魯茲的異端思想，看在阿科斯塔的眼中，則是以另一種的形式遭到否定。阿科斯塔的名字，因為他出色的「印地安人起源論」而聞名遐邇，且他當時在耶穌會充滿知性的成就，即便到了今日，仍舊擁有高度的評價。

阿科斯塔提出具有深度的論點，幾乎與現在的定論相同，也就是美洲的原住民是從亞洲經由北美，沿著大陸日漸南下，擴散至美洲大陸的各個地區。且阿科斯塔認為，在探討起源論的諸多假說之中，最為荒謬的就是「印地安人．猶太人同源論」。

在阿科斯塔否定同源論之時，他的腦海裡或許浮現了那位固執於自己錯誤的思考認知，而消失在刑場上的道明會教士。阿科斯塔在他的著作《新大陸自然文化史》（*Historia natural y moral de las Indias*）中，將同源論視為「非常淺薄的推測」，一笑置之。還提出猶太人有自己的文字、愛錢，與不知金錢存在的印地安人，有非常明顯的差異；加上向來喜愛保持自己的語言和古老風俗，不管是在世界的哪一個角落，都能夠貫徹與他者不同生活方式的猶太人，不可能只在新大陸就忘卻了所有，阿科斯塔可以說是用盡了所有道理，否定同源論的可能。

這一類看來痛快、俐落的科學式推論已經順利開展，要將印地安人和猶太人連結在一起的想法，看起來似乎是隨著「異端者」的身體，一同消滅在烈焰之中。但是，即便是到了十七世紀，同源論仍舊是摻雜在伊比利半島「血統純正性」的理念之中，緩慢地發揮影響力。

◎根絕偶像崇拜的巡視

十七世紀初葉，安地斯的宗教界再次被不寬容的思想所籠罩，進入傳教事業的第四階段。一六〇九年，前往位於利馬近郊山區，瓦羅奇里村落赴任的神父法蘭西斯科·德·阿維拉（Francisco de Ávila），因為他在傳教活動上的盡心，發現了十分嚴重的狀況。過去，在這位神父眼前展現出虔誠基督教徒模樣的印地安人們，在天主教儀式典禮的背後，其實已經回歸當地對於傳統神性的信仰。換言之，在他的教區內，暴露出充滿叛教者的事實。

阿維拉神父質問這些印地安人，並且找出各式各樣的聖物和祖先遺骸等，隨後運送到利馬市，攤在宗教界和世俗權勢者們的面前，作為印地安社會仍然殘存著偶像崇拜信仰的確切證據。利馬市的大主教，認真地看待來自瓦羅奇里村落的告發，立即任命以阿維拉為首的人士，擔任巡察使。在利馬大主教的教區內，誕生了拉丁美洲史上罕見的制度——根絕偶像崇拜行為的巡視。以利馬為中心的中部山區，對於住在這一個廣大範圍內的印地安人們而言，光是巡察使的身影便使他們心驚膽顫，如此的生活，長達一個世紀以上。

被任命為巡察使的人物，是熟悉印地安社會實情的改信區主教們，他們率領著由檢察官、書記官、警察，以及通曉克丘亞語的翻譯人員所組成的巡查團，在安地斯險峻的山間道路中，騎乘騾子搖搖晃晃地突襲毫不知情的印地安人村落。

當一行人抵達村落後，會對著被聚集在教會的信眾們，宣讀「布告」，鼓勵告發偶像崇拜的行為。在蒐集完證據後，會立即拘留嫌疑者，為了引出自白，拷問也是被允許的手段。正如讀者所想像，根絕偶像崇拜的巡視，其實就是以安地斯印地安人為攻擊目標的「異端審問」制度。

關於這項運動的發起，耶穌會教士阿里亞加（音譯）的論文，擔負起中心的重要角色。文章開頭便述及西班牙的猶太人，在「極為清淨」的西班牙土壤上，福音的種子總是如此

「純粹」地、毫無間斷地被栽培著，透過異端審判，在警戒上絲毫不曾懈怠的西班牙，就連在這種地方，想要根絕猶太人這種「邪惡的種子」，是多麼困難的事啊。況且，阿里亞加還表示，他們在信仰上的過錯，會經由「母乳」而被嬰孩吸吮，屬於遺傳性質的繼承形式。在十六世紀的階段，基於這種神秘主義式的想像之下，捕捉出猶太人與印地安人的關係論；進入十七世紀後，不寬容的思考認知日漸取得優勢的地位，這兩個人種的共通印象，也逐漸被認為是與生俱有缺陷、髒污且邪惡的種子。

巡察使留下的審問記錄，詳細記載著十七世紀的印地安人們，在宗教實踐上的多采多姿。將美洲駝和天竺鼠的鮮血奉獻給山岳之神，或是潑灑在巨石之上。一面享用香醇的奇恰酒，一面敲擊太鼓，眾人醉心於歌舞的各式慶賀祭典。使用古柯葉和玉米粉進行治療儀式……。但是，這些行為都與偶像崇拜「發現者」所強辯的那種受到惡魔的教唆、反教會式

根絕偶像崇拜的巡察使　瓦曼・波馬繪製。

的異端，在性質上有所差異。這些行為只不過是在安地斯世界的日常生活中，面對發生的種種繁雜問題和關心的內涵，例如農事的豐收、家畜的繁殖、疾病的治癒、與離開村落的民眾保持情感上的羈絆等，非常迫切、實際的現實，所發展出的對應方法。被派遣至傳教現場的西班牙人主教們，比起在安地斯的貧窮村落中，專心每日的彌撒和告解，大部分的主教們都只是以馴服或是恫嚇印地安人的方式，利用他們的勞動力，於在任期間，汲汲營營地榨取最大產量的利益。

無論如何，因為這些巡察活動，巨石等瓦卡被全數敲毀，在該處樹立十字架，又或者是燒毀秘密崇拜的祖先遺體等。堅持偶像崇拜的主犯，無論男女老幼，為了警示村人，在公共場合執行鞭刑。冥頑不靈、毫無悔意的人，則是會被送至利馬特別設立的「聖十字架矯正館」，在嚴密的監督下執行天主教義的再次教育。

印地安人在宗教行為上的實踐，被西班牙人認為是容易讓外敵趁虛而入，屬於殖民地社會的重大弱點，因而在他們頭上套進強力的金箍圈，藉此將這個初期的腫瘤取出，避免成長為日後西班牙帝國內部的敵人。儘管如此，利馬的菁英分子們，發現更加嚴重的威脅——「巨大的陰謀」已經蔓延、滲透進社會的各個角落，他們開始高聲疾呼，希望眾人能夠察覺這項可怕的危機。

新世界的猶太人

◎張貼的傳單

一六三九年一月二十三日，星期六，在利馬的大廣場上進行異端審問判決的結果宣讀（信仰審判），由利馬宗教裁判所宣告，共七十三名被告者的審判結果。其中有六十三名被告人被認定為隱性猶太教徒，十一位被送上火刑台，可謂是利馬的異端審問歷史上，異常的狀況。在這十一位被告人之中，有一位是生於葡萄牙的商人，馬努艾・保蒂斯塔・佩雷茲（Manuel Bautista Pérez）。於一六一九年來到利馬的他，至信仰審判奪去他性命的四十九歲為止，追溯這段期間的歷史，可以發現一個特別「社會」的存在，以及其所散發出的瞬時燦爛。這個特別的社會，生於西班牙帝國內部，以海洋為媒介，自立成長成型。

一六二七年，在利馬的廣場上，張貼著一張傳單。看起來像是孩童的字跡，書寫者匿名，內容如下：

想要學習、知曉摩西律法的人，請到迪亞哥・德・歐伐雷（Diego de Ovalle）、羅德里哥·達維拉（Rodrigo Davila），以及馬努艾·保蒂斯塔·佩雷茲的家中。他們會告訴你，你想要知道的知識。

這張傳單，並未立即引發問題。但是在八年後的利馬市，發生了一個帶給民眾巨大衝擊的事件，回頭看來，這張傳單可說是不祥的前兆。

正如本章開頭所述，這個時候，在以利馬市為首的秘魯各地，不知從何處而來的葡萄牙裔民眾前來定居，並在轉瞬之間取得商業上的成功，活躍於各地，散發出讓人無法忽視的存在感。他們究竟是什麼人呢？

就讓我們將視野再一次回到「一四九二年」這一個決定性的年份。正如前文所述，天

利馬大廣場的主教座堂　有關秘魯副王轄區的宗教問題，曾具有司令塔的功能。

主教雙王的驅逐令，對伊比利半島上的猶太人而言，帶有破壞性的意義，許多人前往最鄰近的國家——葡萄牙，尋求避難的場所。當時的葡萄牙國王約翰二世（John II of Portugal），因為財政上的利害關係，允許這些猶太人在領土內定居。

猶太人陸續從西班牙湧入葡萄牙，但是他們的安寧之日，並未持續太久。繼承約翰二世王位的曼紐一世（Manuel I of Portugal），迎娶天主教雙王的女兒伊莎貝拉公主（Isabella of Aragon, Queen of Portugal）。天主教雙王向未來的女婿提出要求，要和女兒結婚的前提，就是仿效他們，將猶太人趕出國土。但是曼紐一世深知，猶太人的智識和經濟能力，對國家而言是不可或缺的人才，因而在一四九七年，強制命令國內的猶太人改信基督教，將他們留在國內。最後，加上原本就在葡萄牙生活的猶太裔住民，曼紐一世的國家內出現了大量的猶太教改信者。

◎葡萄牙裔商人的聯絡網絡

在十六世紀的葡萄牙，出現以猶太教改信者為中心，強大的商人階層，他們以「來自同一土地的同鄉夥伴」意識為核心，成長為葡萄牙的同鄉集團——納西翁（Nação，葡萄牙語的Nation）。關於「納西翁」這項主題，根據最近寫出令人驚豔的研究著作作者——史塔德尼基．吉茲伯特（Studnicki-Gizbert）的說法，構成這個商人階層的成員，雖然有許多人是猶太教改信者，但是還包含著舊基督教徒在內，兩者的通婚狀況，也出乎意料之外地有所進展。因此，不管是在宗教性還是社會性上，納西翁集團都帶有強烈的混融特質。這些人並非是將某處定為中心地或是據點，而是透過廣大的海洋，四處分散至大西洋所創出的巨大世界內部，布下財富滔滔不絕、活絡流動的聯絡網路。

早從十五世紀開始，葡萄牙人便前往幾內亞、聖多美等非洲各地發展，將黃金、香料和黑人奴隸等運至歐洲的同時，也深入北大西洋各國和地中海世界。另外，在十五世紀末，當以卡斯提亞為主體的西班牙勢力，在美洲建立殖民地之後，葡萄牙的商人們也滲透進當地。

起初，葡萄牙商人以塞維亞為據點，滿足於將西非的黑人奴隸提供給西班牙的交易活動，後來漸漸地將自己的船隻，直接開往新世界。十六世紀初葉，開始出現葡萄牙船隻現身於加勒比海地區的警戒報告。至十六世紀中葉左右，葡萄牙人以聖多明哥、卡塔赫納、墨西哥城以及利馬等地，為主要的營業據點，並且往中南美世界的廣大腹地，布下商業交易的網絡。這張聯絡網，從伊比利半島至地中海世界，還包含北歐、美洲地區，不久後更經由墨西哥，抵達亞洲世界。

這個網路，打從一開始，就是從西班牙帝國公定的物資和人員流通迴路中，逃離出來的路線。正如我們已於前文看見的，在大西洋的海路上，只有一條公用道路——「印地亞斯航線」，兩隻船隊在森嚴的護衛之下，小心翼翼地往返。經由這條海路渡航的移居者和物資，都被置於印地亞斯商務局的統一管理之下，黑人奴隸和「水銀」等殖民地經濟的根幹，也都是由西班牙國家所獨占的交易活動。這些管理與統治，同樣擴及到海洋的「知識」領域。西班牙帝國為了管理海域，將堪稱為命脈的「航海圖」，置於非常嚴密的管理之下。在遭遇船難之際，船長會被命令，要將航海圖撕毀。

然而，「納西翁」的人們卻具備著機動力，掙脫西班牙國家的束縛，將所有的限制化為空無。將這些狀況鮮明描繪出來的史塔德尼基．吉茲伯特，強力地主張，十六世紀的大西洋，已經從「阻擋、妨礙前進的一堵牆壁」，變化成為一條連結多塊土地與人類的「道路」。西班牙帝國企圖將海洋這一個場域，作為封閉的領域，進行管理與控制。但是，浩瀚無垠的海洋，絕非是國家和帝國可以「劃出界線」，封閉管理的空間，而是一個能夠描繪出無限航路，流動的場所。另外，商業（資本）與海洋也完全是同樣的性質，總是暗藏著一種律動的波紋——意圖從國家、集產主義（Collectivism）的統制中，獲得自由。十六世紀下半葉至十七世紀上半葉的數十年間，葡萄牙商人們就在這片海洋和商業的自由上，綻放出燦爛的光輝。但是，這些葡萄牙商人脫離「中心」的動向，卻因為西班牙帝國在宗教上的排他性與純粹性，而被打壓。以下，就讓我們來看看實際的情況。

◎被合併的兩個國家

十六世紀下半葉，葡萄牙的「納西翁」成員們，將商業的重心從以印度為中心的亞洲貿易，轉移到加速成長的大西洋經濟圈。在各項商業部門中，特別突顯出他們不容忽視的存在感，就是黑人奴隸的交易。當時，隨著單一作物大量栽培經營（plantation）的發展，中南美各地對於奴隸勞動力的需求，急速增加。從以前就在主要奴隸供給地的西非世界，設立據點的葡萄牙人，當然也就在這個領域上握有權勢。

進一步帶動葡萄牙商人活動的背景是，一五八〇年，由西班牙國王菲力普二世，迅速實現的合併葡萄牙。將葡萄牙在印度的領地納入帝國版圖，菲力普二世成為名符其實「日不落天主教王國」的盟主。從這場合併中獲得巨大利益的人物，也包含葡萄牙商人在內。

因為西班牙和葡萄牙的合併，過去阻擋兩國交流的政治性界線變得曖昧不明，導致許多葡萄牙人，尤其是過去被西班牙追逼，逃至鄰國的塞法迪猶太裔（Sephardi Jews）居民們，大舉回歸西班牙領土。且這些猶太裔民眾，很多都是以西班牙為跳板，勇往直前地跳往美洲世界。另一方面，在接收新國民的西班牙舊基督教徒之間，則是釀成了一個固定的概念——所有的葡萄牙人都是猶太教改信者、是商人、是猶太教的實踐者，形成一個陰暗抑鬱的環狀思路。

能夠合法進入新世界的民眾，限定在出身西班牙王國的範圍之內。但是，即便是自己的國家被西班牙帝國併吞，富裕的葡萄牙人們還是可以藉由獻上某種名目的禮金，取得歸化的特別許可後，再依法移居至新世界。儘管如此，以浩瀚海洋為中心所誕生出的世界，無論是從法律上還是經濟上來看，都是一個「多孔性」的空間，就算不遵循法律的規定，想要在這個世界內移動，也不是一件太過困難的事。

舉例來說，在許多前往美洲的西班牙船隻上，可以發現出身葡萄牙的船員，由於他們擅於操縱船隻的技術，而備受重用。下船後的他們，要融入美洲土地，也是非常容易的事。此外，在這個時期，與西班牙王室之間締結供給黑人奴隸的「契約」（asiento），幾乎是由納西翁成員們所獨占的奴隸貿易，促使他們能夠展開更為靈活的經濟活動。原因在於，奴隸貿易的船隻，從船隊制度（使用印地亞斯海路作為唯一航線）的束縛之中獲得自由，他們可以在大西洋上恣意的航行，無論是運用單獨的船隻，或是逕自組成小型的船隊。駛出伊比利半島的船隻，為了承載、卸下黑人奴隸，經由大西洋上的各個島嶼和非洲沿岸各地，進入西班牙在美洲的領地。以這些中繼地點為媒介，納西翁成員們得以四處移動。

◎大西洋經濟圈的盟主

這個時期，偷偷通行官方航線——印地亞斯航線的現象，頻繁的發生；更為顯著的狀況是，經由南方航線，潛入安地斯世界的領土。葡萄牙裔民眾的合法移動路徑目的地，是到巴西為止。倘若可以從巴西越境到布宜諾斯艾利斯的話，經由阿根廷北部，就容易北上潛入波托西、利馬。納西翁成員們利用這條路線，蜂擁而至。看在只認可印地亞斯航線作為通商路線的西班牙王室眼裡，當然是十分不樂見的狀況。有趣的是，在一六〇二年，安地斯．查爾卡斯的王室高等法院（Real Audiencia）與西班牙王室間互通書信，信中王室對於大批在信仰上值得懷疑的葡萄牙人，經由拉布拉他河進入安地斯地區的現況，感到非常地憤怒；並且認為這些猶太裔過去的「錯誤信仰」、「邪惡教派」，在他們改信天主教的宣示上，仍存在著不安、危險的因子；加上印地安人馬上就會被未曾聽聞的事物所影響，猶太裔所潛藏的危險因子，在印地安人之間迅速蔓延，是絕對要避免之事。因此，王室表明立場，希望查爾卡斯的王室高等法院，能夠提高警惕，將這些人「清掃」出安地斯的土地，防患於未然。

然而，納西翁的成員們以非常迅速地動作，定居在美洲各地。在阿根廷北部的德圖庫曼地區，登錄為居民的外國成年男子有一百二十四名，其中有一百零九名是包含許多猶太教改信者的葡萄牙人，達到該地白人男子全體的百分之十四。一六〇一年，在波托西登錄為居民的外國男子有一百四十四名，其中半數皆為葡萄牙裔。根據某項數據，納西翁的總人數高達兩萬人，人數足以構成一個都市的規模，但是在實際上，他們是分散在大西洋周邊大陸的各個地點，又或者是在海上往返的船隻上生活。最後的結果，就是筆者在本章開頭所引用的情景。位於利馬市中心地帶的「商人大道」，幾乎是由葡萄牙裔所占據；在波托西也出現「葡萄牙人大道」、「葡萄牙人街區」；墨西哥城的中心地帶——大廣場（現今的憲法廣場）、主教座堂後方的三街區，也是由納西翁的商人所占據。接著，我們可以從誕生於葡萄牙，定居於利馬的馬努艾·保蒂斯塔·佩雷茲這號人物，來看看在轉瞬之間便化身成為美洲商業盟主的納西翁，實際的樣貌。

馬努艾・保蒂斯塔・佩雷茲的異端審問

◎納西翁商人的足跡

針對被逮捕的嫌疑犯，宗教裁判所開始執行詢問之際，一定會進行「人別詢問」的手續，讓被告人詳述自己的身世、來歷和系譜關係。一六三五年，因隱性猶太教徒的嫌疑，而被宗教裁判所收押的馬努艾・保蒂斯塔・佩雷茲，在審判的最初階段，向法官陳述自己的來歷。他是在一五九〇年左右，生於葡萄牙科英布拉（Coimbra）管轄內的安沙（Ançã）地區，父親出身格拉納達，繼承著猶太教改信者的系譜。其後，移居至西班牙的塞維亞，投入商業貿易的世界。

一六一八年，保蒂斯塔・佩雷茲渡海至非洲海岸的幾內亞，一頭栽進奴隸交易的世界。後來將據點置於卡塔赫納，從事西非奴隸的運送業務。但是，某一次在搬運奴隸至卡塔赫納的途中，遭遇不幸的事故，失去了許多黑人奴隸。他為了填補損失，離開卡塔赫納，南下至利馬，賣出剩餘的「商品」，回收利潤。以此為契機，保蒂斯塔・佩雷茲將營業的據點移至秘魯的首都，以奴隸買賣為軸心，展開多角化的經營，往廣闊的海洋發展，累積起巨額的財富。他被沒收的財產，光是估價金額就高達五十萬披索。

圖為「納西翁」成員們所構築起的商業網絡部分示意圖。從這張圖中可以瞭解，各個據點的商業領域雖小，但是每一個據點確實發揮出樞紐的功能，馬上就能構成一個巨大的物流空間。觀察將據點置於馬德里的紡織品商人，就是一個明顯的例子。他從安特衛普（Antwerp）、南特（Nantes）、波爾多（Bordeaux）和巴約訥（Bayonne）等活躍於北歐各都市的葡萄牙商人，取得豐富的紡織商品。他在馬德里的市場上販賣這些商品的同時，也為將據點置於南方的塞維亞、里斯本和麻六甲等地

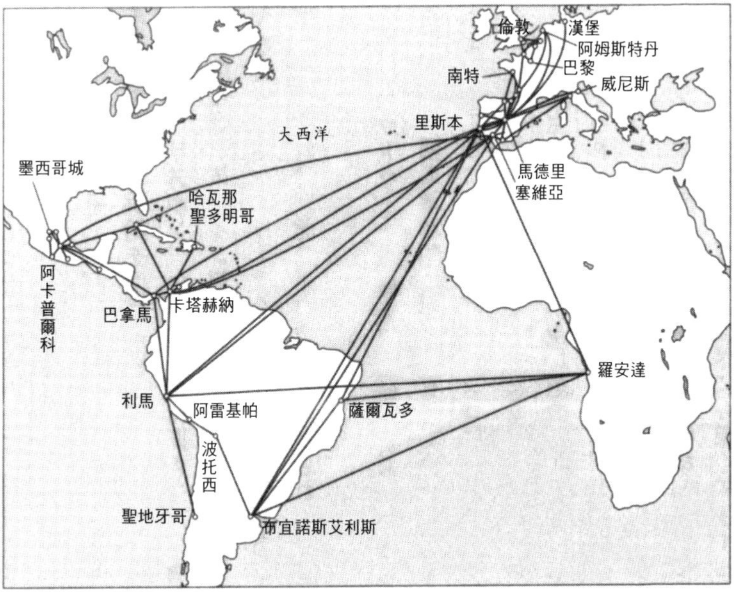

葡萄牙系商人（納西翁）的商業網絡

區，從事仲介斡旋。另一方面，在這些南方商人之中，也有人是與西領的印地亞斯據點有所聯繫，或是與印地安地區的利馬等地，維持商業網路的人物，只要經由幾個樞紐，在北歐生產的紡織品，販賣通路就能輕輕鬆鬆地抵達利馬。

將這個商業網路推展到最大極限的納西翁商人之一，就是保蒂斯塔．佩雷茲。他的商貿範圍可謂是全球性的規模，就先讓我們來看看其中的一個樞紐——墨西哥的狀況。在墨西哥，與保蒂斯塔．佩雷茲性質相似的人物，名為西蒙．伐耶茲．德．塞維亞（Simón Váez de Sevilla），在當地的身分地位，可稱為是猶太裔居民心目中的領導人物。生於葡萄牙布朗庫堡（Castelo Branco）、繼承猶太教改信者族譜的伐耶茲，也是跟著家人移居至塞維亞，被培養為一位商人，後來再度回歸猶太教信仰。他帶著紡織物的委託販賣商品，渡海抵達新西班牙，以出色的商業手腕從事買賣，累積財富。

巡迴墨西哥全境，構築起商業網路的西蒙．伐耶茲，又積極投入阿卡普爾科至馬尼拉的加雷翁帆船貿易世界。較利馬的異端審問遲了數年，墨西哥也開始起訴隱性猶太教徒，打開異端審問的開關。但是，被逮捕的西蒙．伐耶茲等許多猶太裔商人的財產，大部分都已經投進太平洋商業貿易之中。納西翁商人的網路，甚至抵達日本列島地區。

如此一來，產於安地斯的白銀，經由納西翁之手，經過墨西哥運往遠東，以等價交換而來的中國紡織品、陶器、瓷器以及香料等物品，被送至利馬，再經由保蒂斯塔・佩雷茲的商業網路流向安地斯世界的腹地。保蒂斯塔・佩雷茲除了經手黑人奴隸貿易之外，還流通亞洲物產、墨西哥地方生產的胭脂紅（從胭脂蟲身上所抽取出的染料）、瓜地馬拉的可可和菸草等物產，也負責提供安地斯世界來自歐洲產的紡織品、波蘭的琥珀、智利的杉木、委內瑞拉的珍珠等多采多姿的產品。

當然，並非所有與納西翁商業網絡相關的人們，都是像保蒂斯塔・佩雷茲、西蒙・伐耶茲這類的大人物。保蒂斯塔・佩雷茲在利馬取得立足之地以前，也曾經在不衛生的船上，被黑人奴隸包圍，渡過與大海搏鬥、賭上性命的日子。納西翁的商人們，和保蒂斯塔・佩雷茲一樣，最初都是從直接在現場交易的代理商或船員做起，進入商業的世界，等到在各地的據點站穩腳跟後，再慢慢地學習，如何駕馭在商業網絡內部流動的財富。他們可能是經營小型店鋪的零售商，或是擺攤在利馬的大廣場上從事買賣，也有在安地斯的山區，帶著商品旅行的流動商人等，很多成員十分知足，甘心接受自己不太顯著的社會地位。例如在安地斯山區的各個小鎮之間，將美洲駝的毛、珍珠和絲綢製品等貨物，疊在三頭驢子背上，靠買賣賺取微薄差額的移動商人。又或者是在利馬的大廣場上擺出攤位，販賣紙和布的零售業者。在利馬和墨西哥宗教裁判所審判的葡萄牙裔猶太人之中，可以看見這群人的眾多身影。在他們的行李中，也會發現委內瑞拉產的珍珠或中國的絲綢製品，就算數量非常的稀少，還是可以看出，小商人們確實是與大西洋上的商業網絡有所聯繫。

◎藏書家之側臉

為這個商業網絡帶來生命力的重要因素，就是屬於同一個納西翁團體的意識，並且發展成為擬似家人般的歸屬感，也非常重視透過友情和婚姻所構築起的新關係。

特別值得一提的是，在聯絡網內流通的情報，以及作為流通媒體的書信，在納西翁意識上所占有的重要角色。其中，雖然也可以看見保蒂斯塔·佩雷茲寄給住在西班牙的岳母（保蒂斯塔·佩雷茲雇用畫家，繪製家人的肖像畫，並將肖像畫寄送給住在塞維亞的岳母），這封文情並茂的書信：「倘若我們相隔的距離並未如此遙遠，就能夠去探望岳母，也讓岳母看看可愛的孫子們。妻子吉優瑪露（音譯）總是非常思念岳母，內心十分寂寞。就算我們相隔的距離是那麼的遙遠，請別忘了我們的心，始終是相連在一塊兒的。」但是往來書信內容的大部分，大多含有重要的商業技術情報，例如價格的變動、商品的供給狀態、交換和利率等。他們為了避免信件寄送的丟失風險，往往會複製二至三封相同的書信內容，委託乘坐走私船或運送奴隸的商人、代理商，頻繁地交換情報。西班牙人的官員曾分析道：「透過這項方法，葡萄牙人能夠把握在安地斯世界發生的所有事情，抓住絕佳的機會，買賣、運送當地必要的所有商品。」

馬努艾・保蒂斯塔・佩雷茲的家人，有妻子吉優瑪露，子嗣則是上有長男法蘭西斯科（音譯）、下至剛出生不久的尼可拉斯（音譯）共五名，在利馬的中心地帶擁有大宅邸，過著富裕、自由的生活。據說在他書房內，擺著「日本製造的書桌」，牆壁上掛著歐洲、美洲和亞洲各個王國的地圖。由此可見，就算他在利馬過著閑靜的生活，在日常生活中還是經常意識到「世界」的存在，並且試圖把握世界的動向，這一點更能從他沉迷於閱讀的眾多書物之中，看出端倪。

保蒂斯塔・佩雷茲在一六三五年八月十一日，被宗教裁判所逮捕。在三個星期後，宗教裁判所的人員前往他居住的宅邸，沒收他全部的財產，並列出清單。最後得知，保蒂斯塔・佩雷茲的藏書量，多達一百三十冊，書名也被逐一記錄下來。作為一位商人，在大西洋上構築起追求高額利潤體系的他，從這些書物之中，浮出了另一張側臉，是一名熱烈渴求於文字的知識分子。

> 請從里斯本寄送歷史相關的有趣書籍。我最多可以支付一百披索。如果有路易斯．卡布瑞拉．德．寇德巴（Luis Cabrera de Córdoba）的《菲力普二世史》（*Historia de Felipe II*）第一卷和第二卷，會非常地開心。另外，迪尤哥．都．古托（Diogo do Couto）的《〔亞洲史〕第七卷》、杜阿爾特．努涅斯．德．里歐（Duarte Nunes de Leão）的《葡萄牙諸王史》第二卷等，不管是葡萄牙文還是卡斯提亞文，只要是歷史相關的有趣書籍，什麼都好，萬事拜託。

這是保蒂斯塔．佩雷茲在一六二六年，交給小舅子賽巴斯丁．多阿爾特（音譯）的訊息，當時賽巴斯丁正打算前往伊比利半島。保蒂斯塔．佩雷茲的藏書，包含宗教書籍，以及當時流行的小說《騙子外傳》（*El Buscón*）、《小癩子》（*Lazarillo de Tormes*）、塞凡提斯（Miguel de Cervantes）的《貝爾西雷斯和西希斯蒙達歷險記》（*Los trabajos de Persiles y Sigismunda*）等，從上方引用的書信內容來看，可以得知他關心的主題方向傾向於歷史類書籍。

如果進一步分析他所有的藏書，在一百三十五冊之中，歷史類書籍占了三分之一的比例，為四十七本，網羅世界史、歐洲史、亞洲史、非洲史等主題，與他現實生活中商業領域的世界相互契合。顯示出這位猶太裔葡萄牙人，已經有了十分透徹的認知——在商業上要達到健全、均衡的經營，學問上的智慧是不可或缺的工具。

在他的藏書中，有三十三本是屬於宗教領域的書籍，全是關於聖人傳記、聖母瑪莉亞的「無染原罪」（參照第四章）等內容，突顯出他作為一位虔誠天主教徒的優良心性。事實上，保蒂斯塔·佩雷茲被認為是利馬地區最虔誠天主教徒的其中之一。在宗教裁判所的審問中，替他辯護的證人共有十三名，其中七位是神職人員，其中還包括耶穌會教士、前任的秘魯大主教。根據他們的證詞，保蒂斯塔·佩雷茲誠摯地領取聖體、在信仰小團體中樂善好施，是一位在生活中實踐誠篤信仰的商人。

◎保蒂斯塔·佩雷茲的信仰

那麼，儘管保蒂斯塔·佩雷茲認真貫徹基督教徒的生活，最後卻還是被冠上隱性猶太教徒的羅織罪名，接受審判嗎？當然不是這樣的，保蒂斯塔·佩雷茲有關虔誠天主教徒的作為，全都是在作戲，一位編年史家，在敘述一六三九年，保蒂斯塔·佩雷茲被處刑的信仰審判之時，便如此斷定。

從外表上來看，他是一位偉大的基督教徒。真誠地參與至高無上的聖體祭典，熱衷地聆聽彌撒和講道，但那其實是因為，內容包括了「舊約」的歷史。認真地懺悔與告解，並且聘請神職人員，擔任孩子們的家庭教師。不過，因為他對於「納西翁」有強烈的執著，而希望孩子們的洗禮儀式，能夠由葡萄牙人的神職人員來主持。他就是這樣，表現出一位優秀基督徒的模樣，來欺騙眾人的眼睛。但是，這在宗教裁判所上，是完全行不通的。（抄譯）

以保蒂斯塔．佩雷茲為首，所謂猶太教改信者內心所懷有的宗教性，究竟是什麼樣的性格呢？藉由同鄉意識和擬似家人的意識，或是頻繁來往的書信，建立起緊密的聯絡網絡，同時，忠實於猶太教教義的生活，也確實成為將納西翁成員連結在一起的重要紐帶。在隸屬於納西翁的商人之間，可以頻繁地看見勸說成員再度改信，回歸猶太教的現象。這些人的說詞是：只要遵從摩西的律法，財富就會滾滾而來，景氣也會向上提升。

然而，近年研究指出的是，葡萄牙裔猶太教改信者在宗教和意識上的多樣性。一方面，當然有完全改信天主教的人；另一方面，也有執著於猶太教儀禮之人，對著生活上實踐基督教儀禮的人，毫不顧忌地宣告，自己將回歸猶太教的決定，可見他們在宗教心性上的多樣與多元。實際上，在一六三九年的信仰審判上，與保蒂斯塔．佩雷茲一同被處以火刑的醫師——法蘭西斯科．瑪爾多納多．德．希爾瓦（Francisco Maldonado da Silva）相同，確實存在著猶太教實踐者，直到最後還是堅持自己的信仰，為了將猶太教的至高無上加以理論化，甚至不惜在宗教裁判所上掀起論戰。

儘管如此，因為一四九二年的驅逐令而離開西班牙，進入葡萄牙，在國內受到強制改信天主教的壓力，後來再度回到西班牙的塞法迪猶太人們，要維持和保存猶太人正統式的傳統，其實有其難度。塔木德（猶太教的口傳律法和註釋之集大成）和妥拉（律法），這兩種保證通往猶太教正統性源頭的道路被截斷後，他們試著以反猶太教的書物等資源，努力地再次構築起，正逐漸喪失的猶太教生活實踐。關於飲食、服裝規定、割禮、安息日的實踐法、贖罪日和以斯帖王妃的祭典等，這些反猶太主義者的言論和說法，對於猶太教改信者而言，成為猶太教再生的過程中，不可或缺的素材。

因此，利馬的納西翁成員們擔心，自己的猶太教正在逐漸劣化。據說（雖然不知真偽）保蒂斯塔．佩雷茲曾向同胞抱怨道：在利馬，關於摩西律法的知識，大家所知道的不過就是非常粗略的內容，例如在星期二和星期五斷食、安息日是星期六、不吃培根和沒有鱗片的魚等，這些就連基督教徒也知道的通俗知識，也從來沒有看過誰，可以實踐超越這些通俗知識的猶太教儀禮。

◎「巨大的陰謀」

據說在保蒂斯塔・佩雷茲宅邸的書房中，經常會有親近的納西翁成員們集聚一堂，議論有關猶太教的儀禮和摩西律法等知識。起訴保蒂斯塔・佩雷茲的人們，斷定這位秘魯首屈一指的大富豪，正是「納西翁・希伯來民眾的代言人」、「大隊長」，是猶太教改信者所崇敬的對象，更是「巨大的陰謀」之首謀者，最後被送上信仰審判的會場。正如前文所述，約在八年前，就有人在利馬的廣場上，張貼誹謗保蒂斯塔・佩雷茲的海報，社會對於猶太裔葡萄牙商人的反感情緒高漲，也是確切的事實。但是，在一六三五年，強力鎮壓的風暴突然撲向猶太人的現象背後，究竟存在著哪些因素呢？

簡單來說，當時的葡萄牙裔商人，掌控大西洋商業，吸取美洲產出的西班牙帝國財富，鎮壓活動可說是這些狀況所導致出的反動結果。在西班牙本國，菲力普四世（Philip IV of Spain）於一六二一年登上王位，延續前任國王的寵臣政治，由奧里發瑞斯（Gaspar de

Guzmán, Count-Duke of Olivares）掌握實際的政治主導權。為了重建帝國鬆弛的政治和經濟制度，奧里發瑞斯創設改革評議會，整肅綱紀，大刀闊斧地在各個領域從事改革，特別是在經濟領域上，以商業的活性化為首要目標。他向國王提出「有必要將西班牙人變成商人」的意見，鎖定葡萄牙裔的實業家和商人，作為點燃經濟再生炸藥的引信。

奧里發瑞斯排除熱那亞（Genova）的金融家，他們是過往深深腐蝕西班牙王室財政的人物，鼓勵並招睞葡萄牙實業家，前來替代熱那亞金融家的位置。納西翁商人們當然也回應奧里發瑞斯的邀請，雙方的關係距離迅速縮短。葡萄牙人日漸滲透宮廷財務的領域，並提出各種相關政策的建議。例如貿易的自由化、將過往受到蔑視的商人階級融合到帝國菁英社會內部、貨幣制度的改革，或是以荷蘭的東印度、西印度公司為典範，設置貿易公司等，這些幾乎都是為了構築出一個足以讓納西翁成員更容易發揮機動性的空間，所提出的建議。

除此之外，在他們的建言中，還包含了廢止血統純潔法的主張，這項法律是十五世紀以來反猶太主義的遺產，妨礙「新基督教徒」階層在提升社會地位上的桎梏。提出這種政治性的諫言，顯示出在大西洋空間中自由往返的納西翁商人們，已經不將國家的統治放在眼裡。但是，因納西翁勢力　頭所引起的怨念和不滿情緒，不久後將以鎮壓的反動形式，掀起一場風暴。

◎「葡萄牙人是吸血的水蛭……」

正當納西翁商人生氣蓬勃地推展經濟活動的同時，也存在著另一個族群，他們是以塞維亞和利馬為據點，活躍於過往的特權商人階層，認為過去由國家所保障的貿易特權遭到侵害，原本應該入手的利益也被他人奪取。他們的商業生命線，當然是那條印地亞斯航線，但是納西翁的商人卻經由拉布拉他，將歐洲生產的商品、奴隸，大批大批的送進帝國內部，波托西所生產的白銀，也被裝進納西翁商人的船隻，頻繁地運出。這些特權商人面對的狀況是，當他們在印地亞斯航線上笨重的航行，將標上高價格的歐洲商品送達殖民地之時，葡萄牙裔商人們運來的廉價商品，早就已經在市場上流通。

進入十七世紀後，利馬的商人接連宣告破產。在一六一〇年的敕令中，感嘆因走私的規模太大，印地亞斯航線已經呈現出瀕死的狀態。在這樣的狀況之下，利馬在一六一三年認可商人領事館（consulado），也就是由特權商人所構成的組織。領事館被賦予商業訴訟的判決權、控制商業交易的權限，很明顯的就是和葡萄牙裔商人站在敵對位置的組織。一六一九年，甚至向國王提出請願，希望能夠將葡萄牙裔商人踢出大西洋貿易，並驅逐所有外國人，包含孩童在內，意向非常地鮮明露骨。同時，也開始散布醜聞等消息。

一六二一年，西班牙與荷蘭之間，長達十二年的「停戰協定」失效後，荷蘭開始向西班牙領地的美洲，展開攻勢。一六二四年，西印度公司的船艦，從麥哲倫海峽沿著秘魯的太平洋海岸北上，企圖襲擊從卡亞俄出航，載滿白銀的船隻。最後，西班牙帝國雖然阻止了這項襲擊計畫，但是在同一年，卻也發生了無法坐視不管的狀況——西印度公司成功占領了巴西的巴伊亞地區。反納西翁的勢力，在荷蘭這一連串動作的背後，試圖嗅出葡萄牙人暗自活躍於檯面下的氣味。

確實，不拘泥於國家國境線的納西翁商人們，也將西班牙的仇敵——荷蘭統合進入商業貿易圈之內。因為有許多塞法迪猶太裔的商人在荷蘭境內活動，透過與他們的聯絡，可以將北歐的產物納入商業交易網內。這個背景，給了反動勢力藉口，強力主張荷蘭能夠成功占領巴伊亞，是因為葡萄牙裔人們在背後協助、引導的結果。

如此一來，「以葡萄牙人勢力為中心的『陰謀』，正在南美洲進行策劃」的故事敘述，就此完成。值得注意的是，在這個故事中，還加入了「印地安人」的角色。對於天主教信仰心和忠誠心薄弱的人們，也就是南美洲的印地安人和黑人，支援荷蘭，與葡萄牙人攜手，共同參與陰謀的情節，逐漸成為有力的說法。

葡萄牙人是吸血的水蛭、為了敵人的利益而吸取我們安地斯的血液，他們的存在，就像是鼠疫一般，是西班牙這一個充滿天主教純粹性的政體內部，所冒出來的病徵……。諸如此類的文字，躍動在各式各樣的小冊子上，四處流傳。至此，這項陰謀論，已經準備好了所有，我們熟悉的故事情節。

◎再次褻瀆

一六三二年，一位葡萄牙人男子在宗教裁判所上作出告白，讓整座馬德里城市籠罩在戰戰兢兢的氛圍之下。男子表示，在某一天夜晚，他的家人與友人聚集在一起，一如往常地舉行猶太教儀式。但是，那天晚上還有另外一項特別的儀式，在眾人面前，拿出耶穌基督像，大家手持鞭子等待，鞭打神聖的基督像。這是對耶穌基督的褻瀆！這番告白，隨即對外公開，馬德里教會的宣教師們，激憤地譴責這項侮辱行為。

一六三五年，在利馬，針對「巨大的陰謀」展開大規模的鎮壓活動。在四年後舉辦的信仰審判上，宣示審問的終結，六十三名隱性猶太教徒被送上會場，包含保蒂斯塔·佩雷茲在內的十一人，最後走向火刑台。這場舉發隱性猶太教徒的背景，被指出可能是領事館和宗教裁判所，採取共同步調的結果。領事館的成員為了守護自己的利權，而利用異端審問這一項裝置。加上當時的宗教裁判所，正受財政不良所苦，為了確保裁判所營運的資金，鎖定葡萄牙裔商人持有的財富，也是相當合理的解釋。

無論如何，一五八〇年左右至十七世紀，葡萄牙裔的納西翁商人們，在大西洋構築起自由、廣闊的商業世界，最後因為宗教裁判所敏捷、機靈的對應，而遭到消滅。在墨西哥地區，約晚了四年的時間，還是由當地的宗教裁判所擊潰了納西翁。保蒂斯塔・佩雷茲在墨西哥的商業夥伴——西蒙・伐耶茲・德・塞維亞，已不在人世。

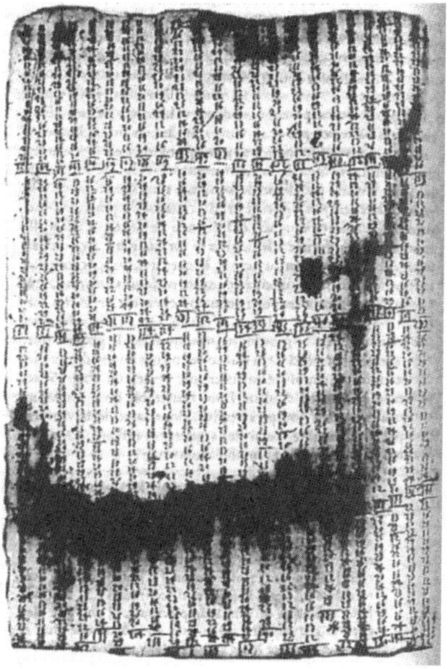
以數字作為暗號的書信　身在獄中的保蒂斯塔・佩雷茲寫給同伴和家人的信件。

在利馬的審判中，保蒂斯塔・佩雷茲直到最後，依舊主張自己的清白，持續向法官表達自己改信基督教的虔誠之心。但是，宗教裁判所對他施以殘酷的拷問，並判處死刑。即使被關在獄中，擅長情報交換的保蒂斯塔・佩雷茲，還是與同樣被拘留在監獄中的同伴，以及獄外的家人，交換過許多書信，其中也包含暗號形式的內容。獄卒和看守人員非常容易被收買，這竟是原本應該要貫徹秘密主義的宗教裁判所，內部的實際狀況。

◎我的父親

書信內容傳達出保蒂斯塔・佩雷茲在獄中的苦惱，與等待他回家的家人之間，存在的深厚情感與緊密聯繫。受保蒂斯塔・佩雷茲所託，照顧家人的小舅子西蒙・巴耶斯，寫給保蒂斯塔・佩雷茲的信件如下：

感謝神的慈悲，讓我收到姐夫署名的信件。打破那些由無情之徒所散布，姐夫已死於獄中的謠言……姐夫的愛子，在聖母瑪莉亞面前祈禱著：「請將我的父親帶回家。因為我非常想念父親。」……

來自姐夫的第二封信件，非常欣喜地閱讀完畢……我遞給看守人員二十披索，並偷偷將筆和墨水夾藏在紙中交給他……看守人員應該也會將姊姊做的起士蛋糕交給姐夫才是。姊姊和伊莎貝拉，正送給姐夫許多的擁抱。昨天的一整天，對著印地安人拿來「科帕卡瓦納的聖母」像，祈禱聖母賜予姐夫加持和保護……。

不幸的是，最後家人的希望還是落空，保蒂斯塔．佩雷茲迎來了他人生的終結。據說他以莊嚴的態度，聽完判決結果，甚至還像是面對自己的工作一般，催促行刑者。

這樁「巨大的陰謀」，最後以「未遂」結案。猶太裔的納西翁商人，幾乎從秘魯這一塊土地上被消滅殆盡。西班牙帝國相信，他們已經驅除了滋生在大西洋世界中，妨礙帝國純粹性的病原菌。但是，後來他們才發現，與此同時，他們也切斷了納西翁商人所創造出的財富流動。在鎮壓「陰謀」活動結束後，利馬的商界一片混亂。筆者在本章開頭引用，送回西班牙的報告書中，宗教裁判所的法官使用過去式的文法，敘說葡萄牙人無視權威的活躍發展狀況，並表示許多人都已經被關入監獄之中；同時，也記錄下因為許多商人被逮捕、入獄和沒收財產的關係，信用貸款的機制無法運轉，這塊土地上的人甚至哀歎道：現在，這個世界就要終結了吧！

第八章 女性們的安地斯歷史

馬丁・羅耀拉與印加公主碧翠絲的婚禮

墨斯蒂索人的誕生

◎市場上的叫賣聲

猶太人男性遭到社會性的抹殺後，艱苦命運的包袱，就落在女性的雙肩上。馬努艾．保蒂斯塔．佩雷茲的妻子吉優瑪露女士不只失去了丈夫和小叔，自己的哥哥也被驅逐至塞維亞。她希望能夠討回丈夫被宗教裁判所沒收的財產，提起訴訟，最後敗訴。為了將年幼的孩子們從貧困深淵中救起，她不得不向當局懇求，能夠慈悲地發放年金。在「巨大陰謀」的鎮壓風暴之下，大難不死的葡萄牙裔民眾，即使能夠繼續留在印地安地區，也遠離了商業的華麗舞台，退居深山野嶺之中，融入至當地社會的生活。

在他們（猶太人和葡萄牙裔商人）的身影，消逝在利馬的街角之後，貨物交易的叫賣聲，並未跟著消失。因為在利馬的商界，存在著早已和猶太人並駕齊驅，堅毅不屈生存下來的女性。

一六二〇年寫出《關於新世界秘魯歷史的備忘錄》一書的作者——方濟各會教士薩立納斯．伊．寇爾杜瓦（音譯）斬釘截鐵地敘述，琳瑯滿目的產物和山珍海味，從周邊的海岸、山區，不分季節地流入利馬市內，在這個豐富性堪稱世界第一的市場，統籌一切的中心人物，就是「女性」。而且這些女性，包括穆拉托（Mulatto，白人與黑人的混血）女性、黑人女性、印地安女性和墨斯蒂索（Mestizo，白人和印地安人的混血）女性等，且是被定位在都市下層階級的民眾。寇爾杜瓦的描述如下：女性們撐起帳篷做生意。印地安女性，在地面鋪上毯子和草蓆，將商品擺在上頭；另一方面，穆拉托女性和黑人女性，是將商品陳列在木桌上買賣。每一位女性都確切地掌握著自己的區域範圍，井然有序，市場上的帳篷和桌几，就像是區劃出一條條的街道和街區一般，販賣原產於世界各地的蔬菜和水果，數量不可勝數……。筆者認為，在進口紡織品等外國製品的猶太裔葡萄牙人攤位消失後，是由這些販賣著各式各樣商品、各種不同膚色女性，支撐著利馬的商業交易世界。

男性們所活動、打造出殖民地社會的舞台，在這個政治以及宗教的權力關係，縱橫交織的世界裡，正如我們目前為止所看見的景象，寬容與非寬容的精神，相互對峙拉扯，冀望以純粹的血統和思想，填滿被閉鎖的世界，以及反對勢力的交錯，有時甚至會出現殘酷的性命交易。但是，在以利馬廣場為中心所誕生的，這些女性的世界中，圍繞著血統和人種問題的爭執，卻是非常罕見。或許應該這麼說，因為人種和階級差別所築起的高牆，在她們的世界中，彷彿是本來就沒有存在過的一般，各式各樣的交錯、交流，就在日常生活中自然地運作與互動。如同接下來我們會看到的，在西班牙的征服活動之後，首先擔負起聯繫印加和西班牙關係的人物，就是女性；不僅如此，她們也確實是扮演著，推動安地斯歷史的角色人物。

◎印加公主們的命運

一五三二年，印加與西班牙的軍事對戰，最後印加敗北的情況，已於前文詳述，在征服活動這種非日常性的嚴峻時間下，征服者們殘暴、猙獰的內心所尋求的慰藉對象，就是安地斯的女性們。應該十分容易想像，征服者一行人中，幾乎沒有西班牙人的女性。在這種狀況下，西班牙男性自然會與印地安女性發生身體上的關係。

即便是在前西班牙期的安地斯社會，印加國王為了從地方社會獲取服從、臣服的意向，所使用的重要媒介之一，就是「女性」。地方首長（*curaca*）會將愛女獻給國王，作為愛妾；或者是印加官員，為了國家性的目的，挑出村莊內美麗的女性作為貞女。在印加國王方面，為了討取地方大首長的歡心，又或者是作為軍事貢獻的賞賜，贈與後宮佳麗。藉由女性構築起政治上的關係，這項安地斯的傳統，當西班牙人這一個新集團出現在眼前之時，立刻就被召喚出來。

卡哈馬卡的戰役結束後，印加國王將許多女兒和妹妹們提供給西班牙人。例如印加國王阿塔瓦爾帕，將父王瓦伊納．卡帕克的女兒伊涅斯．華伊拉絲．尤潘基（Inés Huaylas Yupanqu）提供給法蘭西斯科．皮薩羅，兩人生下法蘭西斯卡（Francisca Pizarro Yupanqui）和貢薩羅兩個小孩。後來，法蘭西斯科．皮薩羅拋棄伊涅斯，將她送給部下，與另一位印加公主安荷莉納．阿涅斯．紐斯塔（音譯）在一起，生下兩個小孩；但是不久後，這位安荷莉納公主便投向貝坦索斯（在本書中數次登場的編年史家）的懷抱。皮薩羅與伊涅斯生下的法蘭西斯卡，時至今日，我們還可以在意想不到的地方，看見她的模樣。法蘭西斯卡後來和他的叔叔埃爾南多結為連理，渡海至西班牙，在（本書多次提及）西班牙的特魯希優生活。在面向特魯希優的中央廣場，有一座巨大的宅邸，被命名

將印地安女性贈與西班牙人的阿塔瓦爾帕　瓦曼．波馬繪製。

為「征服宮」，建築物上頭刻有相關人物的側臉，其中之一，就是第十一任印加國王瓦伊納・卡帕克的孫女──法蘭西斯卡。

貝雅朵利斯・德・薩爾潔多（音譯），自稱是最早進入卡哈馬卡的西班牙人女性，她在一五六二年施行的調查中，回想當時的卡哈馬卡，描述在這塊土地上，與許多印加公主維持交流關係，並且證實，皮薩羅陣營的大將──埃爾南多・德・索托（Hernando de Soto）與瓦伊納・卡帕克的女兒，生下混血的愛女──蕾歐諾・德・索托（Leonor de Soto）。這位蕾歐諾，在後來渡海前往西班牙，以父親在征服活動上所貢獻的軍功為由，向國王請願，賜予恩賞，當時她所提出，有關父親軍功貢獻的證據，就是由副王托雷多送至西班牙本國，那塊描繪印加歷史與征服活動的「畫布」。

這些狀況的背景，當然存在著戰勝方西班牙人暴力性的強制因素，但是在印地安社會方面，其實也含有希望與安地斯世界新統治者構築關係的意味，而出現積極提供女性的舉動。

特魯希優的「征服宮」　在牆壁上的雕刻中，可以看見皮薩羅同父異母的兄弟埃爾南多，與戴著帽子的妻子法蘭西斯卡之半身像。筆者攝影。

編年史家印加．加西拉索曾表示：「最初，當印地安女性的肚子裡，有了西班牙人後代的小生命之時，女性的所有親戚，會將那位西班牙人視為偶像一般的崇敬，甚至提供服務與貢獻。」女性又再度被利用，成為連結新統治者與從屬者之間的樞紐角色。

在這些關係之下所誕生的，就是墨斯蒂索人。以加西拉索為首，特別是以庫斯科和首都利馬為中心的地帶，許多混血的後代，接連誕生。

◎從伊比利半島前來的女性們

征服活動後，至西班牙人自相殘殺的內亂發生為止，在這一段期間內，以印加公主為首的印地安女性和征服者，以及混血的子女之間，一同渡過了短暫的家庭生活。

不久，局勢開始出現變化。在剛開始統治新世界的時候，西班牙王室鼓勵西班牙人與原住民的通婚，可以說是積極摸索異文化集團交流的時期；但是，後來基於前文提及的「兩個政體」的理念，新世界社會逐漸出現制度上與空間上的差別待遇。同時，西班牙人男性應當迎娶西班牙人女性，這一種重視純潔性的意識形態，開始作祟；實際上，西班牙國王在後來也對新世界的西班牙人男性發出勸告，取消與印地安人女性的同居關係。最後，征服者們開始迎接，從舊世界渡海而來的西班牙新娘們。

印加．加西拉索眼見自己的父親，拋棄印加公主的母親，名正言順地迎娶西班牙人女性的妻子，在他的著作中，以辛辣的筆觸，描述一則故事如下（雖然會被認為，不能聽信加西拉索單方面的片面之詞）：千里迢迢來到新世界的西班牙女性們，主要目的是要釣到征服者金龜婿，獲得他們手上龐大的財富。據說當時，為了這些女性，還舉辦了以相親為目的的晚會。根據加西拉索的記述，下方是當時的對話，幾位女性從準備的時候，就開始窺視會場男性的狀況。

「我們似乎必須要和那些征服者們結婚呢。」

「妳說要和那些腐敗的人結婚嗎。我才不要呢。那些人，怎麼不去死，簡直就像是從地獄爬出來一樣呀。那個男的腳瘸了、這一個沒有手、那一個沒有耳朵、這一個是隻獨眼龍、那一個臉只剩下半張了不是嗎。要說是四肢、五官健全的，臉上全是傷疤啊。」

「妳在說什麼呀，我們才不是要看那些人的外表結婚的，是為了繼承他們的財產好嗎。老頭子們就快死了，在那之後，看妳喜歡找個年輕的小伙子來結婚不就好了嗎。就像是把老舊破洞的鍋子換成新的一樣呀。」

這些女性們一個接著一個地從伊比利半島抵達新世界，嫁給年老的征服者為妻，導致與征服者維持同居關係的原住民女性，必須回到印地安社會，或是「由丈夫」準備嫁妝，嫁給征服者的部下，混血的孩子們也失去了歸屬。或許是聰穎機靈的印加．加西拉索懂得把握機會，果斷地離開安地斯社會，前往父親故鄉的西班牙，尋求新的可能性。但是，面對繼續生活在安地斯世界的大批墨斯蒂索男女，關於他們的處境與對應，讓殖民當局相當迷惘、困惑。

◎混血的少女們

墨斯蒂索人被視為「危險的存在」。男性被鼓勵學習技藝或是經商，有許多人以翻譯為業，也有很多人和父親一樣，勇赴征服活動的前線，精於武器和馬騎，驍勇善戰。當政者眼見墨斯蒂索人較西班牙人擅於火藥武器，備感威脅；加上若是他們走上犯罪的道路，還可以穿上印地安人的服裝，潛伏在印地安母親的社會之中，便更難逮捕他們。理所當然地，殖民當局會下令要求墨斯蒂索男性和穆拉托男性解除武裝，也只是時間的問題。

另一方面，墨斯蒂索女性本身，普遍的認知，是被暴露在「危險」之下。近代關於處女的概念，背後帶有血統的純淨和貞節的思想。她們直到結婚以前，盡可能地避免與外界男性有所接觸，並且由母親負責監視她們的處女性，將女兒關在家中，使之閉門不出，成為最為理想的狀態。十五世紀末西班牙文學的傑作《賽樂絲汀娜》（*La Celestina*），就是描述被置身於如此理想環境之下的處女，以及她的戀人，因老鴇賽樂絲汀娜伸出的魔掌而殞滅。此種必須保護愛女遠離危險的意識，同樣地移植到新世界。

只不過，如今在安地斯土地上成為保護對象的是，有西班牙人父親和印地安人母親的女性，與西班牙呈現出不同的樣貌。例如一五五一年，在印加的古都庫斯科，征服者們聚集在象徵他們權力的合議機關——市參議會，決定設立收容他們混血愛女的修道院。從會污損純潔血統的印地安母親手上，奪取愛女，置於基督教環境之下，進行「矯正、治療」的想法，美國歷史學家伯恩斯（Robert Burns）認為，正是修道院誕生的背景。「remedial」這一個西班牙文的動詞，帶有「治療、矯正」的意味，由征服者們決議創立的聖嘉勒（Saint Clare of Assisi）女子修道院，就像是一個發揮「再生」機能的「裝置」，要將墨斯蒂索女性身上所沾染的印地安文化清洗潔淨，讓她們與西班牙人女性成為同質性的存在。

在女子修道院創設之時，有六十位女子進入院內，其中只有三位西班牙人女性，剩下的全都是混血女性。有人是被偶然經過印地安村落的西班牙人發現，帶到修道院；據說有些少女的背景，則是父親為了避免和新娶入的西班牙妻子發展成為麻煩的關係，才將女兒送進修道院。

◎印加與西班牙的血統紐帶

進入修道院的女性，雖然有人立誓修道，在封閉的世界內度過終生，但是大部分的少女，都是經過一段收容時間後，又再度回到外面的世界。換句話說，她們是在修道院中被灌輸良好習慣和禮儀，學習祈禱的方式、讀書寫字、裁縫等知識，矯正成為「西班牙人女性」之後，被投進庫斯科的新娘市場之中。特別是在西班牙人女性人數稀少的殖民地時代初期，這些經過再生的混血女性們，在構築「西班牙人的政體」結構上，扮演著十分重要的角色。

特別值得一提的是，在被收容的女性之中，有一位特別的人物，那就是比爾卡班巴的印加國王塞里・圖帕克和妻子（原為手足）瑪莉雅・庫西・瓦爾卡伊（María Manrique Cusi Huarcay）女士之間，所生下的女兒——碧翠絲・克拉雅・蔻雅。被說服的塞里・圖帕克因為歸順西班牙國王，而在尤卡伊之谷獲得大片領地，已於前文述及（參考第五章），塞里・圖帕克逝世後，繼承這片領地的人，就是碧翠絲・蔻雅。她出生於父親離開比爾卡班巴的一五五八年，在五、六歲左右，進入聖嘉勒修道院。那些策劃將印加和西班牙連繫在一起的人們，在碧翠絲身上發現了作為「卡榫」機能的價值。

碧翠絲被副王托雷多利用，拿來作為象徵西班牙戰勝印加的裝飾。成功鎮壓比爾卡班巴，滿心歡喜的副王，將在修道院接受優秀教育的碧翠絲，許配給作戰指揮的功臣，同時也是耶穌會創始者聖依納爵・羅耀拉的姪子——馬丁・賈西亞・德・羅耀拉，作為妻子。不久後，馬丁與碧翠絲生下愛女安娜・瑪莉亞（Ana María de Loyola Coya）。安娜・瑪莉亞後來渡海前往西班牙，與耶穌會總會長，同時也是聖波吉亞（Saint Francis Borgia）的孫子結婚。印加族的後裔與耶穌會，藉由印加公主為媒介而建立起的紐帶關係，至今在庫斯科耶穌會教會入口，還可以看見描繪兩組夫婦婚姻風景的繪畫，讓人想起兩方之間的連結。不過，這項紐帶關係，卻也在十八世紀末發生的圖帕克・阿馬魯大叛亂之中，帶來某種意義。在與大叛亂的關係上，特別值得書寫出來的是，一六一二年，西班牙國王將尤

描繪兩對夫妻結婚場景的畫作　左邊的男女為馬丁・羅耀拉與印加公主碧翠絲，如今依舊展示在庫斯科的耶穌會教會之內。

卡伊之谷地區一片廣大、豐饒的土地，賜予安娜．瑪莉亞作為「奧羅佩薩侯爵領地」。這塊侯爵領地，後來成為印地安人大叛亂的導火線。

以印加公主為首的印地安女性們，用她們的身體去承接西班牙人的慾望，將混血的果實送進印地安世界之中，連結起印加與西班牙兩方。儘管如此，有一點是可以確定的，那就是這些女性們，還是會運用獨自的藝術，向以男性為中心的社會原理，提出異議。藝術的其中之一，就是「魔法」。

◎女性與魔法

在中世紀、近代的社會之中，男性與女性，是被放置在明顯不均衡的關係之下。普遍的觀點認為，男性是理性的動物，女性是感性的動物；男性與「文化」有所連結，女性與「自然」有所關聯，就像是夏娃是從亞當身上所誕生的觀念一般，作為「原因」的男性，顯然地較只是「結果」的女性優秀。女性無法在公共場合發言、行使權力，應該是在家庭內閉門不出，支持著男性的存在。在聖嘉勒修道院創設的背景中，也包含了這種觀點。

但是，在如此嫌惡女性思想的背後，隱藏著男性對女性的「畏懼」情感。女性不適合擁有「權力」，但是她們卻持有其他的「力量」。例如「治癒能力」、「占卜能力」或是「預知能力」，從肯定這些力量存在的人們看來，女性的存在，是較男性更接近於神的位置。這可以連結到孕育出「聖女」的思想。然而，否定女性固有能力的人們，則是將這些力量的根源，歸結於「惡魔」，即為一種邪惡的存在，進一步加強對女性的戒心。他們認為，先天就擁有弱點的女性，容易被惡魔所籠絡。

被排斥在公權力外圍的女性，在安地斯殖民時代歷史的初期，便承認她們為了生存，而將這些魔性的力量，帶入生活中加以實踐。舉例來說，近來，由秘魯史學家若絲圖洛絲基（Rostworowski）所提出，一項關於魔法的有趣訴訟事件。這項事件的中心人物，是方才所見，瓦伊納．卡帕克國王的女兒，皮薩羅的首位愛妾——伊涅斯．華伊拉絲．尤潘基。失去征服者領袖寵愛的伊涅斯，下嫁給皮薩羅的雜役部下——西班牙人安蒲耶羅（Ampuero）。伊涅斯與新任丈夫生下了三個小孩，但是在這段婚姻生活中，她似乎過得十分痛苦。因為在一五四七年，傳出了伊涅斯殺害丈夫安蒲耶羅未遂的事件。她受到丈夫的虐待，每天就連普通的外出也不被許可。她訴諸「魔法」，想要逃出這個痛苦的深淵。

在這場訴訟中（當時尚未設立宗教裁判所，所以由世俗的裁判所進行審判），拘留了施展邪術的男、女法師。因為他們還沒改信基督教，所以宣誓將在「太陽和大地」的見證下，於法庭上闡述真實。男、女法師供稱，他們接受伊涅斯的請求，鎮壓丈夫粗暴的性格，採取焚燒「獸脂」，斟酌狀況調整法術的強度。在焚燒獸脂後，會浮現出安蒲耶羅的影子，對著這個影子說道，不要再動怒了。接著，針對四年後安蒲耶羅將會迎來死亡的策劃，法師提供某種草藥，用來摻入安蒲耶羅的食物之中。最後，這些印地安人雖然被判處死刑，但是訴諸魔法的當事人伊涅斯．華伊拉絲，卻未被追究任何刑責，在官司之後，仍舊與安蒲耶羅維持夫妻關係。

畢竟這是殖民初期時代的資料，關於犯罪的背景無法有更加詳盡的理解，不過有趣的是，被處刑的印地安法師，他們的「顧客」並不只是伊涅斯，還有無法忍耐丈夫的暴力，希望法師能夠壓制丈夫暴戾之氣，前來求助的黑人奴隸西蒙，以及渴求法師「治癒」丈夫暴力行為，「出身卡斯提亞的夫人」。由此可見，魔法成為那些在社會上無法從公權力獲得保護的弱勢者，所剩下的少數武器，其重要的特徵是，在魔法領域中「不分人種」的性質。這種性質，在接下來要看到，十七世紀利馬女法師們的世界中，更加地明顯。

魔女與「印加的力量」

◎利馬的小巷弄

在十七世紀的利馬都市，前文提及以「兩個政體」為基礎的統治理念，早已蕩然無存。觀看一六一三年施行的市內人口調查結果，便能一目瞭然。根據調查的結果，當時利馬的人口約為兩萬五千人左右，依照種族類別加以分類的話，西班牙人約一萬人、黑人約一萬人、印地安人約兩千人、墨斯蒂索人約兩百人、穆拉托人約七百人，可見這個時期，屬於「西班牙人的政體」之利馬都市，印地安人和各種族的混血後裔居住在其中，已成為既定的事實。

那麼，男女之間的比例又是如何？與十六世紀，男性人數遠勝過女性的狀況大有不同，這時候女性的人數較男性高出許多。十七世紀的某位編年史家，在觀察後以略為誇飾的語調寫下：「女性人數多於男性，已到了倍數的差別，因為女性既不從事海、陸的旅行、也不會上戰場，所以比較長壽」。在戀愛和結婚市場上，如此男女人數比例懸殊的狀況，顯示出女性可能處於較為不利的立場。或許這也是十七世紀，她們熱衷於藉助「戀愛魔力」的理由之一。

一六六〇年前後，面對利馬女性沉溺於成就戀愛目的之「邪惡行為」，教會權力認為應該布下天羅地網加以取締，而全力啟動鎮壓的機制。針對印地安女性，採取「根絕偶像崇拜之巡察」（參考第七章），並且將「異端審問」的對象，放寬擴大至西班牙人、黑人女性以及混血的女性。特別是到了一六六〇年代，在薩米安多．德．皮維洛這一位巡察使出現後，住在利馬市內的印地安女性們，成為取締的目標對象。

在皮維洛巡察活動的歷程中，有一位原住民老嫗，名為胡安納．德．瑪悠（Juana de Mayu），是非常值得探詢的人物。一六六九年，她被巡察使逮捕，是一位寡婦，出身於距離首都四百公里遠，海岸地區的大城鎮伊卡（Ica）。瑪悠是何時來到利馬，已無從得知，不過，根據口供的筆錄，得知她使用的是拉迪諾語（Ladino，又稱為猶太—西班牙語），可見她在「西班牙人的政體」之下，已生活了很長的一段時間。拉迪諾語是「擅長西班牙語的印地安人」所使用的語言。瑪悠在被逮捕後的陳述，完全不需要克丘亞語的翻譯在場，本人與巡察使直接展開激烈的論戰。

閱讀時而採用直述句法的裁判記錄，令我們驚訝的是，這位「拔光所有牙齒、目光斜視」的老嫗，竟然能夠如魚得水地暢游在利馬的夜世界，以及她那超越人種、民族的顧客和同業者網絡。成為她的顧客和施展邪術的同伴，有西班牙人女性、墨斯蒂索人女性、黑人女性、穆拉托人女性、尚波人（Sambo，黑人與印地安人的混血）女性和印地安人女性，大概就是在利馬這座都市中，所能看到的所有人種了。掌握權力的男性們所構想出來的意識型態，以人種為分界，予以明顯差別對待的兩種政體，在這些女性們生氣蓬勃的日常生活交流中，完全失去作用。

她們生活的舞台，是在利馬都市中一個獨特的居住空間，被稱呼為「卡列虹（音譯）」。庭院、廚房和飼養家禽的小圈子為共有設施，周圍由各間屋子環繞，或許可以想像是日本舊時「長屋」的景況。許多與魔女審問扯上關係的女性，可能是像胡安納・德・瑪悠，為寡婦身分，或是就算在名目上有婚姻關係，但是與離家的丈夫處於長期分居的狀態，享受與多位男性幽會的樂趣，又或者是被同居男伴拋棄的女性。她們很多人會選擇在「卡列虹」中租借房間，共同生活。從記錄中的敘述，浮現出這樣的情景：被男性拋棄的墨斯蒂索女性，在廣場上悲傷地哭泣了許久，有一位印地安女性上前溫柔地搭話，邀請悲傷的女性進入「卡列虹」的屋內。

◎胡安納・德・瑪悠的戀愛魔法

然而，胡安納・德・瑪悠被巡察使逮捕的罪名，是行使「反基督教的邪惡法術」。所謂的邪惡法術，究竟是什麼呢？首先，是治癒疾病的法術。當時西班牙人殖民者從歐洲世界帶來的「先進醫療」，頂多就是放血的技術，不如說是西班牙人本身，較為依賴印地安人使用草藥、藥浴等傳統醫療技術。宗教裁判所附屬的醫師，即使處以放血治療也無法治癒囚犯，為了安撫囚犯的發狂情緒，法官還去向印地安老嫗請求草藥的處方。如果從宗教裁判所的存在意義上來看，也算是一種異常的現象。

瑪悠擁有豐富的草藥知識，經常帶著女性友人一同到利馬近郊的山丘上，採集花草植物。例如，她的墨斯蒂索人好友受久病的折磨，以法術診斷出病因的瑪悠，首先開出藥浴的處方。在現代的秘魯社會，被稱呼為「庫蘭蒂洛」（curandero）的民俗療法者，對於無法享受西洋醫學恩惠的民眾而言，可以說是扮演著守護他們健康的角色。庫蘭蒂洛的治療行為，大多是使用各式各樣聖物和液體，帶有魔力、法術的性格。常見的病因，是從人際的扭曲關係中所誕生的「嫉妒」和「怨恨」，為了矯正而施予對抗的魔法，加以治療。今日，在秘魯日常的街道上所見到了庫蘭蒂洛，他們的系譜可以上溯至胡安納·德·瑪悠。

不過，胡安納·德·瑪悠的法術，從她的顧客階層就可以明白，大多是關於「女性的領域」。也就是男性在社會上行使權力和暴力，女性們期望能夠以她們的力量（法術）加以統治，在與男性的關係上取得主導權。

早在約一個世紀之前，如同印加公主所受苦的狀況一般，殖民地社會的男性們，經常在日常生活中對女性動手，施以暴力。某位印地安女性，苦惱於有外遇傾向的女婿，對女兒施展暴力的狀況，而前來求助瑪悠。依賴瑪悠這種非正統的技法，身為基督徒的印地安女性，雖然因為良心的譴責而有所躊躇，但還是被交付一個裝有液體的小瓶子，對方表示：「只要灑在女婿坐的地方，就會有效果出現。」在異端審問和根絕偶像崇拜之巡察的記錄中，四處可以看見「amansar」（鎮靜）、「rigalle」（束縛）這兩個西班牙文的動詞，其動作的對象，皆是男性的「他」。也有操控花心男子內心的技法、找出不再出現的男性們，又或者是窺探對方內心究竟喜歡誰的占卜和咒語。印地安女性法蘭西斯卡，是希望瑪悠運用法術，替她調查女婿的外遇。瑪悠將兩片古柯的葉子漂浮在水盆中，看出女婿和外遇對象的女性，並且根據葉片的漂浮狀況，占卜這段戀情今後的進展。

瑪悠特別擅長的是，「春藥」的調劑，她們將之稱為「賽樂絲汀娜母親的藥粉」，稱呼的來源是前文提及的傳奇小說（Picaresque novel）《賽樂絲汀娜》。瑪悠讓顧客去購買在利馬大廣場上販賣的橘子花、丁香、水仙和麝香後，自己坐上驢子，前往利馬郊外的「蘇爾科（Surco）山谷」，採集多種植物，調劑成藥。特別執著於「賽樂絲汀娜母親的藥粉」的顧客，是西班牙人的女性們。

十八世紀初葉，探訪利馬的法國旅行者伏列傑爾（音譯），留下了非常耐人尋味的觀察記錄如下：

當地的女性，並沒有像西班牙本國那樣受到男性的監視，但是她們白天卻不太外出。等到日落西山，才自由自在地踏出家門，而且經常是出沒在意想不到的場所。在太陽燦爛照耀期間，還是如此端莊賢淑的女性們，一旦到了夜晚，卻驟變成最為大膽的女性。為了不要讓他人發現，用披肩遮住臉龐的她們，從事的工作，是法國男性會做的事情。

以披肩遮掩住臉龐，其中也包含身分高貴的女性在內，昂首闊步在利馬街道上的「掩面女性」，可以說是都市利馬的著名風景，同時，卻也引起了醜聞，成為教會和行政當局憂心的存在。一六二四年，副王發布「掩面女性條例」。女性們試圖藉由遮掩臉龐來抹滅社會性和人種差異，以換取行動上的自由，而「她們必須露出臉龐，讓眾人看得見、認得出、判別得出，明確地顯示出自己身分」的這項法令，就是帶有壓制女性行動的意圖；但是，從十八世紀的外國人旅行者，仍舊特別書寫下來眼前的景象看來，可知這項禁令，似乎並未發揮太大的效果。

事實上，爭相探訪印地安女性胡安納．德．瑪悠，尋求「賽樂絲汀娜母親的藥粉」的人物，據說就是那些只想著要擄獲年輕男性真心的「掩面西班牙人婦女」。她們手拿著沾有戀人精液的手帕，前去造訪瑪悠婆婆。

◎抵抗的意志

乍看之下，胡安納．德．瑪悠的魔法，似乎只是女人們的扮家家酒、尋求慰藉的行為，但是就在這些彷彿日常瑣事一般的小動作裡，暗藏著女性們對宗教與世俗權力的「反抗」和「異議」之契機。

在胡安納．德．瑪悠接受審判的幾年前，利馬市曾經發生印地安人叛亂的未遂活動。雖然叛亂計畫在執行前便事跡敗露，但是卻為十七世紀在政治上風平浪靜的秘魯殖民地，帶來了動盪的波紋，可以說是政治上的重要事件。在瑪悠的

「掩面之女」（tapada）　以披肩遮掩住臉部，自由地說話、動作。

記錄上，也殘留這這項叛亂活動的餘韻。因為瑪悠的姪兒，就被認為是叛亂運動的首謀者之一，逮捕後被判處死刑。

為了喪葬儀式而前往刑場的瑪悠，陪同在身邊的墨斯蒂索女性問她：「妳什麼都辦得到，難道不能做些什麼，讓你的姪兒逃過斬首的命運嗎。」對此，瑪悠答道：「我試過了，試過了好幾次。但是不管試了幾次，出來的都是八人死刑、四人釋放的結果。」瑪悠為了拯救那些嘗試反抗殖民體制而拋棄性命的同伴，施展了她的法術。然而，胡安納・德・瑪悠在性愛領域發揮獨特強度的法術，轉而施展在左右公權力的動向上，效力似乎十分薄弱。

在這個時代，充滿死亡氣息的刑場，彷彿成為一個磁場，吸引施展法術者們前來。她們／他們的目的，是要蒐集散亂在刑場上的「絞刑繩索」，這是從伊比利半島所帶進來的傳統。在西班牙，擁有絞刑繩索的殘餘部分，被認為是可以獲得愛的吸引力；另一方面，在利馬這一個都市，則是相信可以從法官手上重獲自由，因此，甚至出現犯罪的累犯者等人，為了得到絞刑繩索的斷繩，而跟蹤行刑者的記錄。在戀愛法術的背後，經常潛伏著這種對抗權力的意志。

一六六九年二月被逮捕、拘留的胡安納・德・瑪悠，她的審判在同年的十月正式結束。檢察官方面，認為胡安納・德・瑪悠的法術中，可能含有奪取他人知覺能力的危險力量，因此要求巡察使執行「拷問」，以逼出更進一步的自白。實際上，在瑪悠的女兒偷情之際，她準備了一種「隱形」粉末，讓女婿看不見女兒偷情的場景。因此，當女兒和第三者共赴巫山雲雨之時，即使女婿同在現場，也絲毫沒有察覺到任何異狀。多虧了這個隱形粉末，女兒、女婿和第三者三人在同一個屋簷下，感情和睦的共同生活。不過，巡察使並不追究這項行為，認為將老嫗長期收押，已經構成處罰，勸告瑪悠「今後要成為一位良好的基督教徒，敬畏神，經常去領受聖體」，作出緩刑的判決。

◎被操縱的權力

就像這樣，在都市利馬所展開的根絕偶像崇拜之巡察，與在山岳地區看見的，被認為是與惡魔連結在一起的異教殘存物——「瓦卡信仰」，對抗「天主教教會」，呈現出宗教鬥爭的壯烈樣貌，大不相同。都市的根絕偶像崇拜活動，不如說是羅馬教會企圖刷新天主教體制計畫的一環，當時的羅馬教會，正在對抗宗教改革派，也就是新教派勢力的增長。換句話說，目的是要向民眾們展示出，矯正逸出常軌的基督教道德，以及正確的宗教實踐方法，藉由適當的宗教教育，達到身體和心靈的規律化、社會化。實際上，瑪悠在接受巡察使測試關於天主教教義的基本知識之時，無法正確回答出三位一體的概念，以及聖母瑪莉亞的信仰和基督信仰之間的差異等問題，被巡察使斥責「好好學習信仰教條」。

但是，胡安納．德．瑪悠的知識不足，並非是由於她的學習能力不佳，而是來自於女性們與教會權力之間，所保持的獨特距離感。在審問中，記錄了關於告解（懺悔）和領受聖體之主題，瑪悠和其他女性之間有趣的對話。某位印地安人女性，即使參加了某種法術的集會，還是心神不寧地苦惱自己行為的非正統性，瑪悠豪爽地對她說：「妳就盡量去跟神祈禱吧，一定會被列為聖人的！以偽信者的身分。」另外，瑪悠受人諮詢，該跟神父告解些什麼之時，她建議道：「絕對不可以說妳有看過告解主教的事喔。這樣說就好了，神父啊，雖然你不記得了，但是我對我犯下的所有罪狀，誠心懺悔。」當時，對抗宗教改革派的教會，透過告解的制度，企圖精細地分析出信者對於罪的意識，瑪悠則是用這種絕妙的諷刺性距離，反抗制度。

更為有趣的是，胡安納．德．瑪悠完全看透，權力當局為了捕捉她們而撒下的網，帶有何種性質。友人問她：「做這些事，不怕哪一天突然被抓嗎？」她則是斷言：「突然被抓？開什麼玩笑，異端審問跟我一點關係也沒有哇。」印地安女性瑪悠熟知，利馬的宗教裁判所，將她們這種「人種」排除在起訴對象之外；另外，恐怕她也清楚地知道，根絕偶像崇拜活動主要的目的，是基督教的再教育，刑罰通常都是非常地輕微，所以她才會有恃無恐地活躍於夜晚的世界。

就像胡安納·德·瑪悠所理解的一般，在同一個時期，宗教裁判所以非常嚴厲的目光，審視印地安人種以外的女性。許多背負著多樣人種、文化的女性們，因為密告等方式，被一個拉著一個的拖出來接受審判，但是這些非印地安裔的女性們，還是試圖巧妙地逃出教會權力的包圍網。

某位被宗教裁判所逮捕的西班牙人女性，請求她的顧客：「假如關於法術的事情，要向告解主教懺悔的話，請妳說施展法術的人是印地安人女性，而不是西班牙人女性，因為印地安人女性在異端審問管轄範圍對象之外。」由此可見，非印地安裔的魔女們，與胡安納·德·瑪悠維持著互相補足的關係。

◎古柯的祈禱與印加國王的意象

重要的是，擅長巧妙運用西班牙語的胡安納·德·瑪悠，在以藥浴等基礎的安地斯法術傳統上，連結歐洲春藥的概念，創造出獨特的魔力世界；相對於此，主要以施展戀愛魔法而被宗教裁判所逮捕的非印地安裔女性們，也大量地攝取了安地斯的印地安傳統。特別引起我們注意的是，非印地安裔的魔女們，將「印加國王的力量」視為己物的部分。要引出這份力量的重要媒介物品，就是古柯葉。

宗教裁判所，可說是西班牙官員體制象徵性的存在，支持著帝國的嚴密文書主義思想，也同樣貫徹在宗教裁判所的制度之中。因此，宗教裁判所內嚴謹的書記官們，會將女性們為了增強性愛力量所設計出的咒語，一字一句，細心注意其中的差異，忠實地記錄下來。多虧他們這些官員的勤勉態度，我們今日才能夠得知「印加國王的祈禱」與「古柯的祈禱」這一類興味盎然的咒語：

「我的印加國王啊，我的父親啊。我用這杯葡萄酒為你洗禮……。因爲你正為了沒有接受洗禮水而苦惱著……。」

「我的古柯啊，我的母親啊。基於我對你的信仰，如此祈禱……。向你賭上奉獻給偶像崇拜全體之名。印加國王的、王妃的、太陽的、月亮的……。」

「我的古柯啊。因你被種植的大地，受印加寵愛的你，將我的愛人帶來我的面前……。」

「我的王妃啊，我的公主啊，我的女主人啊。我不會說出背叛你的道德的話，我不會說出陷他人於不義的話，就請你賜予我恩惠……。」

白人、黑人以及混血的女性們，就是像這樣一面嚼食著古柯葉，一面召喚出已經在安地斯消逝的印加國王，請求實現她們的願望。在許多的裁判記錄上都沒有署名，可見她們屬於不識字的社會階層，應該不會去接觸當時已經文字化、書籍化，且在利馬知識界中流通，關於「印加帝國」的歷史。「印加國王的祈禱」中，並未出現「帝都庫斯科」、「變革者帕查庫特克」或是「偉大的瓦伊納．卡帕克」。值得注意的是，正因為這些咒語裡的印加國王與「正史」有所切割、分離，才更顯現出抽象的力量，能夠持續地展示其存在感。

舉例來說，印加國王永久不敗的意象。「身為被告人的丈夫，碰到行刑者的手之時，（妻子）每咬一口古柯葉，便唱誦一次私藏的咒語。我的古柯啊、我的公主啊，我的印加國王啊。因不存在著任何會讓你敗北的東西，請你保佑我的丈夫不要被施以絞刑，請你攻進法官的內心……。」

另外，被大批王妃包圍的國王，這種一夫多妻制的印加後宮，所帶有的強烈性暗示意味，也傳達到她們的心中，從中引申出被印加國王（Inca）寵愛的王妃（Coya）＝古柯

（coca）之想法，為那些逃脫出天主教道德世界而生存的人們，增添了勇氣。此外，山中的精靈，也與印加國王的概念一體化。可以看見「欽博拉索、蓋瓜拉索、卡散噶、印加……」的咒語記錄，欽博拉索和蓋瓜拉索，都是安地斯山脈中重要的山中精靈。

還有別的西班牙人魔女，一面嚼食古柯葉，一面對著女性顧客們說道：向「印加國王、王妃、公主，以及在大地之下的古代眾人」，「祈求」（透過供品與獻祭，請求某事）並「禮拜」（向神的存在表達儀式性的行禮），再邀請顧客一同將酒灑在大地上。「印加國王」的存在，也逐漸成為自前西班牙期以來，潛伏在大地的象徵性力量。

利馬女性們藉由這些方式，召喚出印加國王的表象，確實不是在「認真、真實的世界」所孕育出的概念。儘管如此，或許應該說，正因為如此，「印加國王」在咒語中的力量，才

殖民時代的印加女性　披著印加獨特的幾何學花紋披風，手持印加的花朵。

具備了價值，這是在理解後來安地斯世界的歷史發展上，非常重要的徵兆。十八世紀下半葉，籠罩安地斯世界「盼望印加式烏托邦」的觀念，其重要的構成要素，就是從歷史的桎梏中切割出來的「印加國王力量」，成為帶來世界變革的純粹力量。

接下來在下一章可以看到，導致殖民時代走向終結的「叛亂世紀」，為了能夠讓「印加」站在這個舞台之上，從民眾階層所塑造起的意象，是不可或缺的要素。

第九章

走向印加的慾望

孔多爾坎基（圖帕克·阿馬魯二世）　殖民時代祕魯的起義首領。

庫斯科的印加貴族

◎印加貴族的隊伍

近年來，歷史學家們的目光，逐漸轉向在殖民地時代繼續生存下來的印加族人。一五三二年的卡哈馬卡戰役，以及在四十年後，比爾卡班巴王朝最後的領導者圖帕克．阿馬魯，於庫斯科主廣場上被處刑之後，讓人有印加完全被西班牙帝國吞噬殆盡的感受。安地斯的原住民，在地域上的多樣性和社會上的階層分級等，被大幅的抽象化，粗略劃分至「印地安人」的分類之內。特別是在副王托雷多實施大改革之後，安地斯的原住民們被逐漸矮化，透過繳納貢稅和提供勞役，成為支持西班牙王權的存在。印地安世界雖然失去了許多人口，在巨大的殖民地主義前呈現萎縮的樣貌，但是在社會的各處角落中，依舊存在著對抗性的小型運動，已於前文述及。乍看之下，因征服活動的暴力而被抹滅的印加，在殖民地時代，仍舊創出了幾條「水脈」，維持自身的生命。

前一章提及的利馬夜世界，在異端審問記錄中被後世史家偶然發現，擁有多元文化、人種背景的女性們，透過咒語呼喊「大地力量體現者的印加國王」，就是延續印加生命的水脈之一。而保存著往日鮮明的印加記憶，並且能夠讓活生生的人們體現、想起的場所，就是以殖民地都市再生的庫斯科。

在本書的開頭，筆者在庫斯科城市中心的印加石牆小道上散步之時，以「十二角石」為首的白綠色石塊層層堆疊的上方，可以發現白色牆壁的建築物，過去是大主教的住處，如今成為博物館。現在，就讓我們進去參觀一下。在館藏的各式歷史文物之中，綻放出特別存在感的，是一系列的繪畫作品。這是過去在距離庫斯科市遙遠的印地安教區，裝飾在聖塔亞那教會的繪畫，被美術史家稱之為「聖塔亞那系列作品」。

首先，先讓我們來看看這幅作品。一開始吸引我們目光的是，導引藝閣，穿著白色衣裝的人物。他的頭上戴著奢華的頭飾，手持銀色的錫杖，胸前則有燦爛的「太陽神」。試想瓦曼・波馬・德・阿亞拉所繪製的國王樣貌，這位人物應該就是印加國王無誤。那麼，這張繪圖是描寫前西班牙期印加國王巡視的狀況嗎？

但是，在印加帝國時代，國王的身體為了避免

「聖體祭」的隊伍　在這張圖畫中，扮演印加國王的印地安人胸前，繪有「太陽神」。聖塔亞那系列作品。

與大地接觸，應該是乘坐在轎子上移動才是。這張圖中，白衣人物的腳，是確確實實地踩踏在地上。在觀看隊伍的群眾之中，還可以看到狀似黑人的人物。而且印加國王會穿褲子嗎？當我們開始仔細地審視繪畫中的細節部分，就可以發現，這已經是在被歐洲文化支配的環境下所顯現出的印加，也就是在殖民地時代，印地安人們的遊行隊伍。

這張圖畫，是描繪西班牙統治下的庫斯科，在其舉辦的宗教祭典上，出現於遊行隊伍中的印地安人。從同系列的繪畫作品中也可以看到，這個時候，有多位印地安人穿著同樣的服裝，在庫斯科市內現身。這場祭典，是天主教的重大祭典之一，「聖體聖血瞻禮」。這一系列的繪畫作品，被認為約是在一六八〇年繪製而成，繪畫的中心故事人物是印加國王，扮演印加國王引導藝閣前往聖體臺的，是當時居住在庫斯科市內的印加族帕納卡的各家代表。

◎印加貴族的王旗隊

在第五章時提及，西班牙征服印加後，殘存在舊王都庫斯科的印加族人們，分為兩派：一派是揭起反抗西班牙的旗幟，嘗試發動武力抵抗活動，最後失敗、滅絕的人們；一派是選擇協助、支援西班牙權力的人士。後者利用征服者編纂印加史的計畫，在殖民地時代的庫斯科，成功地讓十二家帕納卡再生。西班牙人編年史家所確立起垂直時序（時間軸線）的單一王朝，如今以王家為核心，以水平軸線的方式，再現於都市空間。[1]

在庫斯科市內，由天主教會設立了八個印地安教區，印加族人依照各自帕納卡的歸屬，聚集居住。他們不只擁有前文述及的紋章和家譜等，還因為某一項制度的創生，將印加十二家的帕納卡集結在一起，確立為「印地安貴族」，成為擁有特權性的社會地位。該制度就是「庫斯科八教區的印加貴族王旗隊」。在庫斯科，每年的七月二十五日會舉辦「聖雅各節日祭典」。聖雅各這個名字，已於本書多次登場。在伊比利半島的收復失地運動之中，聖雅各是基督教徒的守護聖人，同時也是支持軍事行動的聖人。那位騎著白馬現身，擊潰包圍庫斯科的曼科．印加軍隊，讓印地安人畏懼不已的聖雅各。皮薩羅在卡哈馬卡的天空下，大喊聖雅各之名作為戰鬥口號，帶領著征服者們，朝阿塔瓦爾帕國王的方向突襲進攻。換句話說，印加族人揭舉著「西班牙王旗」，莊重地參加否定自身王國與歷史存在的象徵性祭典。

宛如是抹滅自己存在意義的矛盾行動，背後隱藏的意義，將於後文敘述，在十六世紀，約是在西班牙國王查理五世的統治下，居住在八教區的印加貴族，被任命擔負揭舉西班牙王旗的任務。獲選的印加貴族，要在七月二十五日的聖雅各節日以及聖體聖血瞻禮之時，在額頭上裝戴象徵王徽的「流蘇裝飾」，穿上讓人想起印加時代的豪華衣裝，走在西班牙人居民獨自選出的「西班牙人王旗」後方。象徵由兩個政體所構成的殖民地社會之祭典儀式，就此誕生。

一五九五年，這個「庫斯科八教區的印加貴族王旗隊」成為正式的制度。關於當時的模樣，留存於史料之中。一位庫斯科市內負責印地安人事務的法官，基於每回選出王旗隊成員時總是會引起紛爭的緣故，率先訂出選舉程序。法官將印加的帕納卡分為上、下兩部，各自推出十二名成員，組成二十四位選舉人團隊，從中選出一位王旗隊的舉旗手。在西班牙人的指導下，成立了選舉人會。不久後，由十二家帕納卡各自推出兩位成員組成的「二十四選舉人會」，成為正式的名稱。這個團體雖然幾經浮沉，但是其運作直至十九世紀初葉為止，維持了兩百年以上的時間。成員們在祭典等場合上，可以配戴使用高級羽毛製成的胭脂色王徽流蘇，又被稱呼為「緋紅流蘇的正統印加」。

◎被歷史化的印加

那麼，有多少稱為印加貴族的人，生活在殖民地都市庫斯科內部呢？根據加西拉索的記錄，十六世紀末，男性直系的印加裔居民，共計有五百六十七人居住在庫斯科。這個數字指的是成年男子的數量，加上女性以及小孩的話，大約有數千人生活在庫斯科。也有另一個說法，是居住在庫斯科地區的印地安人總人口之中，約有百分之五到十的比例是印加貴族。

印加貴族被認可使用「堂」（Don）的尊稱（西班牙文中對尊貴者的男性敬稱），並且由西班牙國王認定，與西班牙的底層貴族，擁有同等的地位。依據敕令，印加貴族可以免除納稅和強制勞動的義務，並且擁有貴族身分所附帶的諸多特權。西班牙國王也同樣賦予安地斯各地的印地安首長特權，但是像是庫斯科如此眾多的貴族階層，且是一口氣增加的狀況，實屬特例，放眼中南美洲地區，也算是非常罕見的現象。有趣的是，印加貴族們不同於一般印地安人平民的身分地位，不僅是透過敕令獲得保障，更可以透過穿著華麗衣裝、扮成印加國王，將他們的身體展示在都市空間中，顯耀出他們的特殊社會地位。

一六一〇年，這些印加貴族在庫斯科作出展示、表演的模樣，都被詳細地記錄在史料之中。這一年，羅馬教宗將耶穌會的創始者聖依納爵·羅耀拉追封「宣福禮」的消息，傳到了庫斯科。藉由婚姻作為契機，印加帕納卡成員和耶穌會成員之間，因不可思議的緣分而相互結合，詳細狀況已於前文述及。這場祝賀羅耀拉追封宣福禮的慶典，印加族人們宛如自家喜事一般，歡天喜地的慶賀。典禮是以庫斯科主廣場和主教座堂為中心舞台，各家帕納卡根據各教區創設歷史的前後順序，逐日派出遊行隊伍慶祝，慶典長達二十五日。

特別讓西班牙人觀眾情緒高漲的是，十二家帕納卡代表們穿著正式服裝登場的日子。扮成祖先印加國王的人們，披上高級華美紡織品的衣裝，乘坐轎子，手持錫杖，在隨從撐起的陽傘下行進。當然，各個扮演國王的帕納卡成員額頭上，都戴著流蘇裝飾的冠冕。直屬於國王的官員（corregidor，縣長），是庫斯科市世俗權力的代表者，他們觀看著遊行隊伍，當扮演國王的帕納卡成員們行經他們面前時，成員們會稍稍點頭表示敬禮，對此，縣長也會拿下頭上的帽子回禮。

印加族人現身於羅耀拉祝賀祭典的行動，特別讓我們注意到的是，帕納卡成員們，透過在都市中心所展示的表演，緊緊抓住這個再次重現、讓觀眾想起印加王朝「歷史」的機會。他們在遊行的隊伍中，重現帝國發展上的重大契機，也就是「對抗昌卡戰爭」的戰勝場景，將勝利之歌獻給真福者羅耀拉。另外，他們還在主廣場上再現被湖泊所包圍的城堡。這個湖泊就是印加國王在征服北部厄瓜多地區之時，成為激戰舞台的「血之湖」（參照第二章），帕納卡的成員們演出戰鬥的模樣，綑綁投降者扣上金鎖，交給縣長。

印加族人，將帕納卡及創始者的歷任國王關係，刻畫進西班牙帝國的官方歷史之中，並藉由國王所授與的特權，在庫斯科確立起貴族的地位。不僅如此，他們還將庫斯科這座都市作為舞台，顯示出他們對於這段歷史以及後繼者的身分為傲。如此一來，「被歷史化的印加」水脈，流出了非常明確的路線。

◎非印加裔的印地安人動向

不過，就像是要與這個「被歷史化的印加」對抗一般，出現了其他的水脈。原本與印加族的系譜和血統毫不相干的人們紛紛現身，為了將印加那高貴的歷史和權威占為己有。二十四選舉人會，雖然說是官方介入所設置的團體，但卻不是處於穩定的狀態。根據史料，因為傳染病的發生等因素，曾經出現後繼者死亡，帕納卡無法派遣選舉人出任選舉人會的狀況。非印加裔的印地安人，抓住印加王族據點不安定的弱點，開始有所動作，企圖占有印加這段高貴的歷史。

例如在一六八〇年，第八任國王維拉科查後裔的印加貴族們，向庫斯科當局提出一封請願信，因為某位與印加族毫無關係的印地安人，在天主教復活祭之時，穿著流蘇王徽的衣裝，在典禮上緩步行走，印加貴族們對此提出抗議。當時，印加人為了阻止男子的行動，上前一把捉住他，雙方發生爭執，最後被當局逮捕。關於緋紅流蘇王徽的騷動，在殖民地時代，似乎已經成為庫斯科日常風景的一部分。

在這一層意義上，有趣的是一六八五年，由印加後裔所聯名提出的請願信。引發他們怒氣的人物，是一位非印加族的男子，名為法蘭西斯科·烏庫魯卡納（音譯）。他邀請印加族人到自家作客，端出奇恰酒和葡萄酒等大方宴客，在印加族人酩酊大醉之際，強迫眾人將他和自己的兒子選為「印加貴族王旗隊」的成員。更為奇妙的是，這位烏庫魯卡納的族譜關係。他出身厄瓜多的卡尼亞爾族，住在卡尼亞爾人等異邦民族所集聚的地區——「聖塔亞那教區」，身分為當地的首長。我們已經在前文看到，印加帝國時代以及西班牙征服時代，卡尼亞爾族與印加族的對立關係，並且是站在支援西班牙人的立場。進入殖民地時代之後，充分發揮首領本領的契爾切，可以從祭典時的動向，觀察到他高昂的反印加情緒——在庫斯科主廣場上，高舉印加族人首級的模型。然而，在十七世紀末，這位卡尼亞爾族的首長，竟然借助酒精的力量，想要接近緋紅流蘇的王徽。雖然有些冗長，接下來就讓我們來看看印加族人主張的內容。其中可以明顯地發現印加族和卡尼亞爾族之間，在西班牙征服活動過後，長期持有的敵意，以及潛藏在「殖民地時期的流蘇冠冕」的象徵意味。

那位烏庫魯卡納，根本就不能揭舉王旗，因為這位男性根本就不是印加的後裔和子孫，他是卡尼亞爾人的子孫。卡尼亞爾人們，依據副王托雷多閣下的法令，命令他們必須在身上配戴卡尼亞爾人的象徵標記，扮成士兵在聖體聖血瞻禮上登場。因為卡尼亞爾人和查查波亞斯人，並非是出身庫斯科市的民族，他們是從基多等地來的外人，為了替歷代印加國王服務，才被帶到庫斯科來。在這個王國被征服的時候，他們是和西班牙人征服者站在同一邊，被賞賜卡尼亞爾人的象徵標記，其後，他們負責監獄的獄吏和死刑行刑者的職務，並且免於繳交賦稅。因為這些理由，他們戴上緋紅流蘇冠冕、揭舉西班牙王旗的行為，是不能被允許的。這些行為，嚴重的侵害到我們，以及我們的子子孫孫。我們的象徵標記，代表著我們身上所流的王族血液，以及我們的貴族身分，曲曲一介印地安人，就這樣損害了國王陛下透過敕令，惠賜給我們的榮譽……。

◎關於血統

在「聖塔亞那系列作品」中，還繪有與印加帕納卡隊伍明顯不同性質的，某個印地安人集團。從請願信上，可以得知這個集團就是卡尼亞爾人。雖然同樣擁有免稅的特權，但是印加族人認為，「卡尼亞爾人是從事死刑行刑者這種卑賤的職務，而我們是出身尊貴的王族後裔」，侮蔑從北方來的異邦外族。有趣的是，「我們身上所流的王族血液」這種表現，似乎顯示出伊比利社會中「血統純潔」的基調思想，也已經深入到印加後裔的精神思想之中。

當然，印加王權本身，也是會透過和選拔的貞女集團以及神聖國王的近親通婚等方式，維持血統的純正。因此，關於血統的純潔性，還是存在著嚴正看待的觀點。或許也正因為安地斯世界已經存在著固有的思考模式，才會迅速地和西班牙帝國所高舉的意識形態調和在一起。不只是這個例子，在接受殖民主義統治的安地斯社會中，西班牙帝國的純潔思想，深深地滲透到印地安人們的精神世界之中。我們可以從希爾瓦布拉特（Selverblatt）的研究，觀看印地安人編年史家瓦曼・波馬・德・阿亞拉的敘述，獲得更深入的理解。

　瓦曼・波馬將血統的純潔性與族譜的正統性，理所當然地置於社會的基礎之上。他敘述道：「為了與神的創造物相符、也為了與亞當和妻子夏娃的後代相符，必須是純粹的西班牙人、純粹的印地安人、純粹的黑人不可。」統治這個純粹的集團，則是在集團中崇高的存在——貴族階層。不可越過分隔開各個集團的分界線，禁止集團成員中門不當戶不對的結婚。由此歸納出，「越境」行為下的產物——「混血」人種，也是被否

「聖體聖血瞻禮」　畫面左下方描繪的是卡尼亞爾人。聖塔亞那系列作品。

定的存在。這位印地安人編年史家斷言，「混血」人種，就是印地安社會衰微以及殖民地混亂的根本原因。

看到這裡，讀者們應該會想起，十六世紀中葉，日益增加的混血人種成為棘手的問題，副王提出不同人種通婚所帶來的弊害，以及主張應該只允許門當戶對的結婚之事（參考第五章），這種思考模式，也早已經在印地安人方面達成共識。有趣的是，瓦曼・波馬對於猶太人的看法。深信血統純潔性的他，認為希伯來之民是比墨斯蒂索人還要墮落、骯髒的存在。瓦曼・波馬彷彿是體現了異端審問所秉持的思想，他甚至提議，生活在殖民地社會的所有民眾，都必須隨身攜帶自己的「血統證明書」才行。

話雖如此，瓦曼・波馬本身卻也深知，執著於「血統純潔」觀念的愚蠢與弊害。他寫道：「在這塊土地上，誰都可以成為騎士，只要能夠支付半披索……」印加・加西拉索也指出同樣的狀況，他嘲笑住在庫斯科自稱為印加族的人，大多是持偽造的證明書，只不過是一群偽印加。對於「血統純潔」的固執概念，扭曲了殖民地社會的人際關係。

接下來我們將會在後文看見，這種對於血統以及族譜的執著心態，正是十八世紀末印地安人大叛亂的重要因素之一，這場大叛亂從根本上動搖了安地斯地區；另一方面，在瓦曼・波馬的論點中，還存在著另一種色彩，與當時流通的血統純潔思想有所不同。在他的論述中，社會必須要由「純粹的西班牙人、純粹的印地安人、純粹的黑人」構成，同時，他還記錄下更為深化的內涵。

「西班牙人就該統治卡斯提亞、印地安人就該統治印地安地區、黑人就該統治幾內亞」、「印地安人是這個王國本來的所有權人，出身西班牙的西班牙人，只是外來者、米帝瑪耶斯」。在血統純潔性思想的最極端，瓦曼・波馬心目中的理想國樣貌，十分明顯。那裡蘊藏著「安地斯世界＝只有印地安人，充滿純粹的世界」之思想。這項想法，到了十八世紀，也成為足以動搖社會的印地安人抵抗運動背後，思想觀念的支柱。

◎印加的再歷史化

讓我們再一次回到卡尼亞爾人的問題上。曾經高舉首級，藉由強調與印加族的差異，在庫斯科社會中宣揚民族特別的歷史與存在感的卡尼亞爾人，如今卻試圖將自己融合進「印加族」之中。有趣的是，一六八三年，在卡尼亞爾人和查查波亞斯人居住的聖塔亞那教區中，四位印地安人下層官員，向一位住在利馬的人物，遞出權利委任狀。

透過這份書信，他們委託這位人物，替他們向王室高等法院遞出請願書，請願的內容是，希望今後能夠取消聖塔亞那居民，就任市內監獄的獄吏和行刑者職務。其理由是：「大家都因為不想成為行刑者或獄吏，印地安人們紛紛逃出這個教區，都快要沒有人住在這裡了。」這時應該會想起，烏庫魯卡納試圖跳入印加族的歷史內部的事件，其實其背後潛藏著，在社會底層營生的民眾，想要在印加華麗的歷史中解放自己，這種迫切、現實的情感。

無論如何，以二十四選舉人會為基礎，執著於印加帝國與帕納卡正史的印加族人，以及本來與這些毫無干係的民眾逐步逼近，「被歷史化的印加」以及企圖將之「再歷史化」的動向拉扯，已經成為一個模式。這兩條水脈相互交錯，在殖民地時代的印加表象上分流，到十八世紀下半葉，發生某一個事件，使兩條水脈轉為湍急的匯流樣貌。

叛亂的「前史」

◎奧羅佩薩侯爵領地問題

設立在國立庫斯科大學校園內的「庫斯科地方檔案館」，是研究當地殖民地時代動盪歷史的學者們，不可不造訪的重要研究中心。某一年的夏天，筆者首次推開庫斯科地方檔案館的門扉，怯生生地告知來訪目的是「對殖民地時代印加族的歷史有興趣」之時，檔案館館員赫爾黑（音譯）氏，像是說出「你也是嗎」地會心一笑，告訴筆者：「那麼，這邊有很多史料，首先來看看這個如何。」從金庫中拿出一本厚重彷彿字典的資料，沉甸甸地放在筆者面前。那些大量的文件，用華麗皮革的封面裝訂起來，據說其他還有十卷左右。筆者震懾於這份華麗，以及從華麗散發出的謎樣氛圍，最後，在那一年的夏天，每日就是在翻閱熟悉的公證人文書等枯燥無味的資料，並無太大的收穫。後來，筆者在研讀諸多研究成果期間，像是研究印加後殖民地時期的歷史學家卡希爾（Cahill）等人，才發現這些以華麗皮革裝訂起來的資料，是非常重要的文書，被研究者們稱為「貝當古家文書」。

「貝當古家文書」是在十七世紀下半葉，一位名為迪亞哥・菲力普・貝當古（Diego Felipe Betancur）的印地安人，為了證明自己是比爾卡班巴政權最後一任國王——菲力普・圖帕克・阿馬魯（在一五七二年於庫斯科主廣場上被處以死刑）的後裔，而四處蒐集各式各樣的情報和資料，整合而成的文書。

十八世紀，在庫斯科近郊，豐饒的尤卡伊之谷地區，有一塊廣大的「奧羅佩薩侯爵領地」。就是在前一章登場的人物，比爾卡班巴政權的國王塞里・圖帕克的女兒，與依諾爵・羅耀拉姪兒結婚的碧翠絲・蔻雅，兩人之間所生下的愛女——安娜・瑪莉亞，由西班牙國王所賞賜給她的貴族領地。在一七四〇年代，領主無人繼承，成為空位，展開激烈的繼承鬥爭。

在這場鬥爭中，最早出手的是名為布斯塔曼帖・卡洛斯・印加（Calixto Bustamante Carlos Inca）這號人物。他果斷地從庫斯科前往西班牙宮廷，主張自己的家系，是從瓦伊納・卡帕克國王的兒子帕魯・印加，經由帕魯的孫子梅爾卻・卡洛斯・印加，最後連結到瓦伊納・卡帕克國王這一條系譜。但是西班牙王室懷疑他的正統性，並未賜予奧羅佩薩侯爵領地。

然而，繼承奧羅佩薩侯爵領地的野心並未就此消滅，接下來是兩位主張自己是已被判處死刑的圖帕克・阿馬魯後代的人物，在法庭上展開激烈的議論。這兩位人物，就是

貝當古家文書　上頭寫著追溯至圖帕克・阿馬魯的家系圖。筆者攝影。

留下「貝當古家文書」的迪亞哥·菲力普·貝當古，和「圖帕克·阿馬魯大叛亂」活動的領導者，同時也是現代秘魯的國民歷史英雄——何塞·加夫列爾·孔多爾坎基。

在秘魯史學上，始於一七八〇年的安地斯大叛亂，是擁有最豐富研究成果的領域，關於這個奧羅佩薩侯爵領地繼承戰，雖然也可以算是廣為人知，但在研究上，較偏向歷史上小插曲的範疇。誠如下一章及將探討的，這場大叛亂的背景，有政治和經濟的要素在內，十八世紀後，西班牙加強對殖民地的榨取，印地安人的絕望感擴及安地斯全境。研究成果大多集中在這個領域。至於侯爵領地的紛爭，即使有研究提到這個部分，一般的傾向是將國民英雄何塞·加夫列爾·孔多爾坎基視為「印加王權的正統後繼者」，而將貝當古貶為「捏造祖譜者」。但是，從庫斯科地方檔案館所館藏，以「貝當古家文書」為首的各種史料，則是向我們傳達了這場紛爭的另一個側面。

奧羅佩薩的尤卡伊教會　殖民地時代在奧羅佩薩侯爵領地所建造的建築物，保留至今。筆者攝影。

◎兩人的後裔

如果是從事態的推移狀況來看，英雄何塞・加夫列爾・孔多爾坎基似乎才是試圖從貝當古手中，奪取「印加歷史」的人物。因為貝當古早從一七五〇年代開始，就開始爭取侯爵領地的繼承權。根據貝當古的主張，一五七二年被處以死刑的圖帕克・阿馬魯，留有一位名為弗安・提多（音譯）的兒子，而貝當古的母親家系血統，就可以上溯到弗安・提多。另外，來自父親的姓氏──貝當古，雖然是隸屬於法國體系，但是與西班牙王室有很深的淵源，可說是值得自豪的名門。法國的騎士讓・德・貝當古（Jean de Béthencourt）是他的祖先。讓・德・貝當古在卡斯提亞國王恩里克三世的時代，征服加那利群島，為後來西班牙在該群島上的治理，奠下了基礎，聲名也因此為眾人所知。母系血統與印加王室相連，父親血統則是可以上溯至中世紀卡斯提亞王國征服事業的貢獻者，迪亞哥・菲力普・貝當古的請願活動，在孫女婿代理人精明、敏捷的運作下，一切都按照老印加貴族計劃的進度順利推行，直到另一位主張擁有繼承權的競爭者出現，打亂了所有節奏。

一七七六年，名為何塞・加夫列爾・孔多爾坎基的這位未滿四十歲的男性，主張自己是圖帕克・阿馬魯的後裔，展開行動。孔多爾坎基生於庫斯科管轄下廷塔（Tinta）地區的蘇里馬納（Surimana）村莊，在十二歲時進入庫斯科耶穌會營運的聖博爾哈（Borja）學院，接受教育。在與印加族緣分不淺的耶穌會學院餐廳裡，掛有印加王室的肖像畫美術品，據說還能看見被處刑的圖帕克・阿馬魯國王。這位熟諳拉丁語，身穿西班牙貴族風格衣裝的青年，擁有三百五十頭驢子，在安地斯南部地區，經營廣大範圍的運送業。某一天，他認為應該證明自己是承繼著印加光榮歷史的子孫，因而準備證據等相關文件，投入請願活動。

與壯觀的「貝當古家文書」資料不同，孔多爾坎基所準備的資料記錄，只留下一小部分，其他早已散逸。誠如後文敘述，在大叛亂過後，與圖帕克・阿馬魯相關的所有資料皆被當局燒毀。從留存下來的稀少文件來看，可以理解孔多爾坎基將自己系譜向上追溯至圖帕克・阿馬魯的女兒（庶出）胡安納・萍科・瓦科（Juana Pinco Huaco）的途徑。孔多爾坎基主張，胡安納嫁給蘇里馬納（孔多爾坎基出生的故鄉）的印地安首長，其子孫，也就是自己身上，留著印加的血液。孔多爾坎基和貝當古兩人的競爭，並未在庫斯科獲得裁定，移交至遙遠的首都利馬，王室高等法院的法庭上，等待裁斷。儘管孔多爾坎基在利馬耗費了鉅額的金錢與時間，最後還是輸了官司。一七七七年，王室高等法院認定，迪亞哥・菲力普・貝當古為比爾卡班巴政權最後一任印加國王的後裔，孔多爾坎基垂頭喪氣地回到故鄉庫斯科。

曾經奮力將自己與印加正史傳統連接在一起的孔多爾坎基，彷彿是敵方的趁勝追擊一般，接到最後通牒的，就是印加貴族的據點——二十四選舉人會。

一七七七年十一月，貝當古正式被認定為「瓦伊納．卡帕克王家（帕納卡）圖米班巴．阿伊魯」的選舉人，成為二十四選舉人會的成員。對此，孔多爾坎基表示抗議，卻遭受嚴厲的拒絕。孔多爾坎基這一號人物，已經被印加的歷史捨棄在後。

◎對印加的慾望

觀看孔多爾坎基所留下的斷簡殘篇，以及貝當古家的文書資料，將會震懾於這些男性們，試圖將印加帝國歷史拉扯到自己身上的強烈慾望。雙方說詞的共通之處，就是指責對方的資料證據為「捏造」，堅決主張自己系譜的真實性。

舉例來說，貝當古在他的遺囑中聲明，孔多爾坎基族譜中的核心人物，也就是圖帕克．阿馬魯的非嫡系女兒胡安納，並非是與印地安男性，而是和流著征服者血統的西班牙人結婚，他的代理人已經找到足以作為證據的資料。在遺囑中，貝當古諷刺地表示：「正因為那種尊貴的身分特質，只要是西班牙人，不管是誰都會覬覦，身上流著印加國王血統的公主。這樣的公主居然會下嫁印地安人，不管怎麼看都讓人覺得懷疑呀。」確實，我們已經在前文看見，那個時期，西班牙人們積極迎娶印加公主為妻的例子。

話雖如此，貝當古方面所累積的豪華文書資料中，卻也存在著致命性的瑕疵。誠如前述，一五四〇年代，查理五世雖然賞賜印加族人，足以彰顯貴族身分的各家「紋章」，而在貝當古家文書中，則是有一份標明一五四五年五月九日敕令的「謄本」，敕令內容是西班牙國王恩賜菲力普・圖帕克・阿馬魯的兒子——胡安・提多・圖帕克・阿馬魯（Juan Tito Tupac Amaru）配戴紋章的權利。但是，研究這個時代的學者們，難道都沒有發現其中的蹊蹺嗎？一歲的圖帕克・阿馬魯會有兒子？菲力普・圖帕克・阿馬魯出生的年份，約是一五四四年。在此，我們大概會想到瓦曼・波馬的感嘆：「在這塊土地上，誰都可以成為騎士，只要能夠支付半披索……」。應該是不僅僅限於這個國家，在同一時期的伊比利半島上，「偽貴族」和「偽文書」的存在，與其說是例外，不如說是常態。

想要成為印加人，與印加歷史合而為一的慾望，就在這一類若隱若現的偽造行為之中，增加了濃度。遠眺安地斯的歷史風景，其實這種「對印加的慾望」，並不只是貝當古、孔多爾坎基所特有。早從十七世紀開始，在庫斯科以外的安地斯各個區域，都可以看見自稱「我是印加人」的民眾。例如在阿根廷的卡爾查基（Calchaquí）地區。十七世紀中葉，有一位出身安達盧西亞，名為佩多羅・波爾凱斯（音譯），遊歷各地的西班牙人，開始與卡爾查基當地好戰的部族一同生活。不久後，波爾凱斯率領這支部族，組織起抵抗殖民地權力的運動。特別值得一提的是，這支位於印加帝國邊境的部族民眾，深信波爾凱斯是那位「梅爾卻・卡洛斯・印加」，而以過往對待印加國王的方式表示崇敬。據說波爾凱斯穿著古風的印加衣裝，坐在由卡爾查基的民眾恭敬搬抬的轎子上。

又或者來看看在同一時期，在秘魯中部卡哈坦博（Cajatambo）所舉辦的村落祭典。村落裡的耆老們以克丘亞語歌詠著：

「有錢的印加出自他們的阿伊魯。他們的祖先是木乃伊（maruki），祖先的神，擁有帕卡利納（Paqarina）的誕生地……」「印加」已經被從庫斯科這一塊歷史的土地切割出來，滲透進入地方的世界。

另外，在一七四〇年代，廣及秘魯中部一帶，由胡安・桑多斯・阿塔瓦爾帕（Juan Santos Atahualpa）所

貝當古家的「家紋」　貝當古主張的依據之一。筆者攝影。

發起的叛亂活動。這場叛亂可以視為安地斯大叛亂運動的前奏。領導叛亂，當時約三十歲左右的胡安．桑多斯．阿塔瓦爾帕，自稱是出身庫斯科的印加人，發出宣言如下：「我們戰鬥的目的，是要奪回被皮薩羅強摘的王冠，他們砍去父親的首級，帶往西班牙。在這個世界上，只存在三個王國，西班牙、安哥拉和阿塔瓦爾帕的王國。但是西班牙人卻來奪取我們的王國。如今，西班牙人的時代就要結束，迎來我們的時代……。」胡安．桑多斯．阿塔瓦爾帕的主張，彷彿是要實現前文提及瓦曼．波馬「純粹世界」的理想一般，吸引長期以來受到壓抑的印地安人和墨斯蒂索人群眾熱烈的支持。這場反抗運動，成長至足以震撼利馬殖民地當局的規模。如今，甚至還有人敬畏地認為，化為過往神聖國王的胡安．桑多斯．阿塔瓦爾帕，隱藏著足以撼動大地的力量。胡安．桑多斯．阿塔瓦爾帕的運動，彷彿是在卡哈馬卡喪命的最後一任印加國王阿塔瓦爾帕，再生甦醒一般。但是，最後還是在安地斯東方的叢林地帶，默默地熄去了最後一絲火苗。

◎叛亂的前夕

看過這些「前史」後，或許會認為，男性們圍繞著印加系譜在法庭上的鬥爭，宛如一場可以在安地斯地區普遍看到的「追想印加帝國」戲劇。但是在十八世紀末，這些封印在印加元素內的感情，確實存在著迫切與真實的性質。有趣的是，在官司敗北後的翌年，也就是一七七八年，孔多爾坎基在庫斯科市內所展開的奇妙抗議活動。

在這一年，四月的復活祭和八月的聖母瑪莉亞祭典上，孔多爾坎基讓他的兒子馬里亞諾（音譯）穿著印加國王的衣裝，在街上緩步行走。對於如此異常的行動，二十四選舉人會於同年九月，提出抗議的請願書。他們以嚴肅的語氣敘述：「自查理五世認可這項特權以來，印加族的選舉人們，在基督聖體聖血瞻禮和聖雅各節日時，會戴上印加國王的流蘇冠冕，參與遊行隊伍。然而，這次竟然是一介平民男子，依循印加時代的古禮，戴上象徵性的王徽，穿著「帝國的衣裝」出現，這位既不是印加人，也不是選舉人身分的男子所做出的舉動，是絕對不能允許的行為。他的目的，是藉著以印地安人偽裝印加人的方式，嘲笑陛下授與二十四選舉人會的恩寵……。」

孔多爾坎基讓兒子做出這項行為的背後動機究竟為何？在印加血統的官司上敗訴，並且被誇示古代王權正統性的團體，齊聲譴責為「偽印加」的孔多爾坎基，是藉由把穿戴印加王徽、衣裝的兒子身體，展示在都市空間的行為，於困境中尋求剎那的解放感嗎？又或者，這是他為了將自己與印加歷史接軌，所做出的最後嘗試？

接下來，我們即將要來看看，這位被「被歷史化的印加」概念所拋棄，經營運輸業的印地安人首長，以「新印加」的身分屹立在歷史舞台上的篇章。此時的「印加」，與從西班牙王權獲得的恩寵，維持古色古香的古印加格式，是完全不同的性質，新「印加」的出現，帶有足以撼動安地斯大地的力量，將西班牙征服活動後，分流在安地斯歷史中的三條水脈，匯聚成河，流貫新印加的身體。

1 西班牙人編纂出以時間軸線為基準的印加王朝史，再將代表印加的國王、貴族等元素放入殖民都市的空間，以同一時間、水平空間的方式，呈現出共存的景象。

第十章

印加與西班牙的訣別

圖帕克．阿馬魯二世在庫斯科廣場上被處刑

波旁王朝的改革與印地安社會

◎一七七七年

一七七七年，三個七重複出現的年份，西班牙人將被殲滅，白人支配的世界宣告終結。據說，這是在殖民地時期，深受大眾愛戴的「利馬的聖羅沙」等聖人所做出的預言。「秘魯王國的所有印地安人，會群起反抗西班牙人，首先針對縣長等官員發動攻擊，接著，所有白皮膚的人們都會被殺光。這是確確實實的事情，因為庫斯科的印地安人們，已經決定了統治他們的新任國王」。

「一七七七年」的前一年，以庫斯科為首，各地的印地安人們開始流傳著這樣的說法。據

秘魯各地，在「三個七的年份」印地安人將群起反抗的計畫，彷彿真有其事地被眾人口耳相傳，進一步地調查；有人親眼目擊到印地安人集團，手上拿著呼籲一同反抗西班牙人的秘密文書。據傳，有一位西班牙人在路上偶遇印地安人集團，殷勤地對他們打了招呼。印地安人們則是用失禮的態度，對著西班牙人口出穢言、誇下豪語：「不久後，王國內所有的西班牙人都會被消滅，因為我們才是這個國家正當的繼承者。我們正要向各地傳達，要大家等

待來自庫斯科的命令，到時一舉對西班牙人發動攻擊。」如果這些挑釁果真屬實，殖民當局應該會將之視為顛覆殖民地體制的革命前兆，採取嚴正的處置和對應。但是，西班牙當局並未認真看待。或許是因為，這些對話的場所，大多是出現在印地安人群聚在一起的「奇恰酒小酒館」。當局大概只是將這些話語，視為印地安人醉漢的戲言。

◎奇妙的老人

在「三個七的年份」前一年，在庫斯科逮捕了一位奇妙的人物。約六十幾歲的老人，自稱「何塞．格蘭（偉大的）．齊斯佩．圖帕．印加」（Joseph Gran Quispe Tupa Inga），是瓦伊納．卡帕克國王和維拉科查國王的後裔，表示自己持有「用黃金封印的文書」作為證據。他所構想出的叛亂計畫，非比尋常。老人自己以印加國王的身分即位，已經與庫斯科印地安八教區的人們一同執行計畫，並與科廖（Collao，安地斯南部高地地帶）地區、厄瓜多和基多等地達成共識，在三個七的年份，先從縣長下手，殺害「布卡昆卡斯」。因為他們這些人的存在，就只是為了公布命令和把白銀拿走而已。「布卡昆卡斯」是克丘亞語「紅脖子的人」，也就是意指白人、西班牙人。

這就像是三年後，實際震撼安地斯土地的計畫劇本。儘管這位老人的口吻異常激動，但是庫斯科的司法當局，仍舊不當一回事。畢竟這位老人是在庫斯科的奇恰酒小酒館裡，以乞討為生，被視為「頭腦不靈光的愚蠢之徒」。最後，一七八〇年十二月十日，老人在監獄中病死。此時，監獄外由「印加王」所率領的印地安人，實際上正每日屠殺那些「布卡昆卡斯」。不曉得這位「偉大的齊斯佩．圖帕．印加」，是否也知悉這一切呢？

◎英國與印加

然而，只要仔細地爬梳史料，就可以得知這位老人並非單純的愚蠢之徒。在「奇恰酒小酒館」中，他聽見以下的訊息：「再過不久，基多的那群人，就會為了要擁立國王即位而過來吧。接著，西班牙國王會和英國人作戰。」老人回話表示：「基多那群人擁立國王即位的事，不管怎樣都要設法阻止才行。因為基多的國王阿塔瓦爾帕，不是印加王室嫡系的血統，這個王國應該是屬於瓦伊納．卡帕克和維拉科查子孫的，即屬於我的。庫斯科內印地安人八教區的印加貴族，根本就不存在，那些地位都是他們用錢買來的……。」在這個小酒館裡，關於印加的主題，民眾們的討論充滿了大眾性與歷史性的想像力。

舉例來說，關於英國的討論。編年史家印加．加西拉索的著作《印加王室述評》，於一七二三年發行第二版，在該書的序言中，提到十六世紀英國的探險家華特．雷利（Sir Walter Raleigh）所得來的預言，表示印加國王的統治，將會因為來自英國的人們，而達成復興。老人應該知道這件事。正如前述，在印地安人之間，將英國與印加兩者緊密的連結在一起的想法，已經擴散開來。另外，這位老人也知悉，基多派的阿塔瓦爾帕和庫斯科派對立的歷史，甚至還指出當時印加貴族特權身分背後的可疑性。在這位貧困印地安人的腦裡，捲起對印加的慾望漩渦。

◎苦惱的印地安人

話說回來，在三個七的年份到來之前，社會上沸騰起對「布卡昆卡斯」的激烈憎惡感，是從何而來的呢？有趣的是，何塞．加夫列爾．孔多爾坎基開始在法庭上，針對自己是「圖帕克．阿馬魯」後裔的認證，展開行動的時間是一七七六年。孔多爾坎基從酒氣薰天的口中，吐露出民眾們引領盼望國王的出現，或許是嘗試將「印加的歷史」拉近身旁的意圖，關於這其中的詳細狀況，可惜已經無從得知。但是確實可以知道的是，當時民眾們已經處在迫切、緊繃的局勢之內，需要依靠祈禱新印加國王＝「社會的變革者」的出現，來作為精神上的慰藉與支柱。接下來，就讓我們將時代稍稍向上推溯，來概觀當時印地安社會的全體狀況。

正如前述，在十六世紀下半葉以後，印地安人們一直持續為西班牙王權奉獻、服務。由地方首長統率的印地安人共同體（阿伊魯），必須肩負向西班牙國王繳納稅金的義務，稅金由首長統一收取後，再親手交給王室官員（縣長）。此外，強制輪流勞役制（米塔制）也持續束縛著印地安人的成年男子。特別是安地斯經濟的心臟地帶，波托西銀山周邊各地，米塔勞役者必須被派遣至銀礦勞動，與其他地區相較，負擔格外沉重。加上在西班牙的征服活動過後，因為病菌和過度勞動等原因，共同體內部失去了許多寶貴的性命，不斷地有人選擇逃亡至都市或其他地區。與征服活動前相較，印地安人共同體明顯地衰弱了許多。不過，安地斯的印地安人共同體，還是設法生存了下來。十八世紀後，人口甚至出現增加的跡象。但是自十八世紀中葉起，殖民地構造改革的滔天巨浪，洶湧襲來，對印地安社會帶來巨大的影響與動盪。這波滔天巨浪，就是「波旁改革」（Bourbon Reforms）。

◎財務改革

一七〇〇年起，經過長達十三年的王位繼承戰，最後在西班牙本國，王朝政權由哈布斯堡家族移交至波旁家族。前王朝守舊式的統治方策，導致殖民地體制的鬆散。在新王朝中，以新式啟蒙思想作為武裝的開明官員們，為了一新殖民地體制，增殖美洲的財富以補充窮困的國庫，導入了從根本上進行矯正的經濟改革。美洲進入了「第二次的征服」。尤其是在卡洛斯三世的統治之下（一七五九年至一七八八年），改革活動出現非常大的進展，另一方面，也加深了印地安社會在經濟上劇烈的負擔。

首先在財務方面，改革以增稅為基本政策，消費稅從百分之二調漲至百分之四，並在一七七六年調漲至百分之六。此外，在這一年，原本被排除在課稅對象之外的辣椒、馬鈴薯乾、美洲駝肉乾等印地安人生產的產品，以及印地安人工房所生產的紡織品等，都成為課稅的對象，印地安人向來是以生產這些產品換取貨幣，課稅對象的改革，為印地安社會帶來非常巨大的影響。為了稅收的合理化，在各地設立「稅關」，不過因為稅關是人民負擔增加的象徵，成為大眾憎惡的標靶對象。

因為印地安人頭稅增額，加上徵收的效率化，舉例來說，於一七五〇年至一八二〇年期間，庫斯科地區徵收的稅額，成長了十六倍之多。負責在印地安社會，嚴格收取稅金的地方官員，是由王室任命的縣長。在三個世紀以前，企圖在政治上統一伊比利半島的伊莎貝拉女王，派遣王室的直屬官員常駐地方都市，在美洲建立殖民地社會以後，逐漸取代將印地安人委託給託管主的權力。分派至各地的國王官員們，不只成為國庫的收款機器，甚至成為追求私利的地方權勢者，掌控印地安社會。

◎商品強制分配制度

縣長就是利用「商品強制分配制

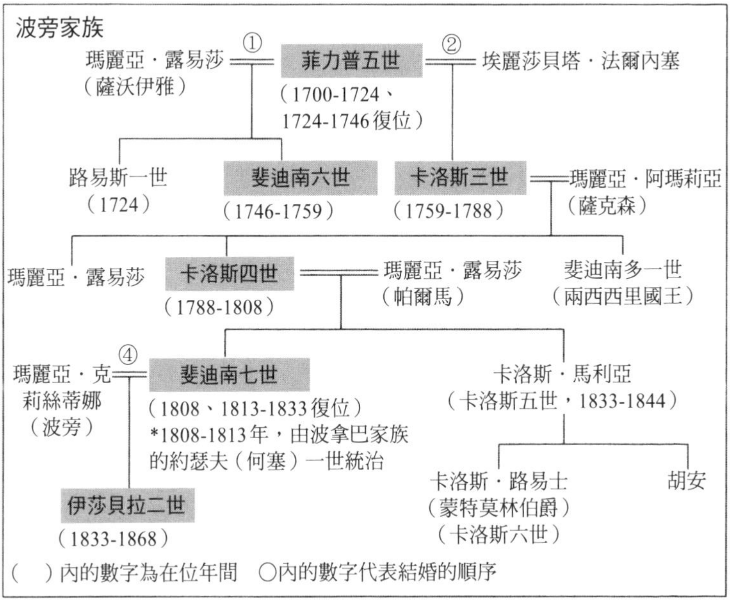

西班牙波旁王朝家系圖　參考立石編『スペイン・ポルトガル史（西班牙・葡萄牙史）』（山川出版社，2000年）一書繪製而成。

度」，來賺取私人財富。西班牙王室為了填補財政的空洞，自十六世紀起就採取大規模的「賣官」制，縣長一職也成為販賣的對象之一。要購買縣長的職位，需要一筆極大的費用，還包括官職的任期，但是官職本身的薪資，大概就是讓生活足以溫飽的數字而已。那麼，為何有人會願意為了這樣的官職，投入大量的金錢，還要前往安地斯的偏遠部落生活呢？那是因為這個職位所附屬的諸多利權，只要擅於操作運用，就可以獲得大筆財富。安地斯的縣長們，在本書第七章的內容中就有提到，與利馬的知名特權商人相互勾結。他們在買官之際，向商人們融資購買官職的費用，以賒帳的方式購買許多物品，等到赴任之時，向當地印地安人強調「這是伴手禮唷」，強制分配購買來的物品給印地安人顧客，最後再向他們催收費用。

幾年後，孔多爾坎基在叛亂期間遞送給殖民地高官的書信中，慨嘆萬惡的根源，就是商品強制分配制度。他是這麼說的：商品強制分配制度，將我們逼進死亡的深淵。當初，設立這項制度的目的，是為了解決各地物品不足的狀況，而由王室所導入。並且是在適當價格的條件下施行。但是，即使現在地方上的物品已經非常充足，縣長還是用高出五倍至六倍的強制價格，進行販賣。商品也大多是撲克牌、針、眼鏡等無用之物。看見較為富裕的印地安人，就去向他們兜售天鵝絨、絲製的襪子、蕾絲編織等物品。彷彿是我們印地安人，會去追求西班牙的最新流行一般。因為商品強制分配制度，妻子賣淫、離婚和外遇盛行、家庭和村落都走向崩壞。

另外，米塔制度也是安地斯印地安人所厭惡的政策之一。一七八〇年十一月，開始叛亂行動的何塞·加夫列爾·孔多爾坎基，在他擔任首長的地區，是有義務派遣勞工前往波托西銀山的管區最北處。因此，地方上的印地安勞工們要前往南方的銀礦，必須經過非常長距離的跋涉。孔多爾坎基在同一封書信中，敘述他們所處的困境：為了波托西的米塔，我們必須走上三個月的時間才能抵達，礦山業者並不會支付給我們往返的旅費和勞動薪資，而且這些印地安人們，在回到村落後，大約都是經過一個月左右，就吐血身亡。一七七七年孔多爾坎基在王室高等法院展開「正統印加」法庭鬥爭的同時，也上書請願，希望能夠讓他的村落從米塔的義務中解放出來。在上一章我們已經看到孔多爾坎基在印加身分正統性的紛爭上，吃下敗仗的狀況，而這項關於免除米塔勞動的請願，也是未被採納。

◎阿雷基帕的騷動

時間進入一七八〇年後，從各地發生的騷動狀況，可以看出社會各個層面忍耐波旁改革帶來的影響，已經到達了極限。一月五日，在南部的都市阿雷基帕，張貼出了以下的諷刺詩。

請小心您的人頭
從遙遠土地長途跋涉而來
毫不留情地
給予我們極大的痛苦
同夥的稅吏大人們
也請小心項上人頭

詩中的「您」，指的是當地的縣長官員。從遙遠的土地長途跋涉而來……。從詩中可以看出，這是呼應批判波旁改革是蔑視出生在美洲的西班牙人，照顧出生在伊比利半島人民的內容。

然而，儘管出現這些異議，當局依舊不顧民眾意願，堅持徵收稅金的立場。十四日，三千名群眾襲擊稅關，甚至出現掠奪行為。包括墨斯蒂索人、印地安人，以及白人等廣大階層的群眾，對縣長的官邸發動攻擊，當局軍隊在不久後抵達阿雷基帕，鎮壓暴動。也有人表示這場阿雷基帕的騷動，孔多爾坎基本人也在現場，但是這項說法的真偽，則是無從得知。

在阿雷基帕發生動亂的消息，立刻傳達到庫斯科市。不管是當時還是現在，這兩個都市之間都存在著強烈的對抗意識，但是，在庫斯科市也出現了諷刺詩。「阿雷基帕取得勝利了，阿雷基帕比王國主要的都市庫斯科還要早發聲……。祝國王好運，惡政呀，就此告別！與其要我們痛苦地走完漫長的人生，不如殺了我們比較痛快。怎麼可以輸給阿雷基帕呢！」庫斯科在一月新設立稅關；三月，主要由克里歐優人（Creole peoples，土生白人）和墨斯蒂索人所擬定的叛亂計畫，不慎走漏風聲，首謀者被判處死刑。孔多爾坎基雖然並未與這場動亂有直接的關聯，但是可以感受到，這類正在各地發生的小型動亂，可說是大叛亂的預兆。

阿雷基帕　此地是針對波旁改革掀起的第一場騷動地點。

三頭蛇

◎魯帕的人頭

一七八〇年，在拉布拉他（現今玻利維亞的蘇克雷市）市城牆外的一處十字架上，掛著一位印地安男性的人頭。這位男性的名字是弗洛連希歐．魯帕（音譯），是玻利維亞高地、波托西北部查揚塔（Chayanta）的莫斯卡理（Moscari）地區，有權勢的地方首長。不只是他的首級，他的心臟也被從屍體中取出，放置在圍繞拉布拉他市的山丘之上。拉布拉他市的人民，各個膽戰心驚，陷入恐慌的狀態。這位人物，是十八世紀下半葉，在安地斯南部地區印地安社會的深處，發生龜裂的象徵。那顆被掛在十字架上血淋淋的首級，也成了一種預告，在不久後動搖南部安地斯社會根基的印地安大叛亂，是同樣地血腥、殘酷。

發生在安地斯的大叛亂，主要有三位男性站在主導的地位。一位是已在庫斯科確認失意之姿的孔多爾坎基，他在一七八〇年十一月掀起叛亂活動之前，一直都是待在查揚塔地區；另一位印地安人是湯瑪士．卡塔里（Tomás Katari），他勇敢地向殖民地權力宣戰，展開司法上的鬥爭，並在不久後與圖帕克．阿馬魯二世（也就是孔多爾坎基）的大叛亂呈現並行的局勢。

在這兩位男性死去後，在安地斯南部則是出現了一位名為圖帕克．卡塔里（Túpac Katari）的人物，將叛亂活動以更為激進的方式延續下去。巧合的是，在這三位人物的名字中，都含有「蛇」的意思：阿馬魯（克丘亞語）＝卡塔里（艾瑪拉語）＝「蛇」。在安地斯地區，蛇是象徵著從大地所噴發出來的力量，在社會失去均衡狀態之際，這個力量可以幫助恢復平衡。自一七八〇年起，這三條相互糾結在一起的蛇，在安地斯的南部世界，掀起了巨大的漩渦。

◎脫離規範的地方首長們

地方首長弗洛連希歐．魯帕走向死亡的道路，正好顯示出安地斯殖民地時代後期所發生的變動狀況。他身為地方首長，原本應該是要致力於維護成員生活的和平安泰，以及投注力量，保持印地安共同體的經濟和宗教，但是，他卻選擇為西班牙人的利益而活，這是非常典型的例子。縣長們為了能夠充分運用商品強制分配制度，而需要能夠操控自如的地方首長。魯帕雖然是混血後裔，不過他的歷代祖先都是承繼著莫斯卡里村落的地方首長職務，稱得上是當地的名門大族。儘管如此，魯帕任期內所推展的經濟活動，卻深深地侵犯到阿伊魯的傳統規範。為了供養米塔的勞動者，將公有地作為私用，在商品分配上更是不輸縣長的苛刻程度。並且定期派遣村落內的居民，前往礦山和精煉工廠。據說敢於違逆魯帕的人，將要承受鞭子揮打在身體上的痛楚。

與官員勾結的魯帕，勢力不只限於莫斯卡里這個村莊，還排擠鄰近的波科雅達（Pocoata）和帕拿卡契（Panacachi）這兩處傳統領導者階層，將權力掌控在手中，成長為查揚塔地區最有權勢的地方首長。在這種地方首長壓榨居民，本身卻也必須承受上級縣長們壓力的狀況下，有趣的是印地安共同體（阿伊魯）內部的民眾，所採取的行動。正如前文所述，波旁王朝改革的精髓，就是財務上的合理化與效率化。試圖直接掌握印地安人生產力，與國庫建立相互連結關係的當局改革者們，當然也有正確的認知，理解到縣長和地方首長這些中間管理階層的人物，實際上是改革路途中的絆腳石。他們已經掌握現實的狀況，得知縣長與地方首長私下勾結，謊報（少報）納稅者人數，並讓剩下的居民投入自己私下的經濟活動，獲取不當利潤。

◎印地安人的抵抗戰略

印地安人們從旁冷靜的觀察，存在於殖民地權力者之間，微妙的對立拉扯和齟齬不合，並且在這個脈絡之下，巧妙地組織起抵抗運動的骨架。由外人魯帕擔任首長的波科雅達村落，阿伊魯成員們前往設置在拉布拉他市的王室高等法院，要求撤換魯帕。魯帕恐嚇他們：「在拉布拉他市也有刑架（以兩片木板扣住雙手和頭部，限制行動，加以示眾或行刑）和監獄。」對此，印地安人以獨特的戰術作為對抗：他們在一七七六年八月的納稅時期，將過去上繳給縣長的稅金，直接越過縣長的層級，親自繳交給國家。波科雅達共五百位印地安人，長途跋涉，前往波托西。將他們所統計的繳稅者人數名單，以及與之對應的納稅額，提供給波托西的稅務官員，其用意十分明顯。令人驚訝的是，印地安人親手繳交的稅額，竟然比縣長和魯帕所提交的金額，高出三千披索以上，以比率來看，則是高出百分之四十七。暴露出地方官員和首長，長期以來所隱匿的貪污腐敗。查揚塔的印地安人們，貼近以稅務合理化為終極目標的波旁改革精神，親自以行動表示，自己是「純粹西班牙王權利益的擁護者」，藉以對抗過往持續壓迫他們生活空間的殖民地主義。

◎湯瑪士・卡塔里的出現

約在同一時期，莫斯卡里鄰近的馬恰（Macha）村落，也同樣存在著縣長與地方首長勾結的狀況，印地安人對此表示抗議，並採取行動。這些行動，連帶影響到不久後，即將侵襲北秘魯（Alto Perú，現今玻利維亞的高地地帶）的滔天巨浪。馬恰的地方首長任命，是基於縣長的個人考量，選擇一位名為布拉斯．貝爾納爾（音譯）的混血男性出任。起初，是因為布拉斯．貝爾納爾盜領稅款，激起印地安平民內心的憤怒，展開抵抗。一七七八年，馬恰的印地安人們，也向波托西的稅務局，繳交記有精確納稅者人數的名單，告發地方首長中飽私囊的行為。在這群印地安人之中，有一位年約三十歲左右的人物，名為湯瑪士．卡塔里。他只是一介貧民，與傳統的印地安貴族階層毫無任何關係，也不會說西班牙文，但是因為他不屈不撓的行動力與意志力，最後終於成為印地安群眾裡，充滿領袖魅力的領導者。

卡塔里向拉布拉他市的王室高等法院要求撤除外人首長的職位，對此，王室高等法院任命卡塔里擔任徵稅負責人，同時發出命令，調查貝爾納爾以不正當方式積累財富的實際狀況。孰料，帶著這項命令回鄉的卡塔里卻被新任的克羅多吉官員——赫亞金．阿羅斯（音譯）逮捕入獄，並沒收他身上所攜帶的王室高等法院令，甚至還命令貝爾納爾，在公開場合執行鞭打卡塔里的刑罰。然而，卡塔里在之後卻採取了非比尋常的行動。他花費好幾個月的時間，徒步前往距離查揚塔地區三千多公里的布宜諾斯艾利斯。

在長途跋涉的途中，接受許多援助，終於抵達南部都市的卡塔里，前來迎接他的是，新設立的拉布拉他副王區最高權力者——副王貝爾提斯（音譯）。副王為了維護卡塔里的正義，命令王室高等法院查明，混血地方首長盜領稅款的事實。一七七九年五月，回到查揚塔的卡塔里，卻又再度因爲縣長的命令被逮捕。這一次次的試煉，並未擊潰卡塔里，他依舊鍥而不捨地，訴諸合法的請願運動。他打算仿效波科雅達的居民，直接向波托西的稅務局繳納稅金，再度被逮捕，入獄數月。一七八〇年四月，重獲自由的卡塔里雖然回到了查揚塔，六月又再度於拉布拉他市被逮捕入獄。官員們試圖將印地安平民卡塔里的抵抗之聲，封殺在牢獄之內。縣長阿羅斯，出身西班牙．加泰隆尼亞的名門，在官員的同儕中，也毫不例外地進行極不合理的商品強制分配。取得許可的商品法定價格總額為十五萬披索，他卻強制印地安人以四十萬披索的價格購買，不僅如此，他還發下豪語表示：「查揚塔地區沒有王室高等法院，也沒有國王的官員，我就是權力。」不久後，他就要把這幾句話吞回肚子裡去。

◎與縣長的對峙

在卡塔里被監禁的數個月後，查揚塔地區的印地安人們，開始有所行動，將地方首長們高高吊起，剝奪他們的權力。馬恰的地方首長布拉斯．貝爾納爾也被處死。八月二十六日，在波科雅達村落，發生流血事件。當時，正好是繳納稅金和派遣米塔勞動者前往波托西銀山的時期。率領軍隊前來的阿羅斯陣營，和卡塔里的兄弟達瑪索．卡塔里（Dámaso Catari）一行人相互對峙。

正如歷史學家塞魯尼卡夫（Serulnikov）所指出的，值得注意的是，與暴動、叛亂這一連串事件相關的原因，絕對不是印地安人想迴避米塔制度的勞動或是繳付貢稅的義務。不如說，印地安人將米塔勞動制度，視為他們與國王之間交換的雙方義務契約，可以說是雙方關係上的重要連結。換句話說，為國王服務的勞役工作，與國王保護、承認印地安臣民的生活權，被認為是互惠的關係。因此，即便是在與縣長展開軍事對峙的緊迫局勢之下，印地安人還是冷靜地完成米塔勞役者的派遣工作。

這是二十五日的狀況。到了隔天，情勢驟變。縣長一行人被兩千多名印地安人包圍，遭受丟擲石塊的激烈攻擊。西班牙人方面出現三十多名死者，最後縣長被活逮，成為人質，並且被強迫赤腳，像是印地安人一般嚼食古柯葉。九月初，以釋放人質阿羅斯作為交換條件，歷經長期囚禁的湯瑪士．卡塔里，終於重獲自由，返回馬恰地區。王室高等法院的命令，當著阿羅斯的面被高聲朗誦，內容是任命平民卡塔里為查揚塔的地方首長，將縣長驅逐出查揚塔地區之外。至此，查揚塔地區的反縣長鬥爭，以印地安人的全面勝利，劃下句點。

◎印地安自治空間的誕生

從這個時候開始，至湯瑪士．卡塔里不幸身亡為止的數個月間，他作為首長的波托西北部地區，誕生了印地安人實質上的自治空間。同時也是此地殖民地關係再編組的時刻。過去與縣長勾結，在經濟上撈了不少油水，被上級壓迫的地方首長們，遭到嚴厲的彈劾。各地的地方首長接連被帶到卡塔里的面前，請求他作出處分的裁奪。在這樣的狀況之下，成為居民們憤恨的焦點人物，就是那位弗洛連希歐．魯帕。卡塔里雖然試圖阻止民眾加害莫斯卡里的首長魯帕，但是印地安平民長年來累積的怨念，就像是前文所看見的，強烈地朝著魯帕的方向噴發出來，造成魯帕身體的嚴重毀損。

湯瑪士．卡塔里只不過是在殖民地體制的結構之中，重新編組西班牙統治者和印地安共同體（阿伊魯）的關係，他並未試圖斬斷與西班牙王權的關係。舉例來說，在自治體制之內，湯瑪士．卡塔里向稅務當局上繳的地方稅金總額，較過去評估的金額還要高。波托西北部地區的印地安人解放鬥爭，是藉由將因波旁改革而有所變動的政治局勢，成功地帶進自己的計畫目標之中，進而獲得實現。

但是，查揚塔地區的運動，隨著時間的流逝，開始慢慢地變質。經過與縣長激烈對峙的經驗，掌握該地領導權力的湯瑪士·卡塔里，也開始衍生出足以傳達神諭的領導者面向。正好就在這個時候，在北方的庫斯科，與貝當古展開「關於印加血統的認同鬥爭」，吞下敗果的圖帕克·阿馬魯二世，開始大叛亂的行動。

這一時期，兩個運動的連結關係並不明確，但是在圖帕克·阿馬魯二世發起叛亂的一周

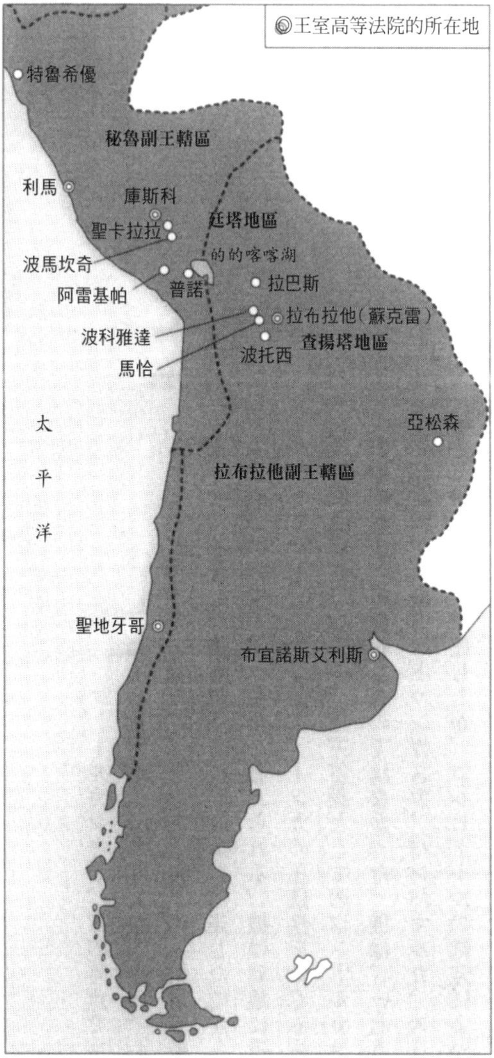

印地安人叛亂活動的舞台

後，在湯瑪士．卡塔里寫給布宜諾斯艾利斯副王的書信上，強調查揚塔的居民們絲毫沒有反叛的意圖，目的只是要求停止縣長所進行的商品強制分配制度，以及更替阿羅斯的後任人選，在米塔勞役制度和貢賦稅金的繳交上，則是維持原狀。這份書信的內容，顯示出查揚塔地區的印地安人解放鬥爭，與接下來要看的圖帕克．阿馬魯二世叛亂活動，兩者的性質並不相同。

然而，湯瑪士．卡塔里卻在意料之外的狀況下遭到逮捕，並且斷送了性命。一七八〇年十二月，為了徵收上繳給國王的貢賦租稅，巡迴各地的湯瑪士．卡塔里，被一位接受王室高等法院密令的人物所拘捕。阿羅斯的後任阿庫涅（音譯），在翌年一月，要將卡塔里護送至拉布拉他市的路途中，被企圖拯救領導者的印地安人包圍，被逼到走投無路的阿庫涅，將卡塔里從懸崖上推落，奪去性命。最後，阿庫涅則是被印地安群眾虐殺。湯瑪士．卡塔里的死亡，將印地安人與殖民當局，在充滿緊張感的合法交涉下，千辛萬苦建立起的自治空間，瞬間變化成為無秩序的暴力所支配的世界。在此，就讓我們將目光暫時抽離北秘魯地區，再度轉向庫斯科。

◎孔多爾坎基的決心

關於何塞．加夫列爾．孔多爾坎基是從何時開始計劃叛亂活動，並沒有明確的答案。不過，在一七七七年，孔多爾坎基與貝當古展開「侯爵領地繼承鬥爭」失敗後，失意地回到庫斯科之際，應該就已經下定了決心。因為他已經被逼到窮途末路的境地。他所遭遇的困境，不單純只是因為在法庭上沒有爭取到印加正統繼承性的認同，還加上他原本作為地方首長的地位，並非是處於堅若磐石的穩固狀態。他在一七六七年，就任廷塔地區唐卡蘇卡、潘帕馬卡（Pampamarca）和蘇里馬納三個村落的首長，但是因為縣長的裁定，於一七六九年至一七七一年期間，被剝奪了地方首長的職務。另外，根據資料顯示，在一七八〇年，也由其他有權勢的印地安人，對孔多爾坎基的地位提出異議。孔多爾坎基當時可說是處於四面楚歌的狀態。

孔多爾坎基擔任首長的唐卡蘇卡村落　廣場上置有孔多爾坎基的雕像。筆者攝影。

我們已經在前文看到，一七七八年，孔多爾坎基採取一場奇妙的展示表演，讓兒子馬里亞諾戴上緋紅流蘇的冠冕參加遊行；同一年，他在唐卡蘇卡村莊內打造牢獄，誇下豪語，要將縣長們關進這個監獄裡。在叛亂活動開始的半年前，一七八〇年四月，二十四選舉人會向庫斯科市參議會所提出的請願書中，也可以看到相關的內容。

請願書的內容是：現在有風聲顯示，孔多爾坎基正在為叛亂計劃做準備，他大大地傷害到我們印加貴族的名譽，我們對於我們的父王、我們的庇護者、國王陛下的忠誠之心，永垂不朽，為了拂拭這個毫無道理的疑惑，必須採取適當的處置。由此看來，二十四選舉人會已經完全地將自己與孔多爾坎基劃清界線，並且站在背對的立場。

◎縣長的處刑

一七八〇年十一月四日，孔多爾坎基突襲廷塔地區的縣長安東尼奧·德·亞利亞加（Antonio de Arriaga），並將之扣押。亞利亞加是出身西班牙的官員，同樣因為商品強制分配的過份行為，成為當地印地安居民強烈憎惡的對象。根據孔多爾坎基的說法，亞利亞加將高出法定價格三倍的商品，強制分配賣給印地安人。這位代理國家的官員，被關進孔多爾坎基早就準備好的唐卡蘇卡監獄之中。十一月十日，孔多爾坎基在聚集的四千位民眾面前，以克丘亞語和西班牙文發表演說：「國王陛下下令，廢止商品稅、關稅，以及前往波托西服侍勞役的米塔制度，另外，安東尼奧·德·亞利亞加要為其惡行付出喪失性命的代價。」接著，這位縣長就在眾人的見證之下，接受處刑。據傳孔多爾坎基還宣告，接下來要繼續殺害六位縣長的計劃。

孔多爾坎基率領軍隊，沿著連結庫斯科市和安地斯南部的維爾卡諾達河（Vilcanota River，為烏魯班巴河的分支），也就是有「秘魯王國咽喉」之稱，在地理位置上極為重要的區域為中心，展開軍事行動。十一月十二日，破壞波馬坎奇的紡織工廠（Obraje）。當時，以手工製造粗布為目的的紡織工廠，散布在安地斯各地，被強制分配前往勞動的印地安人們，往往是在如同監獄一般的惡劣勞動條件之下工作。因為在紡織工廠中生產

虐待印地安人的縣長　瓦曼·波馬繪製。

的紡織品，也成為商品強制分配制度中的商品，因而成為叛亂活動中攻擊的對象。

無論如何，因殺害縣長為契機而展開的起義活動，逐漸成長為以粉碎殖民地制度為目的的叛亂。其中，特別顯著的，是在十一月十八日，於聖卡拉拉（Sangarará）所發生的事件。縣長遭到殺害的消息，不久便傳到庫斯科市內。統轄庫斯科市的縣長們組成戰時評議會，向利馬方面請求援軍的協助，編組成為庫斯科市民志願者和八百位印地安、混血後裔的義勇軍隊。擔任這支義勇軍隊的前鋒人物，就是印加的貴族們。

◎聖卡拉拉

對於西班牙人統治階層來說，聖卡拉拉是一五三二年征服秘魯之後，對戰印地安人，首次吞下敗仗的場所。在聖卡拉拉村莊內擺好陣勢的義勇軍隊們，遭到孔多爾坎基軍隊的突襲，逃竄進入教會。然而，孔多爾坎基陣營對教會展開火攻，在一陣鬼哭神嚎後，義勇隊喪失了五百七十六條性命。這場戲劇性的勝利，更加吸引贊同孔多爾坎基想法的民眾，前來響應。當時原本只有六千人的叛亂軍，到了十二月，激增至五萬人。在處死亞利亞加之後，孔多爾坎基始終宣示，他發動起義的目的，不過是基於「西班牙國王的大權」，廢除壓榨人民的不公正機構，打擊腐敗的官員人員。然而，不久之後，他們的動向之中，卻加入了新的性格——由印加國王圖帕克·阿馬魯二世，所率領的起義活動。

在聖卡拉拉之戰後，據說孔多爾坎基命令畫家繪製肖像畫，將他與他的妻子，同時也是優秀的指揮官米卡耶拉·巴斯蒂塔斯（Micaela Bastidas Puyucahua），繪製成為印加國王與印加王妃的模樣。孔多爾坎基戴上緋紅流蘇的冠冕，這是最有象徵性的裝扮。庫斯科的印加貴族們，並未附和孔多爾坎基的行動，從他們採取敵對立場的決定來看，顯示出孔多爾坎基已經無法將這批向來維持著印加正統性傳統的人們，融合進入自己的陣營之中。另一方面，集結在庫斯科二十四選舉人會內部的印加貴族們，支持著他們存在意義和特權的背後力量，毫無疑問地，是西班牙的王權。孔多爾坎基在國王管轄之下的王室高等法院裁判中敗訴之事實，等同於他被西班牙王權所拒絕和否定的意味。但是，「繼承印加正統性」的關係不被認同的狀態，反倒是給予孔多爾坎基本身，以新印加國王身分自立的自由。畢竟這個「繼承印加的正統性」，是存在於西班牙王權的

印刷在秘魯紙幣上的圖帕克·阿馬魯二世（孔多爾坎基）肖像

庇護之下，也就是被西班牙馴服、豢養的狀態。這項自由，或許可以說是讓孔多爾坎基，構想出超越西班牙王權的「新安地斯社會」之原動力。亦即孔多爾坎基以印加國王的身分，重新進行「再歷史化」的步驟。圍繞著印加的「歷史化」與「再歷史化」這兩條水脈，由孔多爾坎基將之匯流。孔多爾坎基，將成為圖帕克·阿馬魯（二世）。

◎東山再起的圖帕克·阿馬魯（二世）

由於新印加國王的出現，又流進了另一條水脈。那就像是利馬女性在魔法中召喚的超能力，亦即印加國王是超能力的體現者之思考。在民眾們懷抱著對印加國王的期待和憧憬裡頭，前方出現的就是圖帕克·阿馬魯二世。一位趕驢人，選擇告別西班牙王權，加入圖帕克·阿馬魯二世的叛亂活動，詢問其緣由，他表示因為有布告表示：「縣長、商品強制分配、關稅、消費稅都即將消失，只必須服從小王圖帕克·阿馬魯二世。」在民眾的想像力中，圖帕克·阿馬魯二世的存在已經急速地昇華。眾人將圖帕克·阿馬魯二世稱呼為窮人的恩人、父親大人、陛下、解放者、救世主、因商品強制分配制度苦惱不已的眾人之父等，崇敬仰慕。另一方面，圖帕克·阿馬魯二世也把從白人處掠奪而來的衣裳、古柯葉以及酒等，分配給追隨他的民眾。過去印加國王與民眾之間存在的互惠關係，宛如在此復活。

此外，圖帕克·阿馬魯二世也漸漸被賦予神性。眾人深信，因圖帕克·阿馬魯二世的大義而不幸殉難的人，會在三日後死而復生，且想要復活的人，不得讚頌耶穌的名字。圖帕克·阿馬魯二世本身，並未否定基督教和教會的權力，但是可以由此看出，在民眾們的認知裡，圖帕克·阿馬魯二世，是擁有比耶穌還要高神力的人物。他被封為不死且不敗之王。流經海岸地區魔女們的咒文中，象徵「安地斯大地之力」的水脈，終於在一位男性的身體上，覓得去處。然而，將這些彼此不同性質，甚至是相斥的水脈匯合於一處，也代表著圖帕克·阿馬魯二世的反抗運動，隱含著分裂的潛在可能性。首先，就讓我們來看看叛亂活動的動態。

◎敗北

在國王大權之下，誅殺貪污腐敗者、廢除殖民地上不當的各種體制等，明確宣示出圖帕克·阿馬魯二世起義運動宗旨的布告，送達各地，奇恰酒小酒館也成為構築情報網的連結據點。就這樣，「以分鐘為單位迅速膨脹」的圖帕克·阿馬魯二世軍隊陣營，往的的喀喀湖的方向實行作戰計畫。但是，不知為何，圖帕克·阿馬魯二世並未逼近殖民權力中樞，安地斯南部的庫斯科市。響應的人數增加，以及為了妨礙來自阿雷基帕和普諾這些都市的反擊，雖然足以作為說明，但是延後對庫斯科這一個殖民權力大本營的攻擊，可以算是後來叛亂運動受挫的重要原因之一。

「你就只是缺少繼續這項大事業的熱情。如此一來，大家的生命將危在旦夕。」或許是在妻子米卡耶拉這樣的慫恿與催促之下，一七八〇年十二月十九日，圖帕克·阿馬魯二世終於開始向庫斯科市進軍。圖帕克·阿馬魯二世在眺望庫斯科市的西方斷崖上紮營，以勸降文書的方式，展開與庫斯科市當局的交涉。勸降文書中，強力主張鬥爭的目標，是在縣長的惡政之下，將印地安人從「奴隸」狀態中解放出來，因為只有唯一的圖帕克·阿馬魯二世身上，流有印加歷代國王的高貴血統。並且提案，廢除縣長這一個萬惡根源的職位，並且停止商品強制分配制度，取而代之的是，設立由印地安人擔任的司法官。但是，庫斯科市當局，對於這些提議，不屑一顧。

一月八日，展開庫斯科的攻防戰。圖帕克·阿馬魯二世雖然有三萬大軍的支持，但是始終未能施展出決定性的一擊。十月十日，圖帕克·阿馬魯二世陣營解除對庫斯科市的包圍戰，開始撤退。有一種說法是，圖帕克·阿馬魯二世陣營的糧食已經用盡。另外，殖民當局的軍隊，巧妙地將印地安人士兵安排在前線，削弱了圖帕克·阿馬魯二世的戰鬥意志，也是可以作為撤退緣由的解釋。圖帕克・阿馬魯二世以印加國王的身分，原本是計畫要以不流血的方式進入庫斯科市內，但是觀看前文敘述他與印加貴族之間的關係，就可以得知，兵不血刃的理想，是不可能實現的狀況。面對撤退至廷塔地區的圖帕克・阿馬魯二世軍隊，西班牙殖民當局擁有全權的指揮官阿雷切（José Antonio de Areche）所組織的軍隊，轉為攻勢，在叛亂活動開始後不到半年的四月六日，捕捉了首領圖帕克・阿馬魯二世、妻子米卡耶拉・巴斯蒂塔斯和他的孩子們。

◎三條印加水脈的分流

讓我們試著從關於「印加的水脈」觀點，來思考圖帕克・阿馬魯二世失敗的原因。打從叛亂活動的一開始，圖帕克・阿馬魯二世的目標，就是在安地斯地區構築出一個嶄新的社會，不只是印地安人，還將混血後裔、黑人，以及在安地斯出生的西班牙人包含在內的多民族集團社會。原因是，早在當時白種人的統治階層中，於美洲出生的西班牙人（克里歐優人），和從西班牙來到當地的「半島人」（peninsular）之間，就已經出現很深的裂痕。波旁改革的藍圖，其實正是出身伊比利半島的西班牙人們，為了追求私慾，抽取出最大的利益，奪去克里歐優人辛辛苦苦構築起來的經濟和政治財產。此外，縣長們就是出身伊比利半島的人們。經過再歷史化，以印加國王的身分東山再起的圖帕克·阿馬魯二世，統治將歐洲人排除在外的世界……。這可以說是孔多爾坎基的基本構想。

但是，圖帕克·阿馬魯二世所匯整的三條印加水脈，不久後開始分流。面對「再歷史化」的印加國王，「被歷史化的印加」據點，也就是庫斯科的印加貴族們，認為他們應該守護自己地位的認同根據——西班牙國王王權，而與圖帕克·阿馬魯二世站在相對的立場，彼此對峙。此外，由於被去歷史化的「印地安的印加」表象也流進圖帕克·阿馬魯二世的陣營之內，反抗活動開始呈現出激烈民族鬥爭的樣貌。重要的轉戾點，是殺害許多白種人的聖卡拉拉事件。民眾的暴力日漸偏離軌道，演變成圖帕克·阿馬魯二世等領導階層也無法駕馭的局勢。一七七七年那位愚昧老人的預言，竟然逐漸化為現實。「紅脖子的人」，也就是西班牙人（所有的白種人），都成為印地安人攻擊的對象。十一月，某位克里歐優人的地方首長，即便他是贊同反抗運動的立場，卻只因為不是印地安人的理由，而被石頭活活打死。十二月，在尤卡伊之谷的卡爾卡（Calca）地區，印地安群眾只要遇見穿著西式上衣的白人，便將之殺害，他們甚至還在教會中殺害許多西班牙人女性，在神聖的空間中，姦淫女性屍體。在叛亂活動後，殖民地當局者將這些事情，與詛咒（「紅脖子的人」會被殺光）一同憶起。

這些在印地安社會中長期累積下來，對殖民地主義的憎恨，以及對白種人支配的怨念，化為破壞性的力量，向外爆發奔流。這一次，甚至還克服了聖雅各的詛咒與束縛。

這位在征服活動，以及其後持續支援西班牙人統治者的聖人，據說會在圖帕克・阿馬魯二世叛亂活動中，再次現身。因此，印地安人們趕緊將安置在各地教會中的聖人像手腕處，以繩索緊緊捆綁。征服者的守護聖人，終於被印地安人們扣押。

他們從各種桎梏解放出來，獲得自由，從正面否定殖民權力。但是，這些民眾超出常軌、向外爆發的暴力，卻也促使當初接受圖帕克・阿馬魯二世新社會構想的克里歐優人、墨斯蒂索人等非印地安階層，逐漸遠離反抗活動。在庫斯科包圍戰中，圖帕克・阿馬魯二世陣營的火器經常無法發射，也有人說是在陣營內西班牙人的背叛行為所導致。由此可見，一度匯集到圖帕克・阿馬魯二世身上的三條印加水脈，再次分流而去。

◎四散的肉體

一七八一年五月十八日，一樣是在庫斯科主廣場。圖帕克・阿馬魯二世的四肢朝著廣場的四個方位，分別繫在四匹馬身上。在指示號令下，四匹馬同時向四方奔馳。但是圖帕克・

阿馬魯二世強韌的身體並未因此被扯斷，暫時就像是蜘蛛一般懸在半空中。立下判決、在現場見證行刑的指揮官阿雷切，只好命令行刑人斬下圖帕克．阿馬魯二世的人頭。圖帕克．阿馬魯二世的人生就此劃下句點。在他的身體被拉扯的瞬間，捲起一陣疾風，下起傾盆大雨。擠在大廣場上的圍觀群眾們，急忙尋覓躲雨處所，印地安人們則是竊竊私語道，這場雨是老天爺正在哀悼，印加所遭遇到的不公不義、圖帕克．阿馬魯二世性命的殞逝。

在判決文中，阿雷切表述，圖帕克．阿馬魯二世的死刑，是必要的結果。換句話說，在充滿迷信的印地安人之間，認為圖帕克．阿馬魯二世與印加國王的嫡系族譜有所連結，是印加王國的絕對君王，所以絕對不可能會被判處死刑的想法正逐漸流傳開來。為了匡正這項謬誤，宣布死刑的判決，以及執行死刑的通知，是必要的做法。

殖民當局也唯恐印加的「第三條水脈」，將會流入印地安民眾的內心。從他們處理圖帕克．阿馬魯二世的屍體，就可以明顯看出殖民當局內心的恐懼。圖帕克．阿馬魯二世被撕裂的肉塊，被送至曾參與叛亂活動的各地，作為警示。首級送至廷塔地區、軀幹送達包圍庫斯科之際，圖帕克．阿馬魯二世紮營的比丘、手臂則是在他擔任首長的唐卡蘇卡地區……。彷彿就像是，匯流在圖帕克．阿馬魯二世身體的三條印加水脈，跟著他的肉塊一同四處飛散、奔流一般。

實際上，圖帕克．阿馬魯二世被視為是印加國王再現的思考水脈，並沒有因為在庫斯科主廣場上的行刑，而隨之煙消雲散，反而是進一步地向南部世界延伸出去。逃出西班牙國王軍隊征討的迪亞哥・克里斯圖伯（Diego Cristóbal Túpac Amaru），是圖帕克・阿馬魯二世的堂弟，以及和圖帕克・阿馬魯二世一樣，曾戴上緋紅流蘇冠冕，遊走在庫斯科街道上的兒子馬里亞諾，繼續在安地斯南部地區維持叛亂活動。運動的舞台，如今轉移到北秘魯的地區。遵守法律規定，鍥而不捨地提出異議，最後卻遭到殺害的湯瑪士・卡塔里，他的遺志由兄弟達瑪索・卡塔里和尼可拉斯・卡塔里（Nicolás Catari）繼承，並且逐漸朝著激進化的方向前進。他們率領的印地安人們，一次又一次的奪去了西班牙人和墨斯蒂索人的生命，其中還包括婦女和孩童在內。

◎圖帕克・卡塔里的誕生

一七八一年二月，印地安人的軍隊，包圍了北秘魯的政治中心——拉布拉他市。此時，可以確認關於印加的第三條水脈，已經流至叛亂活動的領導者們內心。在逮捕後的審問中，達瑪索・卡塔里被問及包圍拉布拉他的目的之時，他的回答如下：

我知道圖帕克・阿馬魯二世國王將會前來援助之事。他為了各地區的共同良善與利益，發出了各種布告……。他打算殲滅歐洲人，建立起印地安人和克里歐優人的統一社會。這個嶄新的政府，將會讓這個世界煥然一新。那裡會存在著平等、寬容與恩典。為了感謝印地安人的國王帶來的良善，我企圖征服拉布拉他市，等待他的到來。與所有印地安人臣服的心情一同，我將跪拜在王的腳下。並且期待著，只要他來到此地，我們就會從貢稅、關稅、商品強制分配制度，以及十分之一的稅金等束縛中獲得解放。在平穩、恬靜的氛圍之下，印地安人們將成為大地，以及自己所生產出的產品的主人。

北秘魯的印地安人們，一面引領期盼著圖帕克・阿馬魯二世，到來構築新世界的力量，一面向殖民地主義發起挑戰。但是，被逮捕的卡塔里兄弟以及許多印地安人，最後還是在拉布拉他市的大廣場上，丟失他們的性命。

儘管如此，印地安人的抗爭依舊持續下去。另一尾「蛇」現身。買賣古柯和粗布的貧窮印地安平民——朱利安・阿帕薩（Julián Apaza），出現在錫卡錫卡村（Sica Sica）。此處雖然是圖帕克・阿馬魯二世和湯瑪士・卡塔里反抗運動逐漸式微的地方，不過，也以此為象徵，朱利安・阿帕薩決定納入兩位先驅者的元素。湯瑪士・卡塔里的布宜諾斯艾利斯之旅，已經宛如是神話一般的存在。甚至流傳著一個傳說，指湯瑪士曾經與西班牙國王進行會談。一月，湯瑪士·卡塔里遭到殺害後，印地安人們相信復活之說，朱利安·阿帕薩便開始表現出，自己是湯瑪士·卡塔里死而復生的模樣。

另一方面，朱利安·阿帕薩也尋求自己與圖帕克·阿馬魯二世的連結。根據他妻子的證言，朱利安·阿帕薩早從十年前，就開始擬定叛亂計畫，甚至也有說法表示，朱利安·阿帕薩為了與圖帕克·阿馬魯二世見面，曾經前往唐卡蘇卡村落。無論如何，朱利安·阿帕薩將圖帕克·阿馬魯二世和湯瑪士·卡塔里兩人的名字，各取一字加以結合，成為自己的稱號——圖帕克·卡塔里。圖帕克在克丘亞語和艾馬拉語中，帶有「光輝燦爛」之意，因此，這條「光輝燦爛之蛇」，登上了歷史舞台。他自稱「副王」，此處的「王」，指稱的當然是圖帕克·阿馬魯二世這位印加國王。他可以被認為是站在「庫斯科領袖」的這條延長線上，領導反抗運動。但是，他對殖民主義的攻擊過於激進，完全不分青紅皂白地，奪取白種人的性命。

◎包圍拉巴斯

圖帕克·卡塔里所統率的包圍拉巴斯行動，共有兩次，長達兩百天以上，使北秘魯的居民們陷入驚恐的狀態。穿越安地斯山脈，位於巨大山谷底部的都市拉巴斯，是當時這個地區的經濟中心。圖帕克．卡塔里率領數萬人的印地安軍隊，在埃爾阿爾托（El Alto）高台上紮營，讓拉巴斯都市的居民們苦惱至極。據說在包圍戰期間，拉巴斯的糧食已盡，就連狗也被獵殺分食。許多人因城內蔓延的鼠疫而死亡。屍體放置在街道上，被野狗啃食，居民再獵殺野狗，吃進肚中。如此惡性循環的狀況下，包圍戰期間的死亡人數，是以萬為單位起跳。

不久，庫斯科的圖帕克．阿馬魯二世叛亂運動的餘黨們，也加入這場包圍戰。但是，分別生活在克丘亞語和艾馬拉語這兩種不同語言世界的人們，存在著微妙的差異，圖帕克．卡塔里陣營和圖帕克．阿馬魯二世餘黨兩者失和，導致庫斯科與拉巴斯的印地安人大團結理想無法實現。最後，圖帕克．卡塔里敗北。圖帕克．阿馬魯二世的殘餘黨羽們雖然受到恩赦，得以回到庫斯科地區，但是，殖民當局終究還是害怕反抗運動的死灰復燃，於一七八三年，將這些人抹殺殆盡。

就這樣，為期數年的叛亂運動，畫下了休止符。那就像是一條因苦痛而掙扎、扭動的蛇，在安地斯的南部世界帶來激烈的動盪，但是在最後所誕生的社會狀況，卻是與圖帕克．阿馬魯二世理想中，印地安人與克里歐優人在印加的王旗下，過著平穩生活的世界，相差甚遠。不如說是在印地安人和白種人之間，鑿出一條深邃的民族憎恨和彼此互不信任的鴻溝。

這條鴻溝，強烈影響了安地斯社會後來的歷史發展。

缺乏主體性的印加歷史化

◎對印加記憶的憎恨

抹滅關於印加的記憶——在圖帕克．阿馬魯二世被處死之後，殖民當局並未因此感到安心，擔憂「印加」所衍生出的種種意象，將會影響到統治的安危，因而企圖根絕所有關於印加的記憶。孔多爾坎基為了尋求自己作為印加國王後裔的身分認同，前往利馬王室高等法院展開訴訟，其中關於證據的記錄，被殖民當局命令：「為了不要讓這項記憶殘存下來，在利馬的廣場上，由行刑人親手燒毀。」宣判圖帕克．阿馬魯二世死刑的巡察官阿雷切，其判斷的依據如下。

> 禁止印地安人們穿著異教時代的服裝，特別是將貴族的衣裳穿著在身上的行為。那只

會喚起往昔有關印加國王的記憶，助長對於統治者民族的憎惡情緒。不僅是看起來滑稽可笑，也不適合我們神聖清高的宗教……。因為他們到處在衣裳上頭，放上他們最崇敬的太陽神式樣。必須向各地的縣長們確認，印加的代表性服飾，也就是長衣、披風以及用羊駝毛編製成的緋紅流蘇冠冕，是否已經丟棄銷毀。另外，必須撤去擺飾在印加貴族家中，彰顯出對自己身分地位自豪的印加國王肖像畫；教會和修道院等相關壁畫，也要加以抹滅。在村莊內部，嚴禁上演任何會讓人想起印加時代的戲劇。法螺所發出的陰鬱聲響，會讓民眾想起過去的時代，也必須禁止吹奏。今後，印地安人在署名之時，不許再簽上「印加」之名，光是書寫這個字詞，就會在他們之間，掀起強大的影響力。（抄譯）

此處明確地顯示出，殖民當局對於印加記憶的憎惡與恐懼。當權者試圖將圍繞著印加表象的三條水脈，一同葬送。但是，被捲入叛亂活動的印加貴族們，仍舊執著於「被歷史化的印加」傳統，想要盡可能地守護著這些意象。

當初，印加貴族們為了打倒卑劣的背叛者——圖帕克·阿馬魯二世，而在西班牙的王旗之下賭上了性命，但是在叛亂活動結束之後，卻因為同屬於「印加」範疇的關係，而受到殖民當局的冷眼相待。二十四選舉人會也陷入運轉不良的狀態。二十四選舉人會向殖民當局，請求推出王旗隊的權利。殖民當局則是做出如下的見解。

無法認可推出印加貴族的王旗隊。因為西班牙人和印地安人，都是唯一君主西班牙國王的臣民，沒有道理要推出兩個王旗隊。他們（印地安人）在遊行的時候，總是酩酊大醉的狀態，而且還會喚起往日自由的時代記憶，不當地剝奪這項權利之後，就表現出桀驁不馴的態度。當初就是因為認同了他們的儀式和祭典，才會讓他們醞釀出想要和歐洲人對抗的集體意識，最後發生可悲的叛亂行動……。

印加貴族們被制度化、被歷史化的印加正統性，在西班牙殖民當局的眼中，竟是被如此地鄙夷和蔑視。

◎阿吉拉和烏巴歐帖

一八〇五年，再次發生將印加貴族逼至絕境的事件。這或許可以說是印加表象所帶動的變革能量，在安地斯世界所發生，幾乎是最後一場試圖掀起革命式的叛亂事件。這一年，受到神秘主義的激發，屬於地方上中產階級的兩位克里歐優人——阿吉拉（José Gabriel Aguilar y Narvarte）和烏巴歐帖（José Manuel Ubalde），計劃發動以庫斯科為中心的反叛活動。他們雖然在宗教生活上獲得心靈的滿足，但是他們勇於面對安地斯的社會狀況，並且培養出鮮明且強烈的政治意識。

他們的計劃，是企圖顛覆充滿榨取的殖民地體制，讓印加時代所體現的古老的良善秩序，重新復甦。但是，「印加」存在於何處？此時，顯現在他們眼前的，是繼承印加王室血統的墨斯蒂索人——馬紐・巴爾韋德・安蒲耶羅（Manuel Valverde Ampuero）。巴爾韋德、安蒲耶羅……，這對於一路追溯印加歷史而來的我們來說，是非常熟悉的名字。巴爾韋德是一五三二年，阿塔瓦爾帕在卡哈馬卡對峙的道明會教士，後來成為庫斯科主教的人物。安蒲耶羅則是瓦伊納・卡帕克的女兒，同時也是法蘭西斯科・皮薩羅的愛妾——伊涅斯女士，後來在皮薩羅安排下，下嫁給西班牙人的對象。我們已經在前文看見，伊涅斯女士曾經試圖利用詛咒的方式，殺害安蒲耶羅的故事。阿吉拉和烏巴歐帖這兩位克里歐優人，在庫斯科遇見馬紐・巴爾韋德・安蒲耶羅，他身上流著印加的血統，而且是與印加歷史有深切關係的諸位歷史人物的遠親後裔子孫。

關於計劃的內容，眾說紛紜，有人說阿吉拉和烏巴歐帖透過馬紐，向二十四選舉人會請求支援叛亂計畫；也有人說，他們打算擁立馬紐為印加國王，又或者是阿吉拉本人，戴上緋紅流蘇的冠冕，展現出自己將作為印加國王的意圖等等，事實為何，至今仍無法判明。無論如何，最後，叛亂計劃在執行前敗露，且他們試圖和印加貴族攜手合作的手段也未能成功。阿吉拉和烏巴歐帖兩人，同樣在庫斯科主廣場上，執行死刑。

◎安地斯與西班牙的訣別

一八〇八年，西班牙本國內部發生巨大的政變。將勢力擴張至伊比利半島的拿破崙，迫使卡洛斯四世（Carlos IV）和兒子斐迪南七世（Ferdinand VII）退位，推舉自己的兄長約瑟夫・波拿巴（Joseph Napoleon Bonaparte）登上王位。彷彿是與殖民母國的動亂相互呼應一般，在安地斯地區，爭取獨立的革命運動，也正加速推行。一八二四年，或許是印加貴族以二十四選舉人會為軸心，統一展開行動的最後一年。這一年，由克里歐優人的獨立派人士西蒙・玻利瓦（Simón Bolívar）所領導的軍隊，驅逐利馬副王德・拉・瑟納（José de la Serna e Hinojosa）。德・拉・瑟納以緊急避難為名，「遷都」庫斯科，二十四選舉人會則是向德・

拉・瑟納申請，要在聖雅各節日與王旗一同遊行的許可。至於這項申請最後是否通過，史料並未記載。不久之後，秘魯成功獨立，安地斯的人們終於與西班牙王權斷開連結，開始寫下秘魯獨自的歷史。

促成獨立的民族英雄們，盛大地讚頌印加。西蒙・玻利瓦在一八二五年，於獨立成功後首次進入庫斯科，他寫下：「秘魯人呀，我們馬上就要造訪秘魯帝國的搖籃，以及太陽神的神殿。在自由來到的首日，庫斯科將包裹在喜悅和光榮的氛圍之中，更勝於印加時代的黃金帝國。」保守派將古代的印加帝國，吹捧為政治理念的象徵性存在。在印加帝國的時代，「嚴懲竊盜，不許怠慢」，這種嚴格且合理的印加法律體系以及統治制度，是保守派政治家心中，最為理想的模型，因為他們渴望階級制度社會的架構，以利強權統治的政體。

然而，在這裡必須注意到的是，秘魯獨立後的當政者，在讚賞古代印加帝國的社會和歷史之時，憶起的都是有關法律、經濟制度、合理秩序等印加社會的抽象性概念，創造、整備出這些現實的人物——活生生的印地安人，卻被加以捨棄、忽視。根據秘魯社會學者曼德茲（Méndez）卓越的見解，認為「印加很好，但是印地安人卻不然」這一種觀念，可以說是領導著當時意識形態擁護者（idéologue）們對於印加的認識。從筆者的角度來觀看，可以看見該處存在著「缺乏主體性的印加歷史化」之完成式。換言之，當時政治家們所追求的，是將活生生的印地安人，與觀念上的印加社會切割開來的狀態。

庫斯科因為「印加」表象而爆發的動亂，像是前文述及的圖帕克·阿馬魯二世的叛亂、阿吉拉和烏巴歐帖的反抗計劃等，受到很深的傷害。獨立後，在由非印地安裔統治階層所支配的新社會中，倘若圍繞著印加觀念的三條水脈，再次流入活生生的印地安人身體，恐怕將會招致顛覆新社會基礎的事態發生。在後殖民時期的秘魯，把光榮的印加帝國史和現實的印地安人切割開來的意識形態，日益顯著。這個時候流傳開來，關於印地安人論的特徵，是將他們定義為「天生的劣等人種」。

一八三五年，建立秘魯·玻利維亞聯邦的桑塔·克魯斯（Andrés de Santa Cruz y Calaumana）將軍，在翌年進入庫斯科城內。他的母親是繼承印加血統的女性，特別引起我們注意的是，獻給這位將軍，已褪色許多的印加國王遊行隊伍展示。

> 高貴的皇帝曼科·卡帕克國王，是由二十九歲，穿著華美服飾的青年所扮演。身上裹著以黃金、珍珠、寶石鑲嵌著的披風，戴上緋紅流蘇的冠冕，乘坐在印地安人隨侍所抬舉的轎子上。周圍被跳舞的人包圍著……。

文字中所呈現的景象，可以和二十一世紀的今日，每年六月在薩克薩瓦曼石牆遺跡上舉辦的「太陽祭」（Inti Raymi），扮演印加國王的角色，重疊在一起。太陽祭的活動，每年總是吸引大批市民和遊客前往觀禮，人潮洶湧。但是在扮演國王的青年身體中，應該已經遍尋不著印加水脈的蹤跡。

一五三二年，兩個帝國的交錯，從中誕生的安地斯殖民地，創造出所謂的「兩個政體」，由追求純粹性和排斥的思想，支撐起來的互異、共生空間。然而，在經過幾個世紀的歷史變化，兩個政體的界線融解，混血後裔和猶太裔人士等「異者」，流入安地斯殖民地這塊空間。就像是一個大熔爐一般，積蓄起社會變革的能量。接著，在殖民地誕生的第三個世紀，發現走向嶄新共生的可能性——可以將「印加」這一個多樣化的性質，召喚進入內部的「靈體」（神靈依附的對象）。但是，這個可能性，隨著被稱為印加的男性肉體遭到破壞、解體的同時，也瞬間消失了身影，再次飛散到其他處所。

在今日的安地斯社會中，可以感受到其社會變革，較世界其他各地來得更為迫切且實際，究竟，印加是否會再度回歸此地呢。為了找出答案，今後必須更為精細、縝密的學習安地斯的歷史才行。

後記

我在大學裡，教一、二年級學生西班牙文。自二〇〇四年起，所屬的西班牙文部門，展開探索新西班牙文教育標準的計劃活動。其目標之一，是成員前往拉丁美洲和西班牙當地，用攝影機拍下當地人的聲音和身影，加以編輯做為教材，透過網路，在部門的網站上播放。希望西班牙文教育不只是在大學內部，還能夠朝著外面的世界，「拓展」各式各樣的教材。我被分配到最新式的攝影器材，「那我就去攝影，最近開始調查古文書的庫斯科吧」。於是，在工作之餘，就帶著攝影機，在庫斯科的街道上，不怎麼熟練地展開拍攝。不過，光是拍攝印加的石牆和風景，雖然幽美，但是卻不符合計劃活動的目標。必須傾聽當地人的聲音才行。就在思考該如何是好之時，突然想起了某本書籍。

那是出生於秘魯，稀有的研究者阿爾伯托．伏洛爾斯．加林多（Alberto Flores Galindo）之名著——《尋找印加：安地斯的身分認同與烏托邦》（*In Search of an Inca:*

Identity and Utopia in the Andes）。在這本書中，探討從殖民地時期至現代為止，關於印加的表象，對於被統治階級操控於掌心之上的民眾而言，究竟保持著何種意義。作者不只是從專門的歷史學領域出發，還交織著人類學和社會學等觀念，編織出細膩的文章，加以論述。是一本非常精彩的書籍。對我來說，自一九八七年邂逅這本書以後，就像是聖經一般的存在。我想起書中的某一處，介紹了一項調查。過去，阿爾伯托．伏洛爾斯．加林多在工作的秘魯羅馬天主教大學社會科學部，曾經以首都利馬的小學生為對象，進行意見調查。「關於印加社會，你怎麼看？」根據記述，對於這個問題，孩子們全都抱持著肯定的印象。這才想到，我也可以在庫斯科試試看這個調查。

因為是在調查古文書工作之餘進行，很難去傾聽眾多民眾的聲音，不過，還是訪問到了住宿旅館的服務人員，以及歷史學者好友的愛女，分別是大學生和中學生的年紀。「關於過去的印加社會，你有什麼感想和印象呢？」受訪者們誠摯地看著我的雙眼，回答了我的問題：

雖然沒有學到太多印加的歷史，但那是個有正義存在的時代。人們總是積極樂觀的活著，充滿知性的，非常有組織的從事營生活動。與現在的社會是完全相反的。

我是用非常肯定的眼光去看待印加社會。那個時代根本就不存在小偷之類的罪犯。印加時代，外出也不需要鎖門喔。因為有三項法律，不偷盜、不說謊、不怠惰，我十分讚賞印加社會，這些法律今日應該也要效法實施才是。

當然，他們對於印加的印象，受到學校教育和政治世界看待印加的方式，影響很大。或許有人會自以為是地分析道，在走向國家主義的現代秘魯社會，被理想化、烏托邦式的印加國家意象，成為國家宣傳、政治言論的材料。又或者是，認為這除了是時代錯誤以外，還有什麼好說呢？當然，這些說法都有其道理。但是，對於每日學習、勞動的年輕人們來說，想要從滿是貧困和不當行為的秘魯現實中逃脫出來，印加的存在，顯示出仍舊可能有另一個世界，是和現今身處的世界有所不同，無疑是一個重要的標誌；但還稱不上是「第四條水脈」。歌頌民族主義的秘魯總統，不管再怎麼在印加的遺跡處進行嚴肅莊敬的演說，放射出變革能量的印加，已經無法從大地獲得任何反饋和回應。儘管如此，可以確信的是，秘魯民眾至今依舊是繼續探索著「印加」。

以《尋找印加：安地斯的身分認同與烏托邦》為首，寫下許多著作的伏洛爾斯．加林多，以四十一歲的年紀，英年早逝。猶記約是一九八八年，我在利馬大主教檔案館閱覽史料的時候（和史料中的胡安納．德．瑪悠邂逅之時），伏洛爾斯．加林多似乎是前來領取古文書的複印資料，出現在檔案館中。能夠見到內心一直憧憬的歷史學家，即使是內向的我，也還是鼓起勇氣地上前打招呼，並提出懇求：「關於我正在研究的主題內容，下次是否有機會可以聽聽您的指教與意見？」伏洛爾斯．加林多笑著說：「啊，你就是那位網野先生嗎。好的，隨時都可以。今天有點不太方便，下次有機會再好好聊聊吧。」隨後便離開檔案館。最後，還是沒有機會和憧憬的伏洛爾斯．加林多先生討論研究內容，因為不久後他就開始與難治之症奮戰，幾年後，離開了人世。

從「對印加的慾望」等章節的標題，可以清楚看出我就是在《尋找印加》這本著作的影響下，撰寫本書。在自己的內心，自問自答了無數次：「已經有了這本巨作，應該不需要再寫些什麼了吧，像我這種笨拙的研究者寫了，也只是新瓶裝舊酒罷了。」但是，經過了二十年後，關於印加的歷史研究，有了很大的進步。庫斯科的殖民、印加元素，如今已經成為各國史學家爭相研究的焦點。我自己也有幸獲得機會，在庫斯科地方檔案館親眼觀看這些有趣的史料。想要將閱讀《尋找印加》之時所獲得的鮮明印象，加上從自己的觀點出發所看見的印加歷史，書寫下來，讓印加歷史再一次綻放出光輝的心情，日益強烈。希望能從前西班牙期的印加開始，綜觀至十九世紀的印加，並且與壯麗的西班牙歷史交織出瑰麗的篇章。

將我引導進極具魅力的安地斯歷史世界，把非自己研究領域的西班牙史和印加歷史，結合在一起看待的重要人物，就是增田義郎老師，老師在大學部課程中的教誨，總是在我心中迴盪不已：「我認為，想要瞭解安地斯的歷史，也要徹底地學習西班牙的歷史，比較恰當。一般的研究者，在書寫安地斯歷史的時候，通常會以收復失地運動為分界，分為專門針對前西班牙期的內容，或是只觀看殖民地時期以後的歷史。但是，綜觀全體的歷史，是不可或缺的視角。」當然，增田老師本人早已在諸多大作中，加以實踐。我在作研究的時候，也經常將老師的教誨放在心上，認為自己也必須設法完成這項課題——在與西班牙歷史交錯的視角上，綜觀印加的歷史。雖然沒有自信處理得很好，但是如果能夠讓閱讀本書的讀者們，在思考安地斯的歷史之時，發現新的觀點和視角的話，對我來說，就已經是非常榮幸之事。

and the Andes under colonial rule, edited by David Cahill and Blanca Tovías. Brighton: Sussex Academic Press, 2006.
- Cummins, Thomas, and et als., eds. *Los Incas, reyes del Perú, colección arte y tesoros del Perú.* Lima: Banco de Crédito, 2005.
- Dean, Carolyn, *Inka bodies and the body of Christ: Corpus Christi in colonial Cuzco, Peru.* Durham: Duke University Press, 1999.
- Garrett, David T., *Shadows of empire: the Indian nobility of Cusco, 1750-1825.* Cambridge: Cambridge University Press, 2005.
- Gilbert, Teresa., *Iconografía y mitos indígenas en el arte.* La Paz: Editorial Gisbert y Cia, 1980.
- Lorandi, Ana María, *De quimeras rebeliones y utopías: la gesta de inca Pedro Bohorques.* Lima: Pontificia Universidad Católica del Perú, 1997.

第十章

- 齋藤晃・岡田裕成『南米キリスト教美術とコロニアリズム』名古屋大学出版会、2007 年
- 真鍋周三『トゥパック・アマルの反乱に関する研究―その社会経済史的背景の考察』神戸商科大学経済研究所、1995 年
- Brading, David A., *The first America: the Spanish monarchy, creole patriots, and the liberal state, 1492-1867.* Cambridge: Cambridge University Press, 1991.
- Fisher, Lillian Estelle, *The last Inca revolt, 1780-1783.* Norman: University of Oklahoma, 1966.
- Flores Galindo, Alberto, *Túpac Amaru II-1780; antología.* Lima: Retablo de Papel Ediciones, 1976.
- Hidalgo Lehuede, Jorge, "Amarus y Cataris: aspecto mesiáníco de la rebelión indígena en 1781 en Cusco, Chayanta, La Paz y Arica ", *Chungará,* NO. 10, 1983.
- Lewin, Boleslao, *La rebelión de Túpac Amaru y los orígenes de la Independencia de Hispanoamérica*, (3ª edición). Buenos Aires: S. E. L. A., 1967.
- Méndez, Cecilia, "Incas sí, indio no: notes on Peruvian creole nationalism and its contemporary crisis." *Journal of Latin American Studies* 28, Feb(1996): 197-225.
- Serulnikov, Sergio, *Subverting colonial authority: challenges to Spanish rule in eighteenth-century southern Andes.* Durham: Duke University Press, 2003.
- Staving, Ward, *The world of Túpac Amaru: conflict, community and identity in colonial Peru.* Lincoln & London: University of Nebraska Press, 1999.
- Stern,Steve J., ed. *Resistance, rebellion, and consciousness in the Andean peasant world: 18th to 20th centuries*, Madison: University of Wisconsin Press, 1987.
- Thomson, Sinclair, *We alone will rule: native Andean politics in the age of insurgency.* Madison: University of Wisconsin Press, 2002.
- Walker, Charles F., *Smoldering ashes; Cuzco and the creation of Republican Peru, 1780-1840.* Durham: duke University Press, 1999.

University Press, 2007.
- Taylor, Gerald, *Ritos y tradiciones de Huarochirí: manuscrito quechua de comienzos del siglo XVII.* Lima: Instituo de Estudios Peruanos, Instituto Francés de Estudios Andinos, 1987.
- Toribio Medina, José, *Historia del Tribunal de la Inquisición de Lima, 1569-1820*, tomo II. Santiago de Chile: Fondo Histórico y Bibliográfico J. T. Medina, 1956.
- Wachtel, Nathan, *La fe del recuerdo: laberintos marranos.* México: Fondo de Cultura Económica, 2007.

第八章

- アイリーン・シルバーブラット／染田秀藤訳『月と太陽と魔女―ジェンダーによるアンデス世界の統合と支配』岩波書店、2001 年
- フェルナンド・デ・ローハス／杉浦勉訳『ラ・セレスティーナ』（スペイン中世・黄金世紀文学選集 4）国書刊行会、1996 年
- 網野徹哉「女たちのインカ」義江彰夫ほか編『歴史の文法』東京大学出版会、1997 年
- Burns, Kathryn, *Colonial habits: convents and the spiritual economy of Cuzco, Peru.* Durham: Duke University Press, 1999.
- Mannarelli, María Emma, *Pecados públicos: la ilegitimidad en Lima, siglo XVII.* Lima: Ediciones Flora Tristán, 1993.
- Osorio, Alejandra B., "El callejón de la soledad: vectors of cultural hybridity in seventeenth-century Lima." In *Spiritual encounters: interactions between Christianity and native religion in colonial America*, edited by Nicholas Griffiths and Fernando Cervantes, 198-229. Lincoln: University of Nebraska Press, 1999.
- Rostworowski de Diez Canseco, María. *Doña Francisca Pizarro: una ilustre mestiza, 1534-1598.* Lima: Instituto de Estudios Peruanos, 2005.
- Sánchez, Ana, *Amancebados, hechiceros y rebeldes; Chancay, siglo XVII.* Cusco: Centro Bartolomé de las casas, 1991.
- Socolow, Susan Migden, *The women of colonial Latin America.* Cambridge: Cambridge University Press, 2000.
- van Deusen, Nancy E., *Between the sacred and the worldly: the institutional and cultural practice of recogimiento in colonial Lima.* Stanford: Stanford University Press, 2001.

第九章

- 網野徹哉「植民地期インカ・イメージ生成論再考」『Odysseus（東京大学大学院総合文化研究科地域文化研究専攻紀要）』第 7 号、2003 年
- Cahill, David P., "Primus inter pares: la búsqueda del marquesado de Oropesa, camino a la gran rebelión, 1741-1780." *Revista Andina* 37, 2(2003)
- Cahill, David P., "A luminal nobility: the Incas in the middle ground of late colonial Peru." In *New World, first nations: native peoples of Mesoamerica*

解』」『サピエんチア』12、1978 年
- 藤田一成『皇帝カルロスの悲劇—ハプスブルク帝国の継承』平凡社、1999 年
- ホセ・デ・アコスタ／増田義郎訳『新大陸自然文化史』上・下（大航海時代叢書）岩波書店、1966 年
- 増田義郎「ポルトガルとアジア」『国際関係紀要（亜細亜大学国際関係学会）』8-2, 9-1.2、1999 年
- Altman, Ida, *Emigrants and society: Extremadura and Spanish America in the sixteenth century.* Berkeley and Oxford: University of California Press, 1989.
- Altman, Ida, and Horn, James, eds. *"To make America": European emigration in the early modern period.* Berkeley: University of California Press, 1991.
- Bakewell, Peter, J., *Miners of the red mountain: Indian labor in Potosí, 1545-1650.* Albuquerque: University of New Mexico Press, 1985.
- Otte, Enrique, ed. *Cartas privadas de emigrantes a Indias, 1540-1616*. México: Fondo de Cultura Económica, 1993.
- Pérez-Mallaína, Pablo E., *Spain's men of the sea: daily life on the Indies fleets in the sixteenth century*. Baltimore: The Johns Hopkins University Press, 1998.

第七章

- バーナード・ベイリン／和田光弘ほか訳『アトランティック・ヒストリー』名古屋大学出版会、2007 年
- 深沢克己『商人と更紗一近世フランス＝レヴァント貿易史研究』東京大学出版会、2007 年
- Domínguez Ortiz, Antonio, *Los Judeoconversos en España y América*, Madrid, 1971.
- Duviols, Pierre, *Cultura andina y represión: procesos y visitas de idolatrías y hechicerías. Cajatambo, siglo XVII.* Lima: Centro de Estudios Rurales Andinos "Bartolomé de las Casas", 1986.
- Guibovich Pérez, Pedro, "La cultura libresca de un converso procesado por la inquisición de Lima." *Historia y Cultura* 20(1990): 133-160, 425-457.
- Israel, Jonathan I., *Race, class, and politics in colonial Mexico, 1610-1670.* Oxford: Oxford University Press, 1975.
- Israel, Jonathan I., *Diasporas within a diaspora: Jews, crypto-Jews and the world maritime empires(1540-1740)*. Leiden: Brill, 2002.
- Mills, Kenneth, *Idolatry and its enemies: colonial Andean religion and extirpation, 1640-1750.* Princeton: Princeton University Press, 1997.
- Phelan, John Leddy, *The millenial kingdom of the Franciscans in the New World 2d.* Berkeley: University of California Press, 1970.
- Silverblatt, Irene, *Modern Inquisitions: Peru and the colonial origins of the civilized world.* Durham & London: Duke University Press, 2004.
- Studnicki-Gizbert, Daviken, *A nation upon the ocean sea: Portugal's Atlantic diaspora and the crisis of the Spanish Empire, 1492-1640.* New York: Oxford

波書店、1987 年
- 網野徹哉「アンデス先住民とスペイン人の自然観」赤澤威ほか編『アメリカ大陸の自然誌』第 3 巻、岩波書店、1993 年
- 網野徹哉「植民地体制とインディオ社会―アンデス植民地しゃかいの一断面」歴史学研究会編『近代世界への道―変容と摩擦』（講座世界史 2）東京大学出版会、1995 年
- 網野徹哉「17 世紀アンデス社会考―流動する時代」友枝啓泰ほか編『アンデス文化を学ぶ人のために』世界思想社、1997 年
- Abercrombie, Thomas A., "La perpetuidad traducida: del "debate" al Taqui Onqoy y una rebelión comunera peruana." In *Incas e indios cristianos: elites indigenas e identidades cristinans en los Andes coloniales*, edited by Jean-Jaques Decoster. Cuzco: Centro Bartolomé de las Casas, 2002.
- Cook, Noble David, *Demographic collapse: Indian Peru, 1520-1620.* Cambridge: Cambridge University Press, 1981.
- Guillén Guillén, Edmundo, *Versión inca de la conquista.* Lima: Milla Batres, 1974.
- Hemming, John, *The conquest of the Incas.* New York, 1970.
- Lamana, Gonzalo, "Definir y dominar: los lugares grises en el Cuzco hacia 1540." *Colonial Latin American Review* 10(1) (2001): 25-48.
- Lockhart, James, *Spanish Peru, 1532-1560: a colonial society.* Madison: University of Wisconsin Press, 1968.
- MacCormack, Sabine, *On the wings of time: Rome, the Incas, Spain, and Peru.* Princeton: Princeton University Press, 2007.
- Mean García, Mª del Carmen, *Un linaje de conversos en tierras americanas.* Salamanca: Imprenta KADMOS, 2004.
- Spalding, Karen, *Huarochirí: An Andean society under Inca and Spanish rule.* Stanford: Stanford University Press, 1984.
- Stern, Steve J., *Peru's Indian peoples and the challenge of Spanish conquest: Huamanga to 1640.* Madison: University of Wisconsin Press, 1982.
- Varón Gabai, Rafael, *Francisco Pizarro and his brothers: the illusion of power in sixteenth-century Peru.* Norman: University of Oklahoma Press, 1997.

第六章

- アメリコ・カストロ／本田誠二訳『セルバンテスとスペイン生粋主義―スペイン史のなかのドン・キホーテ』法政大学出版局、2006 年
- 荒野泰典ほか『江戸幕府と東アジア』（日本の時代史 14）吉川弘文館、2003 年
- 池端雪浦編『東南アジア史 2』（新版世界各国史 6）山川出版社、1999 年
- セルジュ・グリュジンスキ／竹下和亮訳「カトリック王国―接続された歴史と世界」『思想』第 937 号、2002 年
- 平山篤子「パードレ・ホセ・デ・アコスタと『対明征服戦争についての見

Princeton: Princeton University Press, 1981.
• Echevarria, Ana, *The fortress of faith: the attitude towards Muslims in fifteenth century Spain*. Leiden: Brill, 1999.
• Giles, Mary E., ed. *Women in the Inquisition: Spain and the New World*. Baltimore: The Johns Hopkins University Press, 1998.
• Graizbord, David L., *Souls in dispute: converso identities in Iberia and the Jewish Diaspora, 1580-1700*. Philadelphia: University of Pennsylvania Press, 2003.
• Kagan, Richard L., and Dyer, Abigail, *Inquisitorial inquiries: brief lives of secret Jews and other heretics*. Baltimore: The Johns Hopkins University Press, 2004.
• Kamen, Henry, *Spain, 1469-1714: a society of conflict*. London: Longman,1991.
• Kamen, Henry, *The Spanish Inquisition: a historical revision*. New Haven: Yale University Press, 1998.
• Kamen, Henry, *Empire: how Spain became a world power, 1492-1763*. New York: Harper Collins Publishers Inc., 2003.
• Lehfeldt, Elizabeth A., "Ruling sexuality: the political legitimacy of Isabel of Castile", Renaissance Quarterly 53(2000): 31-56.
• Lists, Peggy K., *Isabel the Queen: life and times*. New York: Oxford University Press, 1992.
• MacKay, Angus, *Spain in the Middle Ages: from frontier to empire, 1000-1500*. London: Macmillan Press, 1983.
• Miller, Louise, Women, Jews and Muslims in the texts of reconquest Castile. Ann Arbor: University of Michigan Press, 1996.
• Nader, Helen, *The Mendoza family in the Spanish Renaissance, 1350-1550*. New Brunswick: Rutgers University Press, 1979.
• Netanyahu, Benzion, *The origins of the Inquisition in fifteenth century Spain*. New York: Randam House,1995.
• Perry, Mary Elizabeth, *Gender and disorder in early modern Seville*. Princeton: Princeton University Press, 1990.
• Perry, Mary Elizabeth, *The handless maiden: moriscos and the politics of religion in early Modern Spain*. Princeton: Princeton University Press, 2005.
• Phillips, William D., Jr. *Enrique IV and the crisis of fifteenth-century Castile, 1425-1480*, Cambridge: The Medieval Academy of America, 1978.
• Ruiz, Teofilo F., *Spanish society, 1400-1600*. Harlow: Pearson Education, 2001.
• Sicroff, Albert A., *Los estatutos de limpieza de sangre: controversias entre los siglos XV y XVII*. Madrid: Taurus,1985.

第五章

• 染田秀藤『ラス・カサス伝—新世界征服の審問者』岩波書店、1990年
• 染田秀藤・友枝啓泰『アンデスの記録者ワマン・ポマ―インディオが描いた《真実》』平凡社、1992年
• ティトゥ・クシ・ユパンギ／染田秀藤訳『インカの反乱—非征服者の声』岩

第三章／第四章　關於西班牙的中世紀、近代歷史的文獻

- アントニオ・ドミンゲス・オルティス／立石博高訳『スペイン—三千年の歴史』昭和堂、2006年
- エリー・ケドゥリーほか／関哲行ほか訳『スペインのユダヤ人—1492年の追放とその後』平凡社、1995年
- 金七紀男『ポルトガル史（増補版）』彩流版、2003年
- カルロ・ギンズブルグ／竹山博英訳『闇の歴史—サバトの解説』せりか書房、1992年
- 近藤仁之『スペイン・ユダヤ民族史—寛容から不寛容へいたる道』刀水書房、2004年
- 関哲行『スペインのユダヤ人』（世界史リブレット59）山川出版社、2003年
- 立石博高ほか『スペインの歴史』昭和堂、1998年
- J・ビセンス・ビーベス／小林一宏訳『スペイン—歴史的省察』岩波書店、1975年
- 藤田一成『皇帝カルロスの悲劇—ハプスブルク帝国の継承』平凡社、1999年
- 増田義郎『コロンブス』岩波新書、1979年
- マリア・ロサ・メノカル／足立孝訳『寛容の文化—ムスリム ユダヤ人 キリスト教徒の中世スペイン』名古屋大学出版会、2005年
- 宮崎和夫「グラナダ王国の港町マラガとジェノヴァ商人」歴史研究会編『港町に生きる』（シリーズ港町の世界史3）青木書店、2006年
- 宮崎和夫「レコンキスタ終結後のグラナダ王国における不寛容—その起源と生成」深沢克己・高山博編『信仰と他者—寛容と不寛容のヨーロッパ宗教社会史』東京大学出版会、2006年
- 宮前安子「16世紀スペインの異端審問の展開—モリスコ問題とかスティリア異端審問」橋口倫介編『西洋中世のキリスト教と社会』刀水書房、1983年
- 宮前安子「16世紀におけるスペイン異端審問制度の地方的展開をめぐって—最近の研究動向を中心に」『スペイン史研究』第2号、1984年
- Bear, Y., *A history of the Jews in Christian Spain*. 2 vols. Philadelphia: Jewish Publication Society, 1966.
- Blackmore, Josiah, and Hutchison, Gregory S., eds. *Queer Iberia: sexualities, cultures, and crossings from the Middle Ages to the Renaissance.* Durham: Duke University Press, 1999.
- Burns, Robert I., S. J., *Muslims, Christians, and Jews in the crusader kingdom of Valencia: societies in symbiosis.* New York: Cambridge University Press, 1984.
- Burns, Robert I., S. J. ed. *Las Siete Partidas.* 5 vols. Philadelphia: University of Pennsylvania Press, 2000.
- Burns, Robert I., S. J., "Jews and Moors in the Siete Partidas of Alfonso X the Learned: a background perspective." In *Medieval Spain: culture, conflict and coexistence*, edited by Roger Collins and Anthony Goodman, 41-62: Palgrave MaCmillan,2002.
- Christian, William A., Jr. *Apparitions in late medieval and Renaissance Spain.*

Smithsonian Institution Press, 1992.
- Espinoza Soriano, Waldemar, *La destrucción del Imperio de los incas*. Lima: Amaru Editores, 1990.
- Grosboll, Sue, "...And he said in the time of the Ynga, they paid tribute and served the Ynga." In *Provincial Inca: archaeological and ethnohistorical assessment of the impact of the Inca state*, edited by Michael A. Malpass. Iowa City: University of Iowa Press, 1993.
- Jiménez de la Espada, Marcos, *Relacions Geográficas de Indias: Perú*. 3 vols. Madrid: BAE, 1965.
- Murra, John V., *Formaciones económica y políticas del munro andino*. Lima: Instituto de Estudios Peruanos, 1975.
- Murra, John V., *The economic organization of the Inka State*. Greenwich: JAI Press, 1980.
- Murra, John V., "'Nos haven mucha ventaja': the early European perception of Andean achievement." In *Transatlantic encounters: Europeans and Andeans in the sixteenth century*, edited by Kenneth J. Andries and Rowena Adorno. Berkeley: University of California Press, 1991.
- Murra, John V., *El mundo andino: población, medio ambiente y economía*. Lima: Pontificia Universidad Católica del Perú, Instituto de Estudios Peruanos, 2002.
- Oberem, Udo, and Hartmann, Roswith, "Indios cañaris de la sierra sur del Ecuador en el Cuzco del siglo XVI." *Revista de la Universidad Complutense* 28(117)(1979): 373-390.
- Ogburn, Dennis E., "Power in stone: the long-distance movement of building blocks int the Inca empire." *Ethnohistory* 51(2004): 101-135.
- Pärssinen, Martti, *Tawantinsuyu: the Inca state and its political organization*. Helsinki: Societas Historica Finladiae, 1992.
- Pease G. Y., Franklin, *Perú, hombre e historia: tomo II, entre el siglo XVI y el XVIII*. Lima: Edubanco, 1992.
- Ramirez, Susan E., *The world upside down: cross cultural contact and conflict in sixteenth-century Peru*. Stanford: Stanford University Press, 1996.
- Rowe, John H., "Machu Picchu: a la luz de documentos del siglo XVI." Histórica 14(1) (1990): 139-154.
- Salomon, Frank, "'The beautiful grandparents': Andean ancestor shrines and mortuary ritual as seen through colonial records." In *Tombs for the living: Andean mortuary practices*, edited by Tom D. Dillehay. Washington, D. C.: Dumbarton Oaks Research Library and Collections, 1995.
- Urton, Gary, *The history of myth: Pacariqtambo and the origin of the Inkas*. Austin: University of Texas Press, 1990.
- Villanueva Urteaga, Horacio, "Documentos sobre Yucay en el siglo XVI." *Revista del Archivo Histórico del Cuzco* No.13 (1970): 1-148.

第一章／第二章　關於印加歷史的文獻

- インカ・ガルシラーソ・デ・ラ・ベーガ／牛島信明訳『インカ皇統記』（全４巻）岩波書店、2006 年。
- 熊井茂行「インカ王権と国家」『王権と儀礼』（岩波講座：天皇と王権を考える５）岩波書店、2002 年。
- シエサ・デ・レオン／増田義郎訳『インカ帝国史』岩波文庫、2006 年。
- シエサ・デ・レオン／増田義郎訳『インカ帝国地誌』岩波文庫、2007 年。
- 関雄二『アンデスの考古学』（世界の考古学１）同成社、1997 年。
- 関雄二ほか『岩波アメリカ大陸古代文明事典』岩波書店、2005 年。
- 関雄二・染田秀藤編『他者の帝国——インカはいかにして「帝国」になったか』世界思想社、2008 年。
- 染田秀藤『インカ帝国の虚像と実像』講談社、1998 年。
- 染田秀藤・友枝啓泰『アンデスの記録者ワマン・ポマ——インディオが描いた《真実》』平凡社、1992 年。
- フランクリン・ピース、増田義郎『図説インカ帝国』小学館、1988 年。
- フランシスコ・デ・ヘレスほか／増田義郎訳『インカ帝国遠征記』中公文庫、2003 年。
- ペドロ・ピサロほか／増田義郎ほか訳『ペルー王国史』（大航海時代叢書第２期　１６）岩波書店、1984 年。
- まりあ・ロストウォロフスキ／増田義郎訳『インカ国家の形成と崩壊』東洋書林、2003 年。
- 増田義郎『アステカとインカ——黄金帝国の滅亡』小学館、2002 年。
- 網野徹哉「アメリカ古代帝国の生成——インカをめぐる諸問題」『帝国と支配——古代の遺産』（岩波講座世界歴史５）岩波書店、1998 年。
- Alcock, Susan E., and D'Altroy, Terence N., *Empires: perspectives from archaeology and history.* Cambridge: Cambridge University Press, 2001.
- Bauer, Brian S., *The development of the Inca state.* Austin: University of Texas Press, 1992.
- Bauer, Brian S., *Ancient Cuzco.* Austin: University of Texas Press, 2004.
- Bauer, Brian S., and Dearborn, David S.P., *Astronomy and empire in the ancient Andes: the cultural origins of Inca sky watching.* Austin: University of Texas Press, 1955.
- Betanzos, Juan de, *Narrative of the Incas(translated and edited by Roland Hamilton and Dana Buchanan from the Palma de Mallorca manuscript).* Austin: University of Texas Press, 1996.
- Burger, Richard L., and Salazar, Lucy C., *Machu Picchu: unveiling the mystery of the Incas.* New Haven: Yale University Press, 2004.
- Cobo, Bernabé, *Historia del Nuevo Mundo.* Vols.91-92. Madrid: BAE, 1956.
- Cummins, Thomas B. F., *Toasts with the Inca: Andean abstraction and colonial images on quero vessels.* Ann Arbor: University of Michigan Press, 2002.
- D'Altroy, Terence N., *Provincial power in the Inka empire.* Washington, D. C.:

參考文獻

關於文獻，筆者將撰寫本書時參考的文獻書籍中，列舉出重要度較高，或是在日本較容易查找的資料如下。

檔案館史料

庫斯科地方檔案館、印地亞斯總檔案館、利馬大主教檔案館、西班牙歷史檔案館等等所藏文書。

與本書主題整體相關的基本文獻

- J. H. エリオット／藤田一成訳『スペイン帝国の興亡 1469-1716』岩波書店、1999 年
- 樺山紘一ほか編『遭遇と発見——異文化への視野』（岩波講座世界歴史 12）岩波書店、1999 年
- 関哲行ほか『大航海の時代——スペインと新大陸』同文館出版、1998 年
- 高橋均・網野徹哉『ラテンアメリカ文明の興亡』（世界の歴史 18）中央公論社、1997 年
- 蓮實重彥・山内昌之編『地中海——終末論の誘惑』東京大学出版会、1996 年
- ヒュー・トーマス／岡部広治ほか訳『黄金の川―スペイン帝国の興隆』大月書店、2006 年
- 増田義郎『インディオ文明の興亡』（世界の歴史７）講談社、1977 年
- 増田義郎・山田睦男編『ラテン・アメリカ史１ メキシコ・中央あめりか・カリブ海』（新版世界各国史２５）山川出版社、1999 年
- 増田義郎編『ラテン・アメリカ史２ 南アメリカ』（新版世界各国史２６）山川出版社、2000 年
- 山内昌之・村田雄二郎・増田一夫編『帝国とは何か』岩波書店、1997 年
- 山本有造編『帝国の研究―原理・類型・関係』名古屋大学出版会、2003 年
- 歴史学研究会編『帝国への新たな視座―歴史研究の地平から』青木書店、2005 年
- Bakewell, Peter, *A history of Latin America: empires and sequels 1450-1930.* Oxford: Blackwell, 1997
- Flores Galindo, Alberto, *Buscando un inca: identidad y utopia en los Andes.* Lima: Editorial Horizonte, 1944[1986].
- Pease G. Y., Franklin, Javier Flores Espinoza, and Rafael Varón Gabai. *El homber y los Andes: homenaje a Franklin Pease G. Y.* Lima: Pontificia Universidad Católica del Perú, Fondo Editorial, 2002.

伊涅斯．華伊拉絲．尤潘基（Inés Huaylas Yupanqu，？～ 1575 ？）
印加族的女性。第十一任印加國王瓦伊納．卡帕克和瓦伊拉斯地方首長女兒康特拉瓦秋所生下的女兒。原本的姓名是琪絲貝．西薩，在皮薩羅征服之時，被這位年老的征服者相中，成為皮薩羅的寵妾，洗禮後得到伊涅斯的姓名。失寵後，與皮薩羅的部下，西班牙人法蘭西斯科．德．安蒲耶羅結婚。兩人的女兒法蘭西斯卡渡往西班牙，與皮薩羅同父異母的弟弟埃爾南多結婚。

迪亞哥．菲力普．貝當古（Diego Felipe Betancur Túpac Amaru，？～ 1779）
印加族的男性。混血後裔。他主張自己是一五七二年被處死的比爾卡班巴王朝最後國王圖帕克．阿馬魯的後裔，請求奧羅佩薩侯爵領地的繼承權利。後來與提出同樣要求的何塞．加夫列爾．孔多爾坎基在法庭上展開論爭，最後取得勝利。他主張自己不只是擁有印加的血統，還承繼了加那利群島征服者——貝當古的血統。在印加血統關係上獲得認可的他，被迎入庫斯科印加貴族所組成的二十四選舉人會。

何塞．加夫列爾．孔多爾坎基．圖帕克．阿馬魯
（José Gabriel Condorcanqui Túpac Amaru，1741 ～ 1781）
印加族男性。混血後裔。也有說法認為他是印地安人。生於庫斯科廷塔地區的蘇里馬納村莊。年少時代，曾在庫斯科耶穌會教士所經營的聖博爾哈學院內學習。後來繼承出身地的地方首長職務，並且以三百五十頭騾子，經營運輸業。與迪亞哥．菲力普．貝當古互爭繼承印加王室血統的真實性，最後敗訴。一七八〇年，處死廷塔地區的縣長，開始叛亂活動，並發展成為廣及安地斯南部的印地安人大叛亂。一七八一年五月十八日，在庫斯科大廣場上被處死。

米卡耶拉．巴斯蒂塔斯（Micaela Bastidas Puyucahua，1744 ～ 1781）
何塞．加夫列爾．孔多爾坎基的妻子。生於廷塔地區。據說是一位纖細美麗，又充滿知性的女性。在現代的秘魯社會，對於謀求社會變革的女性們來說，可以說是一位象徵性的人物。在叛亂中，她作為一位優秀的指揮官，輔佐丈夫，特別是在後勤的統轄方面，充分地發揮了她的才能。她深信進攻庫斯科，才是將叛亂活動導向成功的關鍵，因此訓斥躊躇不前的丈夫。一七八一年五月十八日，在庫斯科大廣場上，與丈夫和孩子一同被處死。

湯瑪士．卡塔里（Tomás Katari，1748 左右～ 1781）
印地安人平民。生於北秘魯（現今玻利維亞的高地地帶）的馬恰村落。對於透過商品強制分配制度，將印地安社會財富吸取殆盡的縣長，以及與官員勾結的反印地安人地方首長，湯瑪士．卡塔里採取合法的手段，不屈不撓地組織抵抗運動。他認為應該伸張印地安人的正義，徒步了三千公里，前往布宜諾斯艾利斯，直接向拉布拉他副王申訴。經過數次的入獄，最後終於在玻利維亞北部地區，建立起印地安人自律的空間，但是卻因為西班牙人官員的奸計而被逮捕、殺害。

何塞・德・阿科斯塔（José de Acosta，1540 ～ 1600）
西班牙人耶穌會教士。一五七二年踏上秘魯這塊土地之後，成為致力於確立殖民地制度副王托雷多的智囊團成員，前往秘魯各地視察。一五七六年起，擔任耶穌會秘魯管區的區長（～ 1581 年），在新西班牙停留數年後，回到西班牙，寫成《新大陸自然文化史》一書，詳細並廣泛地描繪墨西哥和秘魯的原住民文明。作為一位服侍神的神職人員，儘管他的眼界與認知因此有所限制，但是他在資料的選擇和推論的邏輯上，都採取非常科學的方式，也可以稱得上是一位編年史家，這是過去阿科斯塔沒有被注意到的面相。

巴托洛梅・德・拉斯・卡薩斯（Bartolomé de las Casas，1484 ～ 1566）
西班牙人道明會教士。原本是伊斯帕尼奧拉島上託管主的殖民者之一，一五一〇年決定成為神職人員，改過向善，之後嚴厲譴責西班牙人對印地安人的高壓政策。拉斯・卡薩斯往來於西班牙本國和新大陸的殖民地之間，積極展開的遊說運動，終於讓查理五世有了動作，公布劃時代的「印地亞斯新法」（一五四二年），廢止「委託權」制度。這項新法，雖然在皮薩羅逝世後的秘魯，成為新叛亂活動的火種，但是拉斯・卡薩斯並未停止他的腳步，一五五〇年在針對新世界征服是非對錯的瓦拉多利德論爭上，與贊同征服派的人文學者瑟普略達（Sepúlveda）展開論辯。一五五二年，於塞維亞出版的《關於破壞印地亞斯的簡潔報告》，被歐洲各國利用，成為譴責西班牙「黑色傳說」的材料。

法蘭西斯科・德・拉・克魯茲（Francisco de la Cruz，1529 ？～ 1578）
西班牙人的道明會教士。生於安達盧西亞地區的小村落羅佩拉。受到拉斯・卡薩斯晚年的影響，加上當時以托雷多大主教巴爾多洛梅・德・卡蘭沙的得力助手身分展開活動。經過一五五九年卡蘭沙因異端嫌疑而被逮捕的醜聞，他見證到國內思想僵化的狀況，接受道明會多明哥・德・薩多・湯瑪士教士的邀請，於一五六一年渡海前往安地斯。曾經擔任聖馬爾科斯大學校長，並以修道士身分，累積許多經驗的克魯茲，於一五七一年，因宗教、女性的醜聞，而被宗教裁判所逮捕。而後，繼續在監獄之中宣傳他激進的世界觀，一五七八年被處以火刑。

碧翠絲・蔻雅（Beatriz Clara Coya，1558 ？～ 1600）
印加族的女性。同父異母兄妹的塞里・圖帕克（比爾卡班巴的第二任國王）與朵娜・瑪莉雅・庫西・瓜爾凱（父親為曼科・印加）結婚，生下碧翠絲・蔻雅。約五至六歲時，進入庫斯科的聖嘉勒女子修道院，後來還俗。一五七二年，在托雷多的命令下，嫁給追討比爾卡班巴有功的馬丁・賈西亞・德・羅耀拉為妻。他們的女兒，安娜・瑪莉亞則是被賜予尤卡伊之谷地區的奧羅佩薩侯爵領地。

菲力普二世（Felipe II，1527 ～ 1598）
西班牙國王。從兼任神聖羅馬帝國皇帝的父王手中，繼承西班牙、海外領土（印地安、拿坡里、西西里、薩丁尼亞）以及米蘭和法蘭德斯地區，後來也將一五八〇年因後繼無人而成為空位的葡萄牙王位，占為己有，將統治勢力拓展至前所未有的廣闊範圍，成為「日不落國」。雖然積極地推進對外政策，但是在經濟上也加深了崩壞的危機，繼任的菲力普三世，在其統治期的衰退狀態，背後原因可以向上追溯至菲力普二世。

法蘭西斯科．皮薩羅（Francisco Pizarro，1478 ～ 1541）
西班牙人征服者，生於埃斯特雷馬杜拉地區的特魯希優。與巴爾波亞同行，遠征巴拿馬之後，和阿爾馬格羅、盧克神父簽訂契約，航向更南方的地區，從事探險活動。經過三次的航海經驗，得知印加王國的存在，在一五三二年卡哈馬卡的戰役中，擊潰印加王國。因為從秘魯殖民地所獲得的利益問題，與阿爾馬格羅派系對立，將之處死。一五四一年，在利馬被阿爾馬格羅的兒子暗殺身亡。

狄雅哥．德．阿爾馬格羅（Diego de Almagro，1480 ？～ 1538）
西班牙人征服者。皮薩羅遠征秘魯的活動，雖然是以夥伴的身分加入，在卡哈馬卡戰役之後，對皮薩羅失去信任。為了擴大在秘魯的權益，於一五三五年遠征智利地區，以慘敗告終。回到庫斯科後，因魁儡國王曼科．印加的叛亂，局勢一片混亂。他趁亂進入庫斯科城，主張自己的統治權，一五三八年在薩利納斯戰役中，敗給皮薩羅陣營，被斬首處死。

胡安．迪亞斯．德．貝坦索斯（Juan Diez de Betanzos，1510 ？～ 1576）
十六世紀中葉，在庫斯科活動的編年史家。與印加國王阿塔瓦爾帕的姐妹安荷莉納結婚，因為通曉克丘亞語，以官方翻譯員的身分，在殖民地政府工作。他在一五五一年書寫的記事史，是以提供情報的印地安人口述為基礎的記錄，為非常寶貴的印加史料。

印加．加西拉索．德．拉．維加（Garcilaso de la Vega, el Inca，1539 ～ 1616）
生於創建後不久的庫斯科，混血編年史家。擁有西班牙人征服者的父親，和印加公主的母親。一五六〇年，擔任庫斯科縣長的父親逝世後不久，他便渡海前往西班牙，以士兵的身分活動，而後專心致力於書寫著作。一六〇九年，在里斯本出版的《印加王室述評》，是一部綜觀前西班牙期至印加帝國晚期的浩瀚巨作，為當時歐洲世界要瞭解印加的重要文獻，廣為人知。

主要人物略傳

帕查庫特克（Pachacuti ，1400 ？）
印加帝國的第九任國王。依靠自己的力量，阻止進攻庫斯科的昌卡族，成功保衛首都，並接受鄰近部族的支援，開始向安地斯全境展開擴張戰爭。被認為是創下契機的重要人物，讓印加族從原本的地方部族，搖身一變，成為帝國性質的存在。

阿塔瓦爾帕（Atahualpa, Atabalipa, Atabaliba，？～ 1533）
印加帝國最後的國王，瓦伊納．卡帕克之子。在征服戰爭中，跟隨父親四處征討。一五二五年左右，父王在厄瓜多地區逝世後，與留在庫斯科的王子瓦斯卡爾對立。在內戰中擊潰新任國王瓦斯卡爾。一五三二年前往庫斯科的途中，在秘魯北部的卡哈馬卡地區，被法蘭西斯科．皮薩羅捕獲，於一五三三年被處以死刑。

圖帕克．阿馬魯（Túpac Amaru，？～ 1572）
在比爾卡班巴持續抵抗西班牙政權，印加族最後的國王。其同父異母的兄長蒂圖．庫西，一方面與西班牙人進行和平交涉，一方面持續抵抗。一五七一年，蒂圖．庫西猝死後，圖帕克．阿馬魯掌握實權，強化與西班牙人對抗的立場。一五七二年，副王托雷多的軍隊襲擊比爾卡班巴。圖帕克．阿馬魯被馬丁．賈西亞．德．羅耀拉的征討軍所捕，於同年九月，在庫斯科被處以死刑。持續近四十年的印加叛亂宣告終結，印加帝國在事實上走向滅亡。

天主教雙王——亞拉貢國王斐迪南二世（Fernando II，1452 ～ 1516）；**卡斯提亞女王伊莎貝拉一世**（Isabel I，1451 ～ 1504）
亞拉貢國王斐迪南二世（在位期間 1479 ～ 1516）和卡斯提亞女王伊莎貝拉一世（在位期間 1474 ～ 1504）的通稱。一四六九年，兩人施行政略結婚，收拾國內混亂的局勢，強化王權。因為征服伊比利半島上最後一個伊斯蘭國家——格拉納達的功績，羅馬教宗亞歷山大六世贈與兩人「天主教雙王」的稱號。

查理（卡洛斯）五世（Carlos〔Karl〕V，1500 ～ 1558）
哈布斯堡家族的神聖羅馬帝國皇帝。在西班牙的稱呼是卡洛斯一世（Carlos I）。一五一六年，年僅十六歲就接下西班牙的王位，三年後被選為神聖羅馬帝國皇帝。對外，奔走於宗教問題、與法國、鄂圖曼帝國的戰爭；對內則是處理各都市的叛亂運動，統治廣大的帝國領域，為名副其實的「移動國王」。一五五六年，尚未看見人生盡頭便決定退位，將尼德蘭、西班牙和拿坡里分配給長子菲力普、哈布斯堡家族領地的奧地利大公、波希米亞和匈牙利的王位讓給弟弟斐迪南。

西元	印加／西班牙	其他地區
		1815年，滑鐵盧戰役 1819年，美國向西班牙購買佛羅里達
1821	秘魯發表獨立宣言，脫離西班牙	
1824	阿亞庫喬戰役中，西班牙軍大敗。確立安地斯地區的獨立	
1825	玻利維亞獨立	
1835	成立秘魯．玻利維亞聯邦	

西元	印加／西班牙	其他地區
		1618年，三十年戰爭開始
1621	西班牙國王菲力普四世登基。寵臣奧里發瑞斯掌控實權	
1639	保蒂斯塔．佩雷茲在利馬被處以火刑	
1640	加泰隆尼亞的叛亂（～1652）葡萄牙的獨立叛亂	葡萄牙回歸獨立。英國清教徒革命
1648	西班牙在西發利亞和約中承認荷蘭的獨立	
1680	「聖塔亞那系統作品」，約在此一時期繪製	
1700	西班牙波旁王朝開始	
1701	爆發西班牙王位繼承戰爭（～1714）	
		1704年，英國占領直布羅陀
1742～	秘魯中部地方，發生桑多斯．阿塔瓦爾帕的叛亂	
1759	西班牙國王卡洛斯三世即位。波旁財政改革也在美洲殖民地推進	
1767	西班牙以及印地安人，驅逐耶穌會教士	
		1775年，美國獨立戰爭（～1783）
1780	阿雷基帕暴動。六月，湯瑪士．卡塔里被關進拉布拉他市的監獄。查揚塔地區印地安人群起反抗。十一月，孔多爾坎基起義。發生「圖帕克．阿馬魯（二世）的大叛亂」	
1781	朱利安．阿帕薩自稱圖帕克．卡塔里，包圍拉巴斯市。五月，孔多爾坎基在庫斯科被處死	
		1783年，巴黎和約，承認美國獨立 1789年，爆發法國革命 1804年，拿破崙成為皇帝（～1815）
1805	在庫斯科，阿吉拉和烏巴歐帖計畫叛亂	特拉法加海戰。西班牙、法國聯合艦隊，敗給英國軍隊 1806年，拿破崙的大陸封鎖令。神聖羅馬帝國解體
1808	拿破崙促使西班牙國王父子退位。西班牙各地掀起抵抗運動	
1812	西班牙公布《加的斯憲法》	英美戰爭（～1814）
1814	西班牙斐迪南七世復位	拿破崙退位，被流放至厄爾巴島。維也納會議（～1815）

西元	印加／西班牙	其他地區
		1558年，英國女王伊莉莎白一世即位 1565年，黎牙實比發現太平洋航路
1568	摩里斯科人在阿爾普哈拉斯（Alpujarras）掀起大叛亂（～1571）	西領荷蘭發動獨立戰爭（～1648）
1569	托雷多就任秘魯副王。菲力普二世命令在墨西哥和利馬設置宗教裁判所	
1571	西班牙征服菲律賓。建設殖民地馬尼拉市。在勒班陀戰役中戰勝鄂圖曼軍隊	
1572	甘博阿·德·薩爾米恩托（Pedro Sarmiento de Gamboa）的《印加史》出版。比爾卡班巴的印加國王，圖帕克·阿馬魯在庫斯科大廣場上被處死	
		1579年，低地國家北部七州，組成烏特勒支同盟，脫離西班牙，達成實際上的獨立
1580	菲力普二世併吞葡萄牙（～1640）	
1581	副王托雷多離開秘魯	
1582	在利馬召開第三屆宗教會議	天正遣歐少年使節，出發前往歐洲（～1590）
1588	西班牙在格瑞福蘭海戰中失去「無敵艦隊」	
1591	以安東尼奧·佩雷斯事件為契機，亞拉貢發生叛亂	
1595	「庫斯科八教區的印加貴族王旗隊」制度化	
1598	西班牙國王菲力普三世登基	
		1600年，英國設立東印度公司 1602年，荷蘭設立聯合東印度公司 1607年，英國在北美東海岸建設詹姆斯鎮
1609	西班牙與荷蘭為期十二年的停戰（～1621）。開始驅逐摩里斯科人至國外（～1614）。在阿維拉、利馬大廣場上燒毀偶像。開始根絕異教崇拜的巡察活動。印加·加西拉索的《印加王室述評》在里斯本出版	
		1616年，後金（後來的清朝）建國

西元	印加／西班牙	其他地區
		1519年，西班牙國王卡洛斯一世，被選為神聖羅馬帝國皇帝（查理五世），低地國被納入西班牙的統治範圍內
1520	卡斯提亞各個城市發起起義運動（～1521）	
		1522年，麥哲倫的船隊成功環遊世界一周
1524	西班牙在本國設立印地亞斯委員會。皮薩羅首次遠征秘魯航海	
1525左右	瓦伊納・卡帕克逝世。因爭取印加王位繼承問題，阿塔瓦爾帕與瓦斯卡爾對立	
1526	皮薩羅第二次遠征秘魯航海	印度成立蒙兀兒帝國
		1529年，鄂圖曼土耳其軍隊包圍維也納（第一次）
1531	皮薩羅第三次遠征秘魯航海	
1532	卡哈馬卡戰役。皮薩羅俘虜阿塔瓦爾帕，翌年將之處死	
1534	皮薩羅建設庫斯科市。聖依納爵・羅耀拉創建耶穌會	英格蘭成立英格蘭國教會
1535	阿爾馬格羅出發前往征服智利地區。建設利馬市	
1536	曼科・印加包圍庫斯科。叛亂的印加族人，盤據在比爾卡班巴	
1537	阿爾馬格羅占領庫斯科	
1538	薩利納斯戰役。阿爾馬格羅被處死	
		1540年，羅馬教宗認可耶穌會
1541	阿爾馬格羅派系，在利馬暗殺皮薩羅	
1542	公布「印地亞斯新法」	
1544	首任秘魯副王布拉斯科・努涅斯・貝拉上任。秘魯發生貢薩羅・皮薩羅的叛亂	
1545	查理五世賞賜給歷代印加帕納卡「家紋配戴權」。發現波托西的銀山	特倫托大公會議（～1563）
1546	副王貝拉，在厄瓜多戰死	
		1549年，耶穌會教士沙勿略將基督教傳至日本
1550	瓦拉多利德論爭（Valladolid debate）。查理五世，審議征服新大陸的是非對錯	
1551	在庫斯科設立聖嘉勒女子修道院	
1556	西班牙國王菲力普二世即位	

年表

西元	印加／西班牙	其他地區
711	伊斯蘭教徒入侵伊比利半島。西哥德王國滅亡	
756	以哥多華為首都，成立後奧米亞王朝	
		1096年，第一次十字軍東征
1212	納瓦斯德托洛薩戰役中，卡斯提亞聯合軍隊戰勝穆瓦希德軍隊。正式展開收復失地運動	
1256	西班牙國王阿豐索十世開始編纂《七章法典》（～1263）	
1348	伊比利半島流行黑死病。人口銳減	
1369	西班牙特拉斯塔馬拉王朝成立	
1391	西班牙發生反猶騷動	
1400左右	印加帝國開始向安地斯世界全境擴張	
1469	卡斯提亞女王伊莎貝拉一世和亞拉貢國王斐迪南二世結婚	
1478	導進異端審問制度	
1480	塞維亞設置宗教裁判所	
1484	瓜達露佩設置宗教裁判所	
1486	塞哥維亞設置宗教裁判所	
		1488年，巴爾托洛梅烏·迪亞士抵達好望角
1490	西班牙發生「神聖孩童事件」	
1492	一月，格拉納達王國滅亡。三月，公布猶太人驅逐令。十月，哥倫布抵達新世界	
1494	《托爾德西里亞斯條約》，西班牙和葡萄牙瓜分世界	
		1498年，瓦斯科·達伽馬成功航海至印度
1503	在塞維亞設立印地亞斯商務局	
		1511年，葡萄牙占領麻六甲
1513	巴爾波亞橫越巴拿馬地峽，發現太平洋	
1516	西班牙國王卡洛斯一世即位。西班牙·哈布斯堡王朝時代開始	

興亡的世界史 13

印加與西班牙的交錯

從安地斯社會的轉變，看兩個帝國的共生與訣別

インカとスペイン帝国の交錯

印加與西班牙的交錯：從安地斯社會的轉變，看兩個帝國的共生與訣別
網野徹哉著／廖怡錚譯／
初版／新北市／八旗文化出版／
遠足文化發行／二〇一八年十二月
譯自：インカとスペイン帝国の交錯
ISBN 978-957-8654-38-9（精裝）
一、印加文化　二、秘魯史
758.222
107017726

作者　網野徹哉
日文版編輯委員　青柳正規、陣內秀信、杉山正明、福井憲彥
譯者　廖怡錚
總編輯　富察
責任編輯　穆通安、張乃文
企劃　蔡慧華
封面設計　莊謹銘
排版設計　宸遠彩藝
彩頁地圖繪製　青刊社地圖工作室（黃清琦）
社長　郭重興
發行人兼出版總監　曾大福
出版發行　八旗文化／遠足文化事業股份有限公司
地址　新北市新店區民權路 108-2 號 9 樓
電話　〇二～二二一八～一四一七
傳真　〇二～八六六七～一〇六五
客服專線　〇八〇〇～二二一～〇二九
信箱　gusa0601@gmail.com
臉書　facebook.com/gusapublishing
部落格　gusapublishing.blogspot.com
法律顧問　華洋法律事務所／蘇文生律師
印刷　成陽印刷股份有限公司
出版日期　二〇一八年十二月（初版一刷）
二〇一九年十一月（初版五刷）
定價　五五〇元整

【特別聲明】
本書言論內容，不代表本公司／出版集團之立場或意見，文責由作者自行承擔